U0541063

中国省以下政府间财政收入分配及其影响效应

Theory and Effects of Fiscal Revenue Distribution among Sub-provincial Governments in China

鲁玮骏　著

中国社会科学出版社

图书在版编目（CIP）数据

中国省以下政府间财政收入分配及其影响效应 / 鲁玮骏著. -- 北京：中国社会科学出版社，2025.3.
ISBN 978-7-5227-4941-9

Ⅰ.F812.7

中国国家版本馆 CIP 数据核字第 2025R9D450 号

出 版 人	赵剑英
责任编辑	王　衡
责任校对	王　森
责任印制	郝美娜

出　　版	中国社会科学出版社
社　　址	北京鼓楼西大街甲 158 号
邮　　编	100720
网　　址	http://www.cssppw.cn
发 行 部	010-84083685
门 市 部	010-84029450
经　　销	新华书店及其他书店

印　　刷	北京君升印刷有限公司
装　　订	廊坊市广阳区广增装订厂
版　　次	2025 年 3 月第 1 版
印　　次	2025 年 3 月第 1 次印刷

开　　本	710×1000　1/16
印　　张	17.5
插　　页	2
字　　数	244 千字
定　　价	108.00 元

凡购买中国社会科学出版社图书，如有质量问题请与本社营销中心联系调换
电话：010-84083683
版权所有　侵权必究

出 版 说 明

为进一步加大对哲学社会科学领域青年人才扶持力度，促进优秀青年学者更快更好成长，国家社科基金2019年起设立博士论文出版项目，重点资助学术基础扎实、具有创新意识和发展潜力的青年学者。每年评选一次。2023年经组织申报、专家评审、社会公示，评选出第五批博士论文项目。按照"统一标识、统一封面、统一版式、统一标准"的总体要求，现予出版，以飨读者。

全国哲学社会科学工作办公室

2024 年

摘　要

　　政府间财政关系是一个国家或地区在各级政府间纵向权力结构分布的基础性制度安排，是财政资金在各级政府间分配的约束规则，对推动经济高质量发展、推进中国式现代化具有重大影响。中国省以下政府间财政关系是央地财政关系的延伸，是分税制财政管理体制的重要组成部分。与央地财政关系丰富的研究相比，现有研究关于省以下政府间财政关系及其影响效应的代表性文献相对比较稀缺，使得省以下政府间财政关系及其影响效应的研究成为一个亟待打开的"黑箱"。本书的研究试图通过回答下述三个层面的问题在一定程度上厘清中国省以下政府间财政关系及其影响效应。第一层面，现行的中国省以下政府间财政关系到底是怎么样的？省以下财政收入分配实践具有哪些特征事实？第二层面，现行的省以下政府间财政收入分配实践是否合理？如果不适宜，又应该按照什么原则进行分配？第三层面，现行的省以下政府间财政管理体制的安排会对社会经济主要方面，包括经济增长、生态环境质量和城乡收入差距，产生怎样的影响？如何产生影响？

　　本书主要内容安排如下：第一章绪论。第二章梳理和评述六个方面的现有文献，清晰展现政府间财政关系领域现有文献的整体情况以及可能存在的问题等内容。第三章系统性梳理了中国31个省份政府间财政收入分配关系的制度安排，并测算了省、市、县三级一般公共预算收入和四个主要税种税收收入的分配情况，以及省市两级财政收入集中度和支出责任比重的典型特征事实。第四章首次提炼和揭示了两个可落实党的十九大报告对财税体制改革所提出的"财力协调、区域均衡"要求的省以下政府间财政收入分配原则，并逐级检验了省本级与地级市、市本级与县级、省市两级与县级政府之间一般公共预算收入和四个主要税种税收收入分配的落实情况。第五章对"新税收集权假说"的再探讨在一定程度上能够解释改革开放之后中国经济持续高速增长的财政动因，也解释了分税制改革以后出现的"税收超 GDP 增长之谜"，丰富了关于中国经济增长财政动因是税收分权激励效应的单维度理解。第六章考察省以下收入分成和省对下转移支付"两只手"共同对县域环境质量的影响。第七章考察省直管县财政改革对县域内城乡收入差距的影响效应及机制渠道。

  本书通过理论模型和实证分析回答上述三个层面的问题，在一定程度上厘清了中国省以下政府间财政关系，打开了省以下政府间财政关系及其影响效应这一"黑箱"，并初步搭建了省以下政府间财政关系及其影响效应的研究框架。本书的研究结论为解释中国经济持续高速增长现象提供了全新的经验证据，为加快建立具有中国特色的现代化新型省以下政府间财政关系提供了坚实的理论基础，为中国省以下政府间财政收入分配改革提供重要的政策参考。

  关键词：省以下；税收分成；收入划分；转移支付；财政分权

Abstract

The intergovernmental fiscal relationship is a basic institutional arrangement for vertical power structure between governments at all levels of a country or region. It is a constraint rule for the distribution of fiscal revenues among governments, and has a significant impact on economic development and social security. The fiscal relationship among sub-provincial governments is an extension of the fiscal relationship between the central and local governments. It is also an important part of the tax-sharing fiscal system in China. However, the existing representative literature on fiscal relationship among sub-provincial governments in China and its effects is very scarce, which making the research about the fiscal relationship among sub-provincial governments and its effects a "Black Box" that needs to be opened urgently. This book attempts to clarify the "Black Box" in a certain extent by answering the following three levels of questions. First of all, what is the current fiscal relationship among sub-provincial governments in China? What are the characteristic facts of fiscal revenue distribution? Second, is the current fiscal revenue distribution among sub-provincial governments reasonable? If it is inappropriate, what principles should be used for fiscal revenue distribution? Third, what kind of impacts will the current fiscal relationship among sub-provincial governments have on economic development and social security, including economic growth, environmental quality, and urban-rural income gap?

The main contents are organized as follows, Chapter 1 is Introduction. Chapter 2, through combing and reviewing the existing literature in six aspects, clearly shows the overall appearance and possible problems of the existing research in this field. Chapter 3 systematically sorts out the institutional arrangements of fiscal revenue distribution between sub-provincial governments of 31 provinces, autonomous regions, and municipalities in China, calculates the distribution of general public budget revenues and four major tax revenues at the three levels governments, and calculates the relationship between fiscal revenue concentration and the proportion of expenditure responsibilities at the level of provinces and cities. Chapter 4 reveals two principles underlying the implementation of fiscal revenue distribution in sub-provincial governments and examines the implementation of the general public budget revenue and the four major tax revenue distributions in sub-provincial governments. Chapters 5 to 7 provide evidences to the impact of tax sharing and transfer payments on economic growth, environmental quality, and the urban-rural income gap within the county. Theoretically, these chapters construct models of tax sharing and intergovernmental transfers to reveals the mechanism. Empirically, based on the unbalanced panel data from 1997 to 2017, using the endogenous SYS-GMM and Ⅳ methods, these chapters carry out the impacts, a series of robust checks, and heterogeneity analysis.

By answering the above three levels of questions, this book clarifies to a certain extent the fiscal relationship among sub-provincial governments in China, and initially establishes a research framework for the effects of fiscal relationship between governments among the sub-province levels. This book also provides new empirical evidences for the phenomenon of sustained rapid economic growth in China, and a solid theoretical basis for the establishment of a new type of sub-provincial fiscal relationship with Chinese characteristics. The results also can provide reform suggestions for the urgently needed reform of China's sub-provincial fiscal revenue distribution.

Key words: Sub-provincial Governments; Tax Sharing; Fiscal Revewle Distribution; Transfer Payments; Fiscal Decentralization

目　　录

第一章　绪论 …………………………………………………… (1)
　　第一节　研究思路 ……………………………………………… (6)
　　第二节　创新之处 ……………………………………………… (7)
　　第三节　结构安排 ……………………………………………… (9)

第二章　文献综述 ……………………………………………… (12)
　　第一节　引言 …………………………………………………… (12)
　　第二节　财政分权的决定因素 ………………………………… (15)
　　第三节　财政分权的影响效应 ………………………………… (26)
　　第四节　省直管县财政管理体制改革 ………………………… (49)
　　第五节　转移支付 ……………………………………………… (52)
　　第六节　分配制度和指标度量 ………………………………… (56)
　　第七节　本章小结与启示 ……………………………………… (59)

第三章　中国省以下政府间财政收入分配关系及特征事实 … (64)
　　第一节　收入分配关系 ………………………………………… (64)
　　第二节　收入分成情况 ………………………………………… (69)
　　第三节　收支匹配情况 ………………………………………… (73)

第四章　中国省以下政府间财政收入分配 …………………… (76)
　　第一节　问题提出 ……………………………………………… (76)

第二节　理论模型 …………………………………………… (79)
　　第三节　研究设计 …………………………………………… (84)
　　第四节　实证结果分析 ……………………………………… (96)
　　第五节　本章小结与启示 …………………………………… (114)

第五章　中国省以下税收分成、转移支付与县域经济增长 …… (117)
　　第一节　问题提出 …………………………………………… (117)
　　第二节　理论模型 …………………………………………… (122)
　　第三节　研究设计 …………………………………………… (130)
　　第四节　实证结果分析 ……………………………………… (137)
　　第五节　本章小结与启示 …………………………………… (155)

第六章　中国省以下收入分成、转移支付和县域环境质量 …… (158)
　　第一节　问题提出 …………………………………………… (158)
　　第二节　理论模型 …………………………………………… (161)
　　第三节　研究设计 …………………………………………… (166)
　　第四节　实证结果分析 ……………………………………… (172)
　　第五节　本章小结与启示 …………………………………… (190)

第七章　省直管县财政改革对城乡收入差距的影响 …………… (193)
　　第一节　问题提出 …………………………………………… (193)
　　第二节　文献评述 …………………………………………… (196)
　　第三节　政策背景与理论框架 ……………………………… (200)
　　第四节　研究设计 …………………………………………… (204)
　　第五节　实证结果分析 ……………………………………… (210)
　　第六节　本章小结与启示 …………………………………… (223)

第八章　结论与启示 ……………………………………………… (225)
　　第一节　研究结论 …………………………………………… (228)

第二节　政策启示 …………………………………………（233）
　　第三节　不足与展望 …………………………………………（235）

附　录 …………………………………………………………（237）

参考文献 ………………………………………………………（241）

索　引 …………………………………………………………（262）

Contents

Chapter One Introduction ·· (1)
    Section 1 Research Aim ·································· (6)
    Section 2 Innovations ····································· (7)
    Section 3 Structure ·· (9)

Chapter Two Literature Review ································ (12)
    Section 1 Introduction ··································· (12)
    Section 2 Determinants of Fiscal Decentralization ·········· (15)
    Section 3 Effects of Fiscal Decentralization ················ (26)
    Section 4 Province-Managing-County Fiscal Reform ········ (49)
    Section 5 Transfer Payments ····························· (52)
    Section 6 Distribution and Indicator ······················· (56)
    Section 7 Summary ······································· (59)

Chapter Three Fiscal Relationships and Characteristic Facts ·· (64)
    Section 1 Distribution Relationship ························ (64)
    Section 2 Revenue Sharing ································ (69)
    Section 3 Matching of Revenue and Expenditure ············ (73)

Chapter Four Fiscal Revenue Distribution among Sub-Provincial Governments in China (76)

Section 1 Introduction (76)
Section 2 Theoretical Model (79)
Section 3 Research Design (84)
Section 4 Empirical Results (96)
Section 5 Summary (114)

Chapter Five Tax Sharing, Transfer Payments and County Economic Growth (117)

Section 1 Introduction (117)
Section 2 Theoretical Model (122)
Section 3 Research Design (130)
Section 4 Empirical Results (137)
Section 5 Summary (155)

Chapter Six Income Sharing, Transfer Payments and County Environmental Quality (158)

Section 1 Introduction (158)
Section 2 Theoretical Model (161)
Section 3 Research Design (166)
Section 4 Empirical Results (172)
Section 5 Summary (190)

Chapter Seven The Impact of "PMC" Fiscal Reform on Urban-Rural Income Gap (193)

Section 1 Introduction (193)
Section 2 Literature Review (196)

Section 3 Policy Background and Theoretical
Framework ·· (200)
Section 4 Research Design ······································ (204)
Section 5 Empirical Results ···································· (210)
Section 6 Summary ·· (223)

Chapter Eight Conclusions and Implications ·················· (225)
Section 1 Research Conclusions ······························ (228)
Section 2 Policy Implications ································· (233)
Section 3 Shortcomings and Prospects ······················ (235)

Appendix ·· (237)

References ·· (241)

Index ··· (262)

第 一 章

绪 论

我们生活在一个社会中,只要存在资源的稀缺,必然存在资源的竞争,而决定竞争胜者与负者的规则可以被阐释为分配资源的权利制度。① 在此基础上,张五常进一步延展了上述竞争法则的内涵,他认为分配稀缺资源的竞争必须受到一定形式的约束,没有约束和规则的竞争必然会造成价值消散和人类毁灭。这些约束和规则可以具有不同的形式,或者不同的权力结构,从而界定着社会运行体制的本质和边界。随着人类文明的不断演进,人类社会中对于稀缺资源分配竞争的约束形式也在逐步多元化和复杂化。我们大致可以将这些权力结构归结为四种形式:② 私有财产保护制度,以资产归属界定权力;按宗法血统或资历级别进行排列,以血缘亲疏等级界定权力;以法律条文来约束分配资源的竞争;以社会风俗或宗教信仰来约束分配资源的竞争。不同形式的权力结构不断地排列组合,形成了不同形式的资源分配约束规则。约束规则的存在,本身就意味着人类社会对于约束竞争这一人类生存的大前提,或自愿或强迫地达成默契和共识。在世界上的不同国家、不同地区,各种不同形式的

---

① Alchian A., Demsetz H., "Production, Information Costs, and Economic Organization", *American Economic Review*, No. 62, 1972, pp. 777-795.

② 张五常:《经济解释卷4:制度的选择》,中信出版社2014年版。

约束规则相互织合，从而构建出或高度相似或全然不同的经济制度和社会运行模式，对人类社会的多样性和可持续性产生深刻影响。

在中国，各种约束规则的相互织合，及其对这片土地所产生的深远影响，则更加复杂和令人着迷。中国，不仅形成了独树一帜的权力结构、文化土壤和社会风貌，也孕育出了具有鲜明特色的华夏文明。自 1980 年以来，中国社会经历了前所未见的经济转型。中国经济不仅实现了长达 40 多年的高速增长和巨额的资本积累，也在产业结构转型、城市化进程、市场重要程度和企业技术水平等方面取得了巨大成就。[1] 约束规则的转变是深刻理解中国经济改革的钥匙。20 世纪 80 年代初，家庭联产承包责任制在中国农村地区的推行是约束规则转变的重要标志，中国社会的权力结构由以等级界定权力转变为以资产界定权力。家庭联产承包责任制实现了社会资源，尤其是土地资源的使用权和所有权之间的有效分离，这也是中国特色社会主义的重要制度基础。不同于其他国家只将承包责任制及其复杂的衍生约束规则应用到个别企业或者行业，80 年代末期以来，承包责任制被广泛地推广到以行政地理边界划分的各个地区的各个领域，而且各个地区之间的约束规则安排往往不尽相同、变动频繁。层层承包和分包的制度演进是长期和复杂的，同时也是直接和理性的。复杂迥异的层层承包制度又是地区之间横向竞争产生的前提条件。在全社会强烈地摆脱贫困的诉求下，无论是自下而上的公共需求，还是自上而下的地方官员治理模式，[2] 都会加剧同层级内不同地区的横向竞争程度，且地方政府支配社会资源的经济权限越大，横向竞争程度越激烈。今天的中国，拥有中央、省、市、县、乡、镇、村七级政府的庞大治理体系，而真正拥有支配社会资源的权力，尤其

---

[1] Song Z., Storesletten K., Zilibotti F., "Growing Like China", *American Economic Review*, No. 101, 2011, pp. 202–241.

[2] Li H., Zhou Li-A., "Political Turnover and Economic Performance: The Incentive Role of Personnel Control in China", *Journal of Public Economics*, Vol. 89, No. 9–10, 2005, pp. 1743–1762.

是土地使用权，正是位于最中间的县级政府。虽然中央政府和省级政府拥有关于土地及其他社会资源分配的政策指导权力，有改变行政区划、调动党政领导干部的权力，有财政资金再分配的权力，县级政府完全受制于这些制度安排。然而，县级政府却拥有直接决定土地资源使用效率的权限。为了在不同层级内横向竞争中获得优势地位，县级政府地方官员会运用手中的土地资源使用权积极扶持辖区内私营部门成长。但是一旦私营部门无法在市场中赢得竞争力，市场的快速反馈又会让地方官员很快"纠正错误"。这种政治集权下的经济分权模型为中国过去几十年的经济高速增长提供了强大动力。[1] 同时，又由于私营部门和国有部门之间的深沟壁垒，金融资源在两个部门之间的分配极其不均衡，使得中国经济发展呈现出三个鲜明特征：私营部门渐进式扩张，资本回报率逐步上升，却更集中于劳动密集型产业；国有部门利用融资约束的优势更集中于资本密集型；进出口贸易盈余巨大。[2] 层层承包制度下的地区间横向竞争在推动中国经济持续高速增长的同时，也带来了一系列的社会问题，如生态环境恶化、收入分配不均等加剧、公共服务不均等加剧、城乡差距扩大等，已经成为中国过去经济粗放型发展模式的巨大代价。

政府间财政关系是一个国家或地区在各级政府间纵向权力结构分布的具体体现，是财政资金在各级政府间分配的约束规则。不仅是约束各级政府间资源分配竞争的约束规则，也是约束社会各个部门之间有序竞争的基本经济制度，对社会稳定和经济发展具有重大影响。[3] 中国的政府间财政关系主要包括央地财政关系和省以下政府间财政关系，又以央地财政关系为主。中国的央地财政关系主要经历了三个阶段。1979年之前，中国财政管理体制非常简单，地方政

---

[1] 吴敬琏、刘吉瑞：《论竞争性市场体制》，广东经济出版社1998年版。
[2] Song Z., Storesletten K., Zilibotti F.,"Growing Like China", *American Economic Review*, No.101, 2011, pp.202–241.
[3] 詹新宇、刘文彬：《中国式财政分权与地方经济增长目标管理——来自省、市政府工作报告的经验证据》，《管理世界》2020年第3期。

府没有独立的收支账户,所有国有企业的税收收入由中央政府统一收缴,再根据地方政府需求统一支出,可概括为"统收统支"。[1] 20世纪80年代中期,财政包干制的实施是承包责任制引入政府财政管理体制的具体实践。财政包干制,实行地方财政收支有余,按一定数额上缴中央财政,可概括为"分灶吃饭"。这种央地财政关系极大地调动了地方财政的积极性,削弱了中央财政的控制力,中央财政收入逐年减少,宏观调控能力受到限制。[2] 为此,1994年中国实行了分税制财政管理体制改革,明确了不同税种收入按照事前确定的分成比例在央地之间划分,确立央地之间财政收入分配的基本框架。中国省以下政府间财政关系是央地财政关系的延伸,是分税制财政管理体制的重要组成部分。分税制改革后,央地财政关系趋于稳定,呈现出纯粹的"分税"关系,但是省以下政府间财政关系则更加复杂。[3] 省以下政府间财政关系的形式多样、局面复杂是层层承包制度在各地区具体安排不尽相同的具体体现,是同层级内横向竞争的重要前提,是对不同层级政府间纵向互动激励最直接的约束规则。它既是中国经济持续高速增长的制度基础,也会对社会环境产生深刻影响。然而,相较于央地财政关系及其影响效应的丰富研究,省以下政府间财政关系及其影响效应的研究依然非常缺乏。这使得中国省以下政府间财政关系及其影响效应的研究成为一个亟待打开的"黑箱"。《中共中央关于坚持和完善中国特色社会主义制度　推进国家治理体系和治理能力现代化若干重大问题的决定》明确指出,"优化政府间事权和财权划分,建立权责清晰、财力协调、区域均衡的中央和地方财政关系,形成稳定的各级政府事权、支出责任和财

---

[1] Lin J. Y., Liu Z., "Fiscal Decentralization and Economic Growth in China", *Economic Development and Cultural Change*, No. 49, 2000, pp. 1-21.

[2] Fang H. S., Shuai W. J., Yu L. H., et al., "Is Fiscal Revenue Concentration ratio in China too High?", *World Economy*, Vol. 42, No. 7, 2019, pp. 1932-1960.

[3] 周黎安、吴敏:《省以下多级政府间的税收分成:特征事实与解释》,《金融研究》2015年第10期。

力相适应的制度"。构建合理的中国省以下政府间财政收入分配关系，明确省以下各级政府间事权和支出责任划分，才能更好地发挥政府作用，推动有效市场和有为政府更好结合。《中共中央关于进一步全面深化改革　推进中国式现代化的决定》明确指出，"建立权责清晰、财力协调、区域均衡的中央和地方财政关系"。[①] 这一论断为加快建立现代化新型省以下政府间财政关系指明了方向。本书的研究目标就是要在现有文献的基础上在一定程度上打开上述省以下政府间财政关系这个"黑箱"。本书研究主要内容旨在通过回答下述三个层面的问题来试图厘清中国省以下政府间财政关系及其影响效应这个"黑箱"：第一，现行的中国省以下政府间财政关系到底是怎么样的？收入划分具有何种特征事实？第二，现行的省以下政府间财政收入分配实践是否合理？如果不合宜，又应该按照何种原则进行分配？第三，现行的省以下政府间财政管理体制的安排又会对社会经济主要方面，包括经济增长、环境质量和城乡收入差距，产生什么样的影响，又怎样产生影响？

只有梳理清楚各地区中国省以下政府间财政收入划分关系的异同才能回答清楚第一个问题，才能对中国省以下政府间财政关系有一个宏观把握和清晰认识。在此基础上，为了回答第二个问题，必须结合现有文献的理论基础和中央政府的相关指导意见，才能明确省以下政府间财政收入的分配原则，以科学合理的分配原则去判断现行的省以下政府间财政收入分配实践是否合宜。最后，通过考察现行的省以下政府间财政管理体制安排对经济社会发展等多个方面的影响，来回答第三个问题。基于1997—2017年中国省、市、县三级多套面板数据，本书试图回答上述三个层面的问题为解释中国经济持续高速增长及相关经济社会发展现象提供全新的经验证据，为加快建立具有中国特色的新型省以下政府间财政关系奠定理论基础，

[①] 《中共中央关于进一步全面深化改革　推进中国式现代化的决定》，人民出版社2024年版，第19页。

为亟待开展的中国省以下政府间财政收入分配改革提供政策建议和改革方向。

第一节 研究思路

为了回答第一层面的问题，本书梳理了中国各地区的省以下政府间财政关系，详细考察了省以下各级政府间的财政收入分成情况和收支占比匹配情况。为了回答第二层面的问题，本书结合《国务院关于实行分税制财政管理体制的决定》（国发〔1993〕85号）和《关于完善省以下财政管理体制有关问题意见的通知》（国发〔2002〕26号）两个文件的指导思想和完善意见，首次提炼和揭示出两个可落实当前"财力协调、区域均衡"要求的省以下政府间财政收入分配原则。通过构造一个包含分税、支出责任划分和转移支付的理论模型为两个原则奠定了坚实的理论基础。基于1997—2009年中国省、市、县三级多套面板数据，逐级检验了中国省以下各级政府一般公共预算收入和四个主要税种收入的分配实践是否总体上落实了两个原则。为了回答第三层面的问题，通过构造包含分税、转移支付、晋升激励等理论模型，并利用1997—2017年中国省、市、县三级多套面板数据，本书详细考察中国省以下政府间收入分成、省以下财政关系变动、省对下转移支付等制度安排对县域经济增长、环境质量和城乡收入差距三个焦点问题的影响效应及其渠道机制。通过对政策文件和典型事实的梳理，彻底厘清中国省以下政府间财政收入分配关系的现状。通过理论构造，为分配原则的提出以及对县域内经济增长、环境质量和城乡收入差距的影响效应奠定坚实的理论基础。通过实证检验理论假说，详细考察中国省以下政府间财政收入分配实践情况及其对县域经济增长、环境质量和城乡收入差距的影响效应和机制渠道，为中国省以下政府间财政收入分配改革提供全新的经验证据。

第二节 创新之处

一 理论创新

第一，本书提炼和揭示了两个可落实党的十九大报告对财税体制改革所提出的"财力协调、区域均衡"要求的省以下政府间财政收入分配原则，[①] 分别为"上级政府支出责任比重越大，则其财政收入集中度越高"（第一原则）和"上级政府所辖区域人均财政收入不平衡程度越大，则其财政收入集中度越高"（第二原则）。

第二，基于 Arzaghi 和 Henderson 的财政分权决定因素研究框架，[②] 借鉴 Cai 和 Treisman 的政府间财政竞争模型[③]和吕冰洋等的政府间转移支付模型[④]，本书构建了一个包含分税、支出责任划分和转移支付的理论模型，为中国省以下政府间财政收入两个分配原则的合理性奠定了坚实的理论基础。

第三，借鉴 Cai 和 Treisman 的地方政府竞争模型[⑤]以及吕冰洋和台航关于中央与地方政府目标与行为差异性分析框架，[⑥] 本书在构建

[①] 方红生、鲁玮骏、苏云晴：《中国省以下政府间财政收入分配：理论与证据》，《经济研究》2020 年第 4 期。

[②] Arzaghi M., Henderson J. V., "Why Countries are Fiscally Decentralizing", *Journal of Public Economics*, Vol. 89, No. 7, 2005, pp. 1157–1189.

[③] Cai H., Treisman D., "Does Competition for Capital Discipline Governments? Decentralization, Globalization, and Public Policy", *American Economic Review*, Vol. 95, No. 3, 2005, pp. 817–830.

[④] 吕冰洋、毛捷、马光荣：《分税与转移支付结构：专项转移支付为什么越来越多？》，《管理世界》2018 年第 4 期。

[⑤] Cai H., Treisman D., "Does Competition for Capital Discipline Governments? Decentralization, Globalization, and Public Policy", *American Economic Review*, Vol. 95, No. 3, 2005, pp. 817–830.

[⑥] 吕冰洋、台航：《从财政包干到分税制：发挥两个积极性》，《财贸经济》2018 年第 10 期。

包含分税、转移支付和经济增长的政府间竞争模型时引入了多重目标偏好差异分析框架，揭示了中国省以下收入分成和省对下转移支付"两只手"共同对县域经济增长的影响，首次将省以下政府间财政关系的研究触角延伸到县级层面，并将省以下收入分成和省对下转移支付放在同一个理论框架内进行分析。

第四，基于 Zodrow-Mieszkowski-Hoyt 的税收竞争分析框架,[①] 在财政分权、晋升竞争的治理模式下，引入环境质量因素，本书构建了一个多维晋升激励的政府间竞争模型，揭示了中国省以下收入分成和省对下转移支付共同对县域环境质量的影响。

第五，结合地方政府行为逻辑，本书构建了省直管县财政管理体制改革所导致的省以下政府间财政关系重塑，对辖区内城乡收入差距影响机理的理论分析框架，揭示出中国省以下政府间财政关系变动作用于县级政府行为，最终影响县域内城乡收入差距的渠道机制。

二　实证创新

第一，通过梳理各地区财政管理体制政策文件和典型事实，本书详细刻画省以下政府间一般公共预算收入和四个主要税种税收收入分配情况，以及财政收入和支出比重的匹配情况，直接反映省以下财政管理体制的实践情况和特征差异。

第二，为了检验中国省以下政府间财政收入的两个分配原则在省以下政府间财政收入分配实践中总体上的落实情况，本书采用1999—2009年中国省级和地市级两套面板数据，逐级检验了省本级与地级市、市本级与县级、省市两级与县级政府之间一般公共预算收入和四个主要税种税收收入分配的落实情况。

第三，基于 1999—2017 年中国省、市、县三级多套面板数据，

[①] Zodrow G. R., Mieszkowski P., "Property Taxation and the Mnder Provision of Local Public Goods", *Journal of Urban Economics*, No. 19, 1986, pp. 356–370.

本书将省以下收入分成和省对下转移支付同时纳入分析框架中，详细考察省以下政府间财政关系对县域经济增长、县域环境质量和县域内城乡收入差距的影响，填补现有文献的研究空白。

三 方法创新

双向固定效应（TWFE）面板数据计量模型是解决内生性问题中最常见的遗漏变量问题的最好方法。在双向固定效应模型（TWFE）的基础上，本书进行了大量稳健性检验、异质性分析和机制检验，并采用 SYS-GMM、工具变量法、多时点双重差分模型（staggered DID）等多种计量方法来进行实证分析，以增强基准回归结果的可信度和稳健性。

第三节 结构安排

本书试图打开中国省以下政府间财政关系及其影响这个"黑箱"，详细考察中国省以下政府间财政收入分配制度安排、财政收入分配实践特征事实、财政收入分配原则，以及对县域经济增长、生态环境质量和县域内城乡收入差距的影响，从而为加快建立具有中国特色的现代化新型省以下政府间财政关系提供政策建议和改革方向。

第一章：绪论。本章以稀缺资源的分配竞争作为逻辑起点，推论出中国省以下政府间财政关系作为一种约束竞争的社会权力结构和基础性制度安排对于中国经济社会发展具有关键作用，进而提炼出三个亟待回答的问题。在问题提出的基础上，制定研究思路和方法，阐述本书的创新点，并说明全书的章节安排。

第二章：文献综述，主要包括财政分权理论历史沿革、财政收入分配的决定因素及其影响效应。本章试图回答三个问题：第一，政府间财政关系是财政收入分配分权还是集权的抉择，到底是由哪些因素所决定的？第二，财政分权或者集权对于经济社会发展各方面的影响效应是怎么样的？通过哪些主要的机制渠道产生影响效应？其中又包括了1994年分税制改革以来出台的一系列改变各级政府间财政关系的外生政策冲击及其影响效应的研究。第三，转移支付在其中又扮演了什么角色，会如何影响财政分权或集权的效应？其中，对于第一个问题的回答有助于提炼和揭示省以下政府间财政收入的分配原则，对于第二个问题和第三个问题的回答则有助于考察省以下财政收入分成和省对下转移支付规模及地方官员晋升激励等制度安排对于县域内经济增长、环境质量和城乡收入差距的影响机制，从而初步构建中国省以下政府间财政收入分配的研究框架。

第三章：本章详细梳理了中国31个省以下政府间财政管理体制的政策文件，测算各地区一般公共预算收入和四个主要税种收入在省市县三级政府间的分成情况，并进一步测算了省市两级政府财政收入集中度和支出责任占比的变动趋势，剖析了当前中国省以下政府间财政收入分配的特征事实。

第四章：结合政策文件，本章提炼和揭示出两个可落实当前"财力协调、区域均衡"要求的省以下政府间财政收入分配原则。本章构建了一个包含分税、支出责任划分和转移支付的理论模型为两个原则奠定了坚实的理论基础。此外，本章基于省级和地市级两套面板数据，基于处理内生性的SYS-GMM和工具变量GMM方法，逐级检验了中国省以下各级政府一般公共预算收入和四个主要税种收入的分配实践是否总体上落实了两个原则。如果总体上都落实了两个原则，各地区有差别化的做法也是合理的。

第五章：在既有文献的基础上，本章首次将研究对象从央地关系延展到省以下政府间财政关系。借鉴Cai和Treisman的地方政府竞争模型，[1] 以及吕冰洋和台航关于中央与地方政府目标与行为差异

---

[1] Cai H., Treisman D., "Does Competition for Capital Discipline Governments? Decentralization, Globalization, and Public Policy", *American Economic Review*, Vol. 95, No. 3, 2005, pp. 817-830.

性分析框架,① 本章在构建包含分税、转移支付和经济增长的政府间竞争模型时引入了多重目标偏好差异分析框架,揭示"两只手"共同对县域经济增长的影响机理。基于1997—2009年中国省级和县级面板数据,运用处理内生性的SYS-GMM方法和工具变量法实证检验了理论假说,并结合基于外生政策冲击的多时点双重差分模型,进行理论假说的实证检验、稳健性检验和异质性分析。

第六章:基于Zodrow-Mieszkowski-Hoyt税收竞争分析框架,② 在财政分权、晋升竞争的治理模式下,引入环境质量因素,本章构建了一个多维晋升激励的政府间竞争模型,考察省以下收入分成、晋升激励及省对下转移支付规模对县域环境质量的影响机理。基于1997—2009年中国县级面板数据,运用基于处理内生性的SYS-GMM方法和工具变量法,并结合基于外生政策冲击的多时点双重差分模型,进行理论假说的实证检验、稳健性检验和异质性分析。

第七章:基于省直管县财政管理体制改革,结合地方政府行为逻辑,本章构建了省直管县财政管理体制改革所导致的省以下政府间财政关系重塑对辖区内城乡收入差距影响机理的理论分析框架,详细考察省以下政府间财政关系变动对县域内城乡收入差距的影响机理。基于1999—2017年中国县级面板数据,运用基于处理内生性的SYS-GMM方法和工具变量法,并结合基于外生政策冲击的多时点双重差分模型,进行理论假说的实证检验、稳健性检验和异质性分析。

第八章:结论与启示。作为全书的总结部分,本章将对前述的研究过程、研究结论和政策启示进行系统性提炼和总结。本章最后还详细说明了本书的研究视角、方法和数据等可能存在的不足之处,以及该研究领域未来可以进一步拓展的方向。

---

① 吕冰洋、台航:《从财政包干到分税制:发挥两个积极性》,《财贸经济》2018年第10期。

② Zodrow G. R., Mieszkowski P., "Property Taxation and the Mnder Provision of Local Public Goods", *Journal of Urban Economics*, No. 19, 1986, pp. 356-370.

第 二 章

文献综述

第一节　引言

　　Tiebout 在《政治经济学》杂志发表了《地方公共支出的纯理论》，首次提出了"用脚投票"理论（Voting with Feet），[①] 对研究地方政府公共产品供给水平具有里程碑意义。蒂伯特模型提出了七个严苛的条件：消费—投票者能够完全自由地在不同区域之间流动，以选择完全满足自身偏好的社区定居；消费—投票者完全了解各个地区的公共支出和收入的不同模式，并能够及时对此做出反馈；消费—投票者有足够多数量的社区可以选择；消费—投票者的收入不受就业机遇的局限，而是完全靠股息收入；不同地区间的公共产品供给没有任何外部性；每个社区的管理者会根据已定居于该地区的消费—投票者的偏好来设定自身的公共收支模式，其最优的公共支出规模是受限于辖区内居民的数量。过高的公共支出成本会导致居民的迁徙；一个社区的规模低于最优水平，则会吸引居民并降低平均成本，而一旦高于最优水平则会选择减少辖区内居民数量。满足

[①] Tiebout, C. M., "A Pure Theory of Local Expenditures", *Journal of Political Economy*, Vol. 64, No. 5, 1956, pp. 416–424.

上述模型设定时，财政分权有助于地方政府提高公共产品供给水平。Bewley 在《计量经济学》发表的《地方公共支出蒂伯特模型的批评》对蒂伯特模型的严苛条件和均衡条件都提出了批评，[①] 认为"用脚投票"理论的严苛条件在现实中很难成立，一旦有任何假设条件不成立，则均衡结果和帕累托最优解都无法成立。尽管蒂伯特模型的严苛假设被广泛讨论，但是第一代分权理论和地区间横向竞争理念的建立依然具有划时代的重要意义。Musgrave 在著作《公共财政理论》中支持蒂伯特模型的结论，并进一步讨论了中央与地方政府之间的最优分权程度。[②]

Oates 在继承 Musgrave 基本论点的基础上进一步开创出第二代财政分权理论，[③] 也被称为"财政联邦制"，其中 1972 年的《财政联邦主义》是第二代财政分权理论的奠基之作。Oates 支持蒂伯特模型的基本结论，认为分权对财政结构和财政体制会产生可预期的重大影响。财政分权理论认为，地方政府在各自的辖区内分别提供公共产品和服务远比中央政府在一个统一的框架下对各个地区提供统一的公共产品和服务更能达到帕累托最优水平。第二代分权理论最突出的特点就是分权的效益与地方公共产品需求的多样性高度相关，地方公共产品需求的多样性越大则分权的效益越高。Oates 详细考察

---

① Bewley T. F., "A Critique of Tiebout's Theory of Local Public Expenditures", *Econometrica*, Vol. 49, No. 3, 1981, pp. 713-740.

② Musgrave R. A., "The Theory of Public Finance: A Study in Public Economics", *Journal of Political Economy*, No. 1, 1959, pp. 628-630.

③ Oates W. E., "The Effects of Property Taxes and Local Public Spending on Property Values: An Empirical Study of Tax Capitalization and the Tiebout Hypothesis", *Journal of Political Economy*, Vol. 77, No. 6, 1969, pp. 957-971; Oates W. E., *Fiscal Federalism*, New York: Harcourt Bruce, 1972; Oates W. E., "Searching for Leviathan: An Empirical Study", *American Economic Review*, Vol. 75, No. 4, 1985, pp. 748-757; Oates W. E., "An Essay on Fiscal Federalism An Essay on Fiscal Federalism", *Journal of Economic Literature*, Vol. 37, No. 3, 1999, pp. 1120-1149; Oates W. E., "Toward A Second-Generation Theory of Fiscal Federalism", *International Tax and Public Finance*, Vol. 12, No. 4, 2005, pp. 349-373.

了分权的效益来自财政分权的事实，并利用跨国数据发现在规模更大、经济更发达的国家，四种衡量财政分权的指标程度都更高。① Oates 又提出，财政分权能够更好地激励地方政府进行政策实验和制度创新。② Breton 和 Scott 在分权效益的基础上，进一步关注到分权的组织成本问题。③ 他们研究发现，分权体制不仅会降低准入门槛和流动门槛，还很可能会增加地方政府管理和协调成本。"财政联邦制"的提出对于约束稀缺资源分配竞争，实现公共资源供给有效配置，解释各国经济增长差异都具有划时代的意义。然而，Musgrave 和 Oates 对于政府职能在传统财政联邦制理论中的界定依然是谨慎和保守的，难以直接套用在处于转型期的大型经济体。Weingast、Qian 和 Weingast 以及 Qian 和 Roland 进一步继承和发展了第二代财政分权理论，④ 提出了"第二代财政联邦制"理论。他们把财政分权、地方政府激励和地区间横向竞争联系起来，有效突破了地方政府公共产品和服务供给的限制，从而建立起一个解释转型期经济体的理论框架，以期来解释 1980 年后中国经济高速增长的奇迹。他们认为，财政分权迫使地方政府致力于经济发展目标，加剧同层级间地方政府的横向竞争。"中国式财政联邦制"是"第二代财政联邦制"最典型的代表。然而，财政分权是一系列非常复杂的财政管理体制安排之后的结果，并且受到各国权力结构、文化土壤、地理特征、历史沿革等因素的制约。现有文献都指出分权的效应不是一概而论的，

---

① Oates W. E., *Fiscal Federalism*, New York: Harcourt Bruce, 1972.

② Oates W. E., "Fiscal Decentralization and the Challenge of Hard Budget Constraints", *National Tax Journal*, Vol. 59, No. 2, 2006, pp. 389–396.

③ Breton A., Scott A., "The Economic Constitution of Federal States", *Canadian Journal of Economics*, Vol. 12, No. 3, 1978, p. 529.

④ Qian Y., Roland G., "Federalism and the Soft Budget Constraint", *American Economic Review*, Vol. 88, No. 5, 1998, pp. 1143–1162; Qian Y., Weingast B. R., "Federalism as a Commitment to Preserving Market Incentives", *Journal of Economic Perspectives*, Vol. 11, No. 4, 1997, pp. 83–92; Weingast B. R., "The Economic Role of Political Institutions: Market-Preserving Federalism and Economic Development", *Journal of Law Economics and Organization*, Vol. 11, No. 1, 1995, pp. 1–31.

在不同的条件下可能存在完全背离的效果。尤其是像中国这样幅员辽阔、各地区发展不平衡不充分的主权国家，更需要谨慎地考察财政分权的效应，审慎地决定财政收入分配分权或集权的抉择。因此，详细梳理和评述财政收入分配的决定因素及其影响效应，特别是对中国的影响，对本书试图回答前述三个层面的问题至关重要。

本章的基本研究框架大致如下：第一节，阐述研究思路；第二节，阐述财政分权的决定因素；第三节，梳理财政分权对于经济社会发展各方面影响的效应；第四节，介绍中国各级政府间财政关系变动的外生政策冲击的效应；第五节，介绍财政分权的制度安排和指标度量；第六节，阐述转移支付规模在财政分权效应中所扮演的角色；第七节，全章小结。

第二节　财政分权的决定因素

当前学术界关于财政分权的决定因素最重要的文献是 Panizza 于 1999 年发表的论文。[①] Panizza 在 Alesina 和 Spolaore[②] 的研究基础上，构建了一个上下级政府互动的博弈模型。该模型假定线性空间城市的人口是随机均匀分布，公共产品和服务提供水平由中央政府决定，且均遵从少数服从多数原则。中央政府承担着满足全部范围内所有居民公共需求的责任，但是中央政府的公共产品供给水平会随着地理距离而衰退。其他没有受到辐射的地区则均由地方政府负责提供公共产品和服务。地方政府的公共产品供给水平也会随着地理距离

[①] Panizza U., "On the Determinants of Fiscal Centralization: Theory and Evidence", *Journal of Public Economics*, Vol. 74, No. 1, 1999, pp. 97-139.

[②] Alesina, P. R., Spolaore E., "Together or Separately? Issues on the Costs and Benefits of Political and Fiscal Unions", *European Economic Review*, Vol. 39, No. 3-4, 1995, pp. 751-758; Alesina P. R., Spolaore E., "On the Number and Size of Nations", *Quarterly Journal of Economics*, No. 119, 1997, pp. 613-646.

而衰退，只是衰退的半径更小。追求自身财政剩余最大化的中央政府会决定其在全部公共产品和服务中提供的占比。消费—投票者为了避免更大程度的公共产品提供衰退会更倾向于由地方政府来提供公共产品，因此中央政府在全部公共产品和服务中提供的占比过高，会降低消费—投票者对于公共产品和服务的需求。因此，财政分权程度由中央政府决定，地方政府只能完全地被动接受。通过上述理论模型的构建和推导，以及利用跨国数据的实证检验，Panizza 研究发现一个国家或地区的财政分权程度与土地面积、人均收入水平、民主化程度、种族多样性程度呈显著的正相关。Panizza 的研究是财政分权决定因素的集大成者，不仅将之前文献中已经发现的一系列决定因素统一归集到一个理论分析模型中，并且利用截面数据验证了理论假说。Arzaghi 和 Henderson 在 Panizza 的研究基础上，更加关注从"单个统一政府"转向"多级联邦政府"的财政关系转变过程的决定性因素。[①] 杨龙见等是目前仅有的利用中国数据考察上述各种因素对中国省以下政府间财政支出分权影响的代表性文献。[②] 他们基于中国 1997—2009 年的面板数据证实了经济增长、城市化、少数民族、人口规模、开放程度等因素对中国省以下政府间财政支出分权的影响，研究发现经济发展水平与财政支出集中度之间存在倒"U"形关系，城市化程度与财政支出集中度呈正相关，对外开放程度、主要城市数量、少数民族人口比重以及总人口与财政支出集中度呈负相关。尽管 Panizza 的研究具有极高的开创性和综合性，但是一个抽象的理论框架终究无法完整刻画现实世界的复杂程度，除了在 Panizza 文章中涉及的因素，还有许多因素可能影响一个国家或地区的财政管理制度安排。本章将对财政分权最重要的一系列决定因素进行逐一梳理和回顾。

---

① Arzaghi M., Henderson J. V., "Why Countries are Fiscally Decentralizing", *Journal of Public Economics*, Vol. 89, No. 7, 2005, pp. 1157-1189.

② 杨龙见、陈建伟、尹恒：《中国省级财政集中程度的影响因素分析》，《南方经济》2012 年第 11 期。

一 经济发展水平

在众多影响财政分权的决定因素中,经济发展水平是最受学者注意的。世界上主流的经济学学者中有许多人在不同年代,通过不同的数据样本和实证方法都发现一个国家和地区的经济发展水平与财政分权程度呈正相关。[1] Oates 研究发现,只有国土面积大小和经济发展水平对财政分权程度有显著的正向影响。[2] Wallis 和 Oates 为了更好地控制国际的地理特征和文化沿革的差异,利用美国 48 个州的面板数据研究发现,州政府的财政支出在全部地方政府财政支出中的比重会随着人均收入水平的提高而增加,反映了在 20 世纪 80 年代美国州级政府在财政收入分配中的地位不断上升。[3]

然而,Kee[4] 和 Wasylenko[5] 的研究却得出了完全不同的结论。他们发现,在发展中国家,经济发展水平对财政分权没有显著的影响。也有一些研究曾断言财政分权是一种"奢侈品"。[6] 只有在人均收入水平很高时,财政分权才会促使公共产品提供的范围、质量和需求的多样性提升。经济发展水平的提高既刺激了消费—投票者对于地方政府公共产品和服务供给的需求,又增强了地方政府的财政收入能力,才能使各级政府间的财政分权成为可能。然而,只要人均收入水平随着劳动生产率的增长而增加,地方政府提供公共产品和服务的成本也会变得非常昂贵,严重阻碍了各级政府间财政分权

---

[1] Bahl R., Nath, S., "Public Expenditure Decentralization in Developing Economies", *Environment and Planning C: Government and Policy*, No. 4, 1986, pp. 405–418.

[2] Oates W. E., *Fiscal Federalism*, New York: Harcourt Bruce, 1972.

[3] J. Wallis, W. Oates., "Decentralization in the Public Sector: An Empirical Study of State and Local Government", *National Bureau of Economic Research*, 1998, pp. 5–23.

[4] Kee, W. S., "Fiscal Decentralization and Economic Development", *Public Finance Review*, No. 5, 1977, pp. 79–97.

[5] Wasylenko M., "Fiscal Decentralization and Economic Development", *Public Budgeting and Finance*, Vol. 7, No. 4, 1987, pp. 57–71.

[6] Tanzi, V., *On Fiscal Federalism: Issues to Worry about*, Washington, D. C.: World Bank Conference on Fiscal Decentralisation, 2000.

体制的实行。①

此外，Letelier还关注人均收入水平提高会降低财政分权程度的一种可能。② 随着一个国家或地区的经济发展水平不断提高，该国政府和居民可能更加重视收入分配和社会保障政策，并会进一步增加对于基础设施建设的需求，如跨省、跨州的交通设施、高速公路等。鉴于这种外部公共产品需求的大幅增加，可能会迫使财政资金分配向更高层级的政府倾斜，从而显著降低了财政分权程度。Bahl 和 Nath③ 以及 Bahl 和 Linn④ 的研究认为，要使一个国家或地区实现财政分权可能人均收入水平需要达到一个很高的门槛。但是，他们也观察到有一些人均收入水平很低的国家，也有相对很低程度的财政分权。Bahl 和 Linn 认为，政府间转移支付的存在可以解释发展中国家的财政分权现象。⑤ 他们研究发现，发展中国家的财政收入集中程度很高，完全契合"财政联邦制"的理论。但是，经济发展水平的提高确实促使它们趋向于提高财政分权程度。他们还发现，发展中国家会使用大规模的转移支付来帮助地方政府，而这种方式增强了中央政府对于地方政府财政能力的控制。他们提出，政府间事权与支出责任的重新划分、地区间转移支付制度的建立、中央政府赋予特定城市财政特权和特定支出责任等一系列财政管理体制和财政政策变动证明了许多国家的政府都已经意识到赋予地方政府财政自主权是财政分权最重要的组成部分。在一些财政分权程度极高的国

---

① Letelier L. S., "Explaining Fiscal Decentralization", *Public Finance Review*, No. 33, 2005, pp. 155-183.

② Letelier L. S., "Explaining Fiscal Decentralization", *Public Finance Review*, No. 33, 2005, pp. 155-183.

③ Bahl R., Nath, S., "Public Expenditure Decentralization in Developing Economies", *Environment and Planning C: Government and Policy*, No. 4, 1986, pp. 405-418.

④ Bahl R., Linn J., *Urban Public Finance in Developing Countries*, Oxford: Oxford University Press, 1992.

⑤ Bahl R., Linn J., "Fiscal Decentralization and Intergovernmental Transfers in Less Developed Countries", *Journal of Federalism*, Vol. 24, No. 1, 1994, pp. 1-19.

家，已经形成了垂直财政联邦制度，给予了地方政府高度的财政自主权；例如，俄罗斯就通过直接让地方政府来决定自身在承担全部公共支出责任中的比例来赋予地方政府高度的财政自主权；印度同样规定了让地方政府自主决定自身所必须承担的公共支出责任水平。

Thieβen 基于 OECD 国家的跨国数据样本，实证考察了人均 GDP 增长率、TFP 以及资本积累，与财政分权之间的关系。① 研究发现，财政分权体制对这些因素都没有明显的效应。通过实证考察 OECD 国家的情况，可以发现分权体制对于这两个最重要的指标都没有直接影响，而只与地方政府在全部财政支出占比的指标有显著关系。因此，Thieβen 认为，财政分权对经济增长的作用在高收入的 OECD 国家非常不明显。然而，在识别财政分权决定因素的实证研究中，克服潜在的内生性问题一直是最大的挑战，除了财政分权与经济增长之间的双向因果关系，不可观测的或者遗漏的同时影响分权和经济增长的变量也会影响估计结果。Bruess 和 Eller② 和 Iimi③ 的研究都承认存在这种识别上的挑战，但是没有哪个跨国实证真正在尝试解决内生性问题。他们还提醒，他们的文章中可能也存在内生性问题。综上所述，经济发展水平对财政分权的影响不是简单直接的，而是依赖于财政管理体制的低成本和对收入再分配的高需求。Meltzer 和 Richard 的研究认为，平均人均收入水平的相对上升也会增加地方政府规模。④ 尽管之前的研究中都发现经济发展水平更高的地方财政分权程度更高的结论，但是对收入再分配的高需求

---

① Thieβen U., "Fiscal Decentralisation and Economic Growth in High-income OECD Countries", *Fiscal Studies*, No. 24, 2003, pp. 237–274.

② Bruess F., Eller M., "Fiscal Decentralisation and Economic Growth: Is There Really a Link?", *Journal for Institutional Comparisons*, No. 2, 2004, pp. 3–9.

③ Iimi A., "Decentralization and Economic Growth Revisited: An Empirical Note", *Journal of Urban Economics*, No. 57, 2005, pp. 449–461.

④ Meltzer A. H., Richard, S. F., "A Rational Theory of the Size of Governmeut", *Journal of Political Economy*, No. 89, 1981, pp. 914–927.

也有可能导致经济发展水平与财政分权之间关系呈现出完全相反的结果。

二 经济发展不平衡程度

另一个影响财政分权程度的重要因素是收入分配不平衡程度，诸如城乡收入差距或者地区间经济发展差距。现有众多研究都考察了经济发展不平衡程度对财政分权的影响，[①] 但是尚未形成一个统一的结论。Bahl 和 Linn 认为，人均收入不平衡程度，包括城乡差异、区域经济发展差异，会提高财政收入集中度，降低财政分权，有助于中央政府调节区域经济发展不平衡。[②] Neyapti 采用 20 世纪 70—90 年代 37 个国家的跨国数据考察不同国家的人均收入不平衡程度 （Gini 系数）和财政收入分权的关系。[③] 研究发现，当不同文化宗教、历史沿革、地理环境造成了既有的区域间人均收入不平衡时，财政收入分权反而会进一步增大区域间经济发展不平衡程度。Siddique 等采用 1999—2008 年印度尼西亚数据也证实了在既有地区间人均支出差异的情况下，财政收入分权会提高人均支出不平衡程度。[④] 从上述讨论可以发现，尤其在发展中国家，财政分权程度受到地区间经济发展不平衡程度的影响，又会反过来进一步影响区域间经济发展的差异。中央政府或上级政府为了调节所辖区域间经济发展不平衡程度，更需要慎重推行财政分权政策。

[①] Woller G. M., Phillips K., "Fiscal Decentralisation and LDC Economic Growth: An Empirical Investigation", *Journal of Development Studies*, 1998, Vol. 34, No. 4, pp. 139–148.

[②] Bahl R., Linn J., "Fiscal Decentralization and Intergovernmental Transfers in Less Developed Countries", *Journal of Federalism*, Vol. 24, No. 1, 1994, pp. 1–19.

[③] Neyapti B., "Revenue Decentralization and Income Distribution", *Economics Letters*, Vol. 92, No. 3, 2006, pp. 409–416.

[④] Siddique M., Wibowo H., Wu Y., "Fiscal Decentralisation and Inequality in Indonesia: 1999–2008", NBER Working Papers, 2014.

三 人口和国土面积

Panizza①以及 Arzaghi 和 Henderson②的研究发现,财政分权程度会随着人口数量和国土面积的增加而上升。地广人稀的国家采用中央政府直接管理基层公共产品和服务供给的管理成本巨大。Litvack 和 Oates 研究发现,随着人口数量的增加,整个社区的规模也会增加,从而地方政府需要更多的财政资金来匹配人口规模的扩张。③ 随着人口数量的增加,公共产品供给的拥塞成本增加,会导致地方政府财政支出规模进一步扩大,从而引起公共品供给成本的提升和需求数量的降低。Letelier 也认同随着人口数量的增加,地方政府财政支出规模需要进一步扩大以匹配公共产品供给成本的提升。相较于人口数量的绝对值,人口密度的实质性影响更为显著和重要。在低人口密度地区,地方政府财政管理成本会更高。④ 相较于沿海地区,同样数量的学生在山林地区就需要更多的教师供给。因此,人口密度和财政分权程度呈显著的负相关。⑤

不同地区之间公共产品偏好的差异化程度也能够决定各级政府间的财政分权程度。Panizza 认为,公共产品偏好多样化会扩大公共产品供给与中间投票者需求之间的最优距离,使消费—投票者倾向

---

① Panizza U., "On the Determinants of Fiscal Centralization: Theory and Evidence", *Journal of Public Economics*, Vol. 74, No. 1, 1999, pp. 97-139.

② Arzaghi M., Henderson J. V., "Why Countries are Fiscally Decentralizing", *Journal of Public Economics*, Vol. 89, No. 7, 2005, pp. 1157-1189.

③ Litvack J. M., Oates W. E., "Group Size and the Output of Public Goods: Theory and Application to State-Local Finance in the United States", *Public Finance*, Vol. 25, No. 1, 2009, pp. 42-62.

④ Letelier L., S., "Explaining Fiscal Decentralization", *Public Finance Review*, No. 33, 2005, pp. 155-183.

⑤ Bodman P., Hodge A., "What Drives Fiscal Decentralisation? Further Assessing the Role of Income", *Fiscal Studies*, Vol. 31, No. 3, 2010, pp. 373-404.

于由地方政府来提供公共产品。① 这种多样化和差异性又是根源于语言文化人均收入水平的差异。

然而，对某些公共品有特定的、单一的、强烈的偏好会改变政府间财政分权关系。一方面，经济周期会改变辖区内居民对于公共产品的偏好。经济周期可以通过当期失业率来准确捕捉。经济周期处于下行阶段会加剧消费——投票者对于中央政府公共支出和收入的需求，最终影响到政府间的财政关系安排。② 另一方面，对军事国防公共产品的需求增加也会降低分权程度。Bahl 和 Linn 注意到持续社会动荡不安的地区，中央决策者会倾向于高度集权的管理而不再授权给地方政府。③ Peacock 和 Wiseman 就详细论述了社会动荡不安会制造一种不安定的氛围，促使辖区内居民接受一个更大规模的中央政府，而地方政府则没有获得任何动员能力的提升。④ 因此，他们假定处于战争或者内部势力分裂对立的国家更倾向于集权管理。

四 对外开放程度

贸易导向的经济体也倾向于提高中央政府财政收入集中度，因为征收进出口关税和其他相关关税的权力掌握在中央政府手中。Letelier 认为，发展中国家更倾向于采用这种政府间财政关系，因为发展中国家丰富的自然资源可能成为外汇收入和进出口关税的来源。⑤ Stegarescu 指出，尽管贸易导向会增加经济体的国际金融风险

---

① Panizza U., "On the Determinants of Fiscal Centralization: Theory and Evidence", *Journal of Public Economics*, Vol. 74, No. 1, 1999, pp. 97-139.

② Stegarescu D., "Public Sector Decentralisation: Measurement Concepts and Recent International Trends", *Fiscal Studies*, Vol. 26, No. 3, 2005, pp. 301-333.

③ Bahl R., Linn J., *Urban Public Finance in Developing Countries*, Oxford: Oxford University Press, 1992.

④ Peacock A. T., Wiseman J., *The Growth of Public Expenditure in the United Kingdom*, Princeton, NJ: Princeton University Press, 1961, pp. 299-326.

⑤ Letelier L. S., "Explaining Fiscal Decentralization", *Public Finance Review*, No. 33, 2005, pp. 155-183.

和非对称性冲击，会不断增加辖区内居民对中央政府有效控制收入再分配和宏观经济稳定的需求，但是Stegarescu也认为对外开放会增加经济总产出、扩大国内市场规模、激发国内市场活力、提高地方政府财政收入。[1] 因此，对外开放程度对财政分权影响并不完全明确。另一些研究也发现，对外开放可能会对公共治理带来显著的正向影响。Malesky发现，外商投资的增加显著提升了越南地方政府的公共治理能力。随着对外开放程度的加深，其他国家先进的公共事务管理经验和财政资金使用模式会通过国际贸易和外商投资进入国内，从而提升政府公共治理能力。[2]

五　转移支付规模

地方政府财政自主度受到上级政府对其转移支付规模的高度约束。最为直接的理解就是，转移支付在某种层面上就是另一种形式的地方财政收入增长。在预算软约束的条件下，地方政府财政收入对转移支付的依赖度越高，财政支出水平也会更高。[3] 现有文献证明，低层级政府财政收入对转移支付的依赖度可能会对财政分权产生正向影响。相较于更高层级的政府，转移支付规模越高，基层政府财政支出越大。Prud'homme认为，尽管许多公共支出很容易在各级政府间财政分权，但是很少有税收能够支撑这种分权。[4] 因此，地方政府更可能缺乏足够的财政资源来匹配他们的公共支出责任，此时来自中央政府的转移支付是必不可少的。正是由于转移支付的存在，使地方政府可以使用超过自身财政收入的

---

[1] Stegarescu D., "Public Sector Decentralisation: Measurement Concepts and Recent International Trends", *Fiscal Studies*, Vol. 26, No. 3, 2005, pp. 301-333.

[2] Malesky, "Good Local Governance: A Key to Economic Growth", *Business Issues Bulletin*, Vol. 3, No. 6, 2004, pp. 1-3.

[3] Kee, W. S., "Fiscal Decentralization and Economic Development", *Public Finance Review*, No. 5, 1977, pp. 79-97.

[4] Prud'homme R., "On the Dangers of Decentralization", *World Bank Research Observer*, No. 10, 1995, pp. 201-220.

财政资金，因此，转移支付的规模也能够决定地方政府的财政支出水平。

然而，中国的财政收入分配实践并非如上述理论这样简单明了。张光详细考察中国分税制改革后省以下政府间财政关系形成的原因和可能的影响。[①] 研究发现，财政资源集中于县级政府会提高省以下财政分权；县级政府对转移支付的依赖程度越高，越会降低省以下财政分权。利用中国 1995—2006 年的面板数据，吴木銮和王闻研究也发现，中央对下转移支付越高的地区，县级财政支出分权程度越低。[②] 曹书军等基于 2002—2005 年中国制造业企业为数据样本，考察了中国经济转轨时期财政分权和地区间横向竞争如何影响上市公司实际税负，认为中央对下转移支付规模是地方政府征管企业税收的决定性因素之一。[③]

六　历史事件的冲击

Coen-Pirani 和 Wooley 从财政收入分权视角，发现"大萧条"冲击对美国政府结构产生了长期和深远的影响。[④] 理论分析和实证研究都证实，"大萧条"冲击会造成人均收入降低，引发财产税拖欠上升，迫使美国州级政府主要税收收入转向销售税，促使州政府财政收入集中度的上升。"大萧条"造成了两个重大制度变动，即首次在 28 个州推行销售税作为州级政府的收入来源，和州级政府参与初等、中等教育经费补贴，都促使了州级政府财政收入分成比例的永

---

① 张光：《财政分权省际差异、原因和影响初探》，《公共行政评论》2009 年第 1 期。

② 吴木銮、王闻：《如何解释省内财政分权：一项基于中国实证数据的研究》，《经济社会体制比较》2011 年第 6 期。

③ 曹书军、刘星、张婉君：《财政分权、地方政府竞争与上市公司实际税负》，《世界经济》2009 年第 4 期。

④ Coen-Pirani D., Wooley M., "Fiscal Centralization: Theory and Evidence from the Great Depression", *American Economic Journal: Economic Policy*, Vol. 10, No. 2, 2018, pp. 39–61.

久性提高。刘畅和刘冲选择财政上解读和财政自主度作为省以下财政分权的衡量指标,考察了1959—1961年困难时期如何影响"政治集权"体制下的"分权模式"。① 他们认为,县级财政分权内生于自然灾害之后中央通过提高财政收入集中度加强对地方控制、降低风险的需要。

七 回顾与评述

通过上述文献梳理可以发现影响一个国家和地区政府间财政收入分配,特别是分权还是集权的决定因素非常多,且各因素的影响效应各不相同,学术界的研究结论也是莫衷一是。李清彬通过文献梳理,对这一现象做了极其准确的论断:一个国家和地区的财政分权程度受到该国的政治、经济、社会、宗教以及其他因素的综合影响。② 一言以蔽之,经济发展程度越高,越发达的地区,财政分权实现得越彻底。但是,由于二者之间存在的循环因果关系,经济发展水平的影响也需要在其他因素的配合下才会产生。地区间收入差距越大,经济发展越不平衡,财政分权程度越低,财政收入集中度越高,表明了辖区内居民对于收入再分配的强烈诉求。人口数量越多、国土面积越大、人口密度越低,财政分权程度越高。城市化程度越低、收支结构越偏向地方政府、地方政府财政收入越依赖转移支付,财政分权程度越高。此外,重大历史危机事件,诸如经济危机、大饥荒、战争、动乱等都会严重降低财政分权程度。综上所述,一个国家和地区在进行财政分权或集权的决策时必须非常谨慎,必须结合各国政治体制、经济发展、社会稳定、文化风俗和宗教信仰等实际情况综合考虑抉择。

---

① 刘畅、刘冲:《灾害冲击、"大饥荒"与内生的财政分权》,《经济社会体制比较》2015年第3期。
② 李清彬:《什么决定了财政分权程度——基于文献的考察》,《地方财政研究》2015年第5期。

第三节　财政分权的影响效应

财政分权对经济社会发展的各方面影响效应自"财政联邦制"诞生之初就受到学者的重视。现有大量研究都详细考察了财政分权对经济发展、社会稳定、民生困苦、文化繁荣等各方面影响，尤其是对于经济增长、环境污染、收入分配差距等重点领域。此外，财政分权和地区间横向竞争对于解释1980年以来中国经济增长"奇迹"和中国经济社会发展结构性变动都有至关重要的作用。国内外学者高度关注财政分权对于促进中国经济变动的解释，进行大量深入细致的研究。他们的研究方法和研究结论对于本书回答前述三个层面的问题有重要的借鉴意义，需要详细地梳理和回顾。

一　财政分权与经济增长

"财政联邦主义"（fiscal federalism）是财政分权的理论称谓，表示相对于中央政府，地方政府对于辖区内的财政资金具有相对独立的立法权和支配权。[①] 但在实际的财政实践中，这三种权力没有明确下放的情况下，也存在财政分权的事实。"第二代财政联邦制"理论就发现中国具有上述这种特殊的分权模式。自改革开放以来，中国的地方政府并不具备独立的立法权、制定政策权，但拥有部分财政实践和公共职能的自由裁量权，从而形成了所谓的"经济联邦主义"。这种特殊的财政分权模式极大地激励了地方政府承担起辖区内经济发展的目标，致力于保护辖区内自由市场的繁荣和市场经济的主体地位。"第二代财政联邦制"理论的代表性文献利用1970—1999年中国29个省份的省级面板数据考察了在经济发展转

---

① 吕冰洋、马光荣、胡深：《蛋糕怎么分：度量中国财政分权的核心指标》，《财贸经济》2021年第8期。

型时期，地方政府对市场发展的影响。① 研究发现，文章详细考察了财政包干制，并对比分析了改革前后的央地收入分配差异，证明了财政包干制是切实存在落实的；文章对比了四个时期的央地收入分配差异，发现20世纪80年代中期财政管理制度改革之后，省级政府财政分权程度得到显著提高；相较于国有部门，财政分权会显著提高私营部门的资本积累和生产效率。他们还对比了中国财政分权制度和俄罗斯财政联邦制度，发现中国的财政分权更倾向促使地方政府开展以市场为主导的经济活动。此后，国内外学者就转型时期中国财政分权对经济增长的促进效应进行了大量研究。Zhang和Zou采用省级财政支出占中央财政支出的比重衡量财政分权，研究发现财政分权会显著促进中国经济增长。② Lin和Liu基于1985—1993年中国省级面板数据，采用省级财政收入边际分成率衡量财政分权，考察财政分权对中国经济增长的影响。③ 研究发现，财政分权会显著促进中国的农村改革、私营部门发展和资本积累，显著促进中国经济增长。乔宝云基于1985—1998年中国省级面板数据发现，财政分权对于中国经济增长具有非对称性，呈现出倒"U"形特征，央地之间最优财政分权程度在70%左右。④ 温娇秀也认为，财政分权能够激励中国经济增长，基于1980—2004年三类地区数据研究发现，财政分权激励效应存在强烈的异质性特征，在中西内陆地区和东部沿海地区完全不同。⑤ 李一花等基于2007—

---

① Jin J., Zou H. F., "Fiscal Decentralization and Economic Growth in China", NBER Working Paper, 2005.

② Zhang T., Zou H. F., "Fiscal Decentralization, Public Spending and Economic Growth in China", *Journal of Public Economics*, Vol. 67, No. 2, 1998, pp. 221-240.

③ Lin J. Y., Liu Z., "Fiscal Decentralization and Economic Growth in China", *Economic Development and Cultural Change*, No. 49, 2000, pp. 1-21.

④ 乔宝云：《增长与均等的取舍：中国财政分权政策研究》，人民出版社2002年版。

⑤ 温娇秀：《中国的财政分权与经济增长——基于省级面板数据的实证》，《当代经济科学》2006年第5期。

2011 年中国山东省 17 个地级市 91 个县级单位面板数据，设计了包括财政收入和支出的七项分权指标进行实证研究。研究发现，预算内财政收支分权和自主权显著提高了县域经济增长，但是全口径分权指标则不显著。[①] 徐绿敏和梅建明基于 2003—2010 年福建省 58 个县级单位的面板数据，对省以下税收收入分权、财政收入分权、财政支出分权和财政自主度四个财政分权指标与经济增长的关系进行实证研究，研究发现，省以下税收收入分权、省以下财政收入分权和财政自主度都能显著促进县域经济增长。[②] 詹新宇和刘文彬归纳整理了中国省、市两级政府 2000—2016 年政府工作报告里的 GDP 计划增长目标，并进一步分解为"经济增长目标"——上级政府规定、"计划外增长"——市场直接决定和政府干预两个部分。[③] 研究发现，财政分权能够显著激励省市两级经济增长水平，但是对于两个分解的指标影响则存在非对称性，主要动力为拉动受到地方政府严格控制的"经济增长目标"。财政分权通过不同程度地推动基础设施建设投资、城市化进程、房地产投资以及工业化进程，促进地区经济增长。

然而，"中国式财政联邦制"理论自提出之初就广受诟病，大量的学者对中国式财政分权显著促进了中国经济增长的结论提出了质疑，至少该理论不完全正确。正如前述分析所言，财政分权对经济增长的影响效应是非常复杂的，并不能简单直接地套用，而是具有相当强烈的异质性特征。沈坤荣和付文林基于 1978—2002 年中国省级面板数据实证发现总体上财政分权可以有效促进中国经济增长，但是 1994 年分税制改革后财政分权的促进效应会受到限制。[④] 贾俊

[①] 李一花、刘蓓蓓、高焕洪：《基层财政分权测度与增长效应重估》，《财贸经济》2014 年第 6 期。

[②] 徐绿敏、梅建明：《省以下财政分权与地方经济增长的实证分析——以福建省为例》，《江西财经大学学报》2015 年第 6 期。

[③] 詹新宇、刘文彬：《中国式财政分权与地方经济增长目标管理——来自省、市政府工作报告的经验证据》，《管理世界》2020 年第 3 期。

[④] 沈坤荣、付文林：《中国的财政分权制度与地区经济增长》，《管理世界》2005 年第 1 期。

雪等基于 1978—2014 年中国 245 个地级市面板数据，详细考察了财政分权对地级市经济增长的动态效应。研究发现，财政支出分权显著降低了经济增长的速度，提高了经济波动的可能，特别是在 1994 年分税制改革后起到了积极作用。[①] 1994 年前财政收入分权能够激励中国经济可持续发展，1994 年后这种激励效应则受到政府间纵向财政失衡的直接削弱。与之相对的是，张晏和龚六堂基于 1986—2002 年中国省级面板数据认为，财政分权的正向激励效应存在时间异质性和空间异质性。1994 年前为负效应，1994 年后为正效应。全样本区间内的影响效应则不明确。[②] 刘金涛等在引入地方政府财政支出之后，基于 1982—2000 年中国省级面板数据也得到了类似的结论。[③] 周业安和章泉基于 1986—2004 年中国省级面板数据，重新检验了经济增长及其波动与财政分权之间的联系，并得出了完全不同的结论：就全样本时间跨度而言，财政分权能够促进中国经济增长，但是分界点在 1994 年，其之前和之后的激励效应呈现出从"无"到"有"的特征。[④] 对于中国式财政分权对经济增长的跨时差异，张军做了非常精辟的论述。[⑤] 张军详细梳理和回顾了央地财政关系的体制演进，尤其是 1978 年以后的财政分权经验事实，从一个角度讲述了转型与增长的中国故事。他认为，建立在中国经验上的"第二代财政联邦制"理论面临着一个挑战。当该理论是"单目标"的组织模型，且经济增长被认为是最重要的目标时，可以很好地识别出在中国经济转型初期财政分权与经济增长的关系。但是随着中国经济的转型和成熟，多个目标所导致的分化和重叠也会越

[①] 贾俊雪、晁云霞、李紫霄：《财政分权与经济增长可持续性——基于情势转换与聚类视角的分析》，《金融研究》2020 年第 10 期。

[②] 张晏、龚六堂：《分税制改革、财政分权与中国经济增长》，《经济学（季刊）》2005 年第 4 期。

[③] 刘金涛、杨君、曲晓飞：《财政分权对经济增长的作用机制：理论探讨与实证分析》，《大连理工大学学报》（社会科学版）2006 年第 1 期。

[④] 周业安、章泉：《财政分权、经济增长和波动》，《管理世界》2008 年第 3 期。

[⑤] 张军：《分权与增长：中国的故事》，《经济学（季刊）》2008 年第 1 期。

来越明显，财政分权所引起的地区间不平衡程度加剧、环境质量下降、人均收入分配差距严重恶化、土地配置效应低下、各地区以邻为壑、各级政府间相互龃龉等问题严重制约和干扰了经济增长目标。

不同于财政分权总体上能够促进中国经济增长的结论，许多学者得出了完全不同的结论。基于1978—1992年中国28个省份的面板数据，Zhang和Zou发现，财政分权能够有效激励经济增长的理论没有在中国得到证实，财政分权和经济增长之间存在显著负向关系。原因是具有外部性的基础设施建设公共支出比重下降。[①] Zhang和Zou基于1987—1993年中国29个省份的面板数据得到了相同的结论。[②] Jin和Zou分时段考察了财政分权对经济增长的影响，揭示出1994年分税制改革前，经济增长与财政支出分权呈现出负相关关系，与财政收入分权呈现出正相关关系；1994年分税制改革后，财政收入分权对经济增长有显著的负向影响，然而财政支出分权对经济增长则没有显著影响。[③] 殷德生的研究发现，财政分权在拉大了地区间经济发展差距的同时，并没有有效促进经济增长，反而拉大了地区间经济发展差距。[④] 上述研究指出，第二代财政联邦主义理论并没有得到中国式财政分权实践的经验支撑，反而在中国出现了过度分权的趋势。

除了中国学者尤为关注这一问题，财政分权对经济增长的影响在其他国家同样富有争议。基于1992—1996年美国50个州政府的面板数据，Akai和Sakata考察了分权体制对各州经济提升的推动，

[①] Zhang T., Zou H. F., "Fiscal Decentralization, Public Spending and Economic Growth in China", *Journal of Public Economics*, Vol. 67, No. 2, 1998, pp. 221-240.

[②] Zhang T., Zou H. F., "The Growth Impact of Inter-sectional and Intergovernmental Allocation of Public Expenditure: With Applications to China and India", *China Economic Review*, Vol. 12, No. 1, 2001, pp. 58-81.

[③] Jin J., Zou H. F., "Fiscal Decentralization and Economic Growth in China", NBER Working Paper, 2005.

[④] 殷德生：《最优财政分权与经济增长》，《世界经济》2004年第11期。

研究发现财政分权显著促进了美国各州的经济增长。[1] Iimi 基于1997—2001 年 51 个国家的跨国数据进行实证研究,具体包括 22 个发达国家、12 个中等发达国家、10 个欠发达国家和 7 个贫困国家。[2] 研究发现,财政分权能够显著刺激人均 GDP 的增长率。一反其道,Davoodi 和 Zou 基于 1970—1989 年 28 个发展中国家和 18 个发达国家的数据样本,实证考察了财政分权对经济增长的影响。[3] 通过分组分时段计量分析后发现,财政分权与经济增长在发展中国家呈负相关关系,而在发达国家两者之间不存在相关关系。Thieβen 利用 1975—1995 年所有高收入 OECD 国家的数据样本,再次检验了财政分权对地区经济增长、资本积累和全要素生产率的影响。研究发现,财政分权对这些关键因素的影响非常有限。[4] Cai 和 Treisman 利用俄罗斯和次撒哈拉沙漠地区非洲国家的数据样本,研究发现财政分权和地区间横向竞争如果想要促进辖区内基础设施建设投资、提高投资效率和降低环境污染、促进地区经济增长,必须满足一个条件,即每个参与地区间横向竞争的辖区的初始条件需要高度相似,诸如自然资源、地理区位、人力资本积累和基础设施建设等。[5] 然而,这一条件在现实世界中往往是极难实现的。

正是由于财政分权对经济增长的影响在中国和其他国家尤其是其他发展中国家都富有争议,因此中外财政分权制度对比成为一支

---

[1] Akai N., Sakata M., "Fiscal Decentralization Contributes to Economic Growth: Evidence from State-level Cross-section Data for the United States", *Journal of Urban Economics*, Vol. 52, No. 1, 2002, pp. 93-108.

[2] Iimi A., "Decentralization and Economic Growth Revisited: An Empirical Note", *Journal of Urban Economics*, No. 57, 2005, pp. 449-461.

[3] Davoodi H., Zou H. F., "Fiscal Decentralization and Economic Growth: A Cross-Country Study", *Journal of Urban Economic*, Vol. 43, No. 2, 1998, pp. 244-257.

[4] Thieβen U., "Fiscal Decentralisation and Economic Growth in High-income OECD Countries", *Fiscal Studies*, Vol. 24, 2003, pp. 237-274.

[5] Cai H., Treisman D. "Does Competition for Capital Discipline Governments? Decentralization, Globalization, and Public Policy", *American Economic Review*, 2005, 95 (3): 817-830.

很重要的文献脉络。Blanchard 和 Shleife 比较了中国和俄罗斯的地方政府行为,[①] 研究发现,相较而言,俄罗斯联邦的中央政府更缺乏行政权威和法理认定,被寡头垄断企业所控制和渗透,"寻租"现象严重,新企业进入门槛高难以参与市场竞争。而中国的中央政府处于相对强势的地位,没有被地方政府和企业所控制的风险,并且将"寻租"空间限定在有限的程度和范围内。财政分权的背后是一个强有力的中央政府作为支撑。Berkowitz 和 Li 对比中俄两国的税制结构发现,中国各级政府拥有更加清晰的税收权力,是财政激励能够在中国各级政府间有效实现的最重要因素。[②] Matinez-Vazquez 和 Rider 比较了中国和印度财政分权及其对经济增长的影响。尽管他们都发现中印两国都在事实上实行了财政联邦制,但是结果却完全不同。两国的财政分权都产生了各级地方政府预算软约束、中央对地方政府控制力下降等问题。[③] Fraschini 则认为,中国式财政分权导致了中央政府对地方政府的预算约束硬化,而印度却没有做到这一点。[④] Singh 发现,中国的乡村自治程度相较于印度而言更高。[⑤] 这一系列差异会导致中国和印度在财政分权上对经济增长影响的差异。王韬和沈伟在 Davoodi-Zou 模型的基础上,引入了最优财政分权程度,实证对比了中国和印度财政分权对经济增长的不同效应,研究发现,中国的财政支出分权能够刺激经济发展,而财政收入分权却抑制了经济发展;印度的财政支出分权和财政收入分权都能够刺

[①] Blanchard O., Shleifer A., "Federalism with and without Political Centralization: China versus Russia", NBER Working Paper, No. 7616, 2000.

[②] Berkowitz D., Li W., "Tax Rights in Transition Economics: A Tragedy of the Commons?", *Journal of Public Economics*, No. 76, 2000, pp. 369–397.

[③] Matinez-Vazquez J., Rider M., "Fiscal Decentralization and Economic Growth: A Comparative Study of China and India", International Studies Program: Working Paper, 2005, pp. 5–19.

[④] Fraschini A., "Fiscal Federalism in Big Developing Countries: China and India", Department of Public Policy and Public Choice, Working Paper, No. 66, 2006.

[⑤] Singh N., "Fiscal Decentralization in China and India: Competitive, Cooperative or Market Preserring Federalism?", NBER Working Paper, No. 52, 2007.

激经济发展。① 这种差异有几个方面的原因：印度的财政收入分权度要明显小于中国的财政收入分权度，因此中国的财政收入分权水平很可能已经超过其最优财政分权收入度；中国对于地方政府的行为缺乏有效的监督机制，财政分权很有可能产生地方保护主义或者过度竞争机制，无序竞争不利于经济增长。而印度的政治环境使地方政府的行为可以受到公民的有效监督，有序竞争有利于经济增长。

综合上述代表性文献的回顾和梳理可以发现，现有文献存在大量关于财政分权与经济增长之间关系的研究，且研究结论五花八门、莫衷一是。谢贞发和张玮基于清华 CNKI 数据库、万方数据库以及 Science direct 电子期刊检索数据库，搜索关键词为：（财政）分权、经济增长、federalism、fiscal decentralization、economic development 等，共收集到 3053 篇相关文献进行荟萃回归分析。② 研究发现，财政分权对于经济增长的激励效应存在必须满足的前提条件和限制情况，诸如地区特征、制度环境、劳资增长率等因素显著影响"正向效应"，地区经济增长率则显著影响"负向效应"。他们的研究为我们提供了一个鲜明的启示：当我们在学术研究中得出财政分权对经济增长影响的实证研究结果，尤其是正向显著效应时，必须非常谨慎；当我们在财政实践中决策收入分配采用分权或集权抉择时，必须非常谨慎。

二 财政分权与环境质量

目前，学术界关于财政分权对环境污染影响的研究数量虽多，但是研究结论却莫衷一是。一方面，很多研究认为财政分权会促使地方政府追求经济发展而加剧环境污染、降低环境质量。③ Lipscom

---

① 王韬、沈伟：《中印财政分权的经济增长效应研究》，《财贸经济》2009 年第 1 期。

② 谢贞发、张玮：《中国财政分权与经济增长——一个荟萃回归分析》，《经济学（季刊）》2015 年第 2 期。

③ 张平淡：《地方政府环保真作为吗？——基于财政分权背景的实证检验》，《经济管理》2018 年第 8 期。

和 Mobarak 利用巴西郡县边界重新划分的自然实验实证研究发现，财政分权会导致地方政府改变对于贫困人群定居位置的设定，从而导致了河流水质的恶化。[1] 张克中等从碳排放的视角出发，认为财政分权会加剧碳排放。[2] 然而，现有研究也认为，污染物排放的外溢性特征会造成财政分权对环境质量的影响产生异质性。闫文娟和钟茂初研究发现，财政分权确实会增加工业废水和工业二氧化硫排放，但没有增加固体废弃物的排放。[3] 李香菊和刘浩则发现，财政分权会增加工业废水排放，但会降低固体废弃物和工业二氧化硫的排放。[4] 另一方面，也有一些研究认为，财政分权在一定程度上会导致污染物排放降低、环境质量上升。He 基于 1995—2010 年中国省级数据样本，认为财政分权对环境污染没有显著影响，反而会增加地方政府环境保护支出和环境监管力度。[5] 席鹏辉等基于 2003—2011 年中国地级市面板数据发现，增值税分成比例降低会显著增加地方政府财政压力，为了"开源增收"，地方政府会放松环境污染排放监管力度以吸引更多的污染密集型企业迁入本辖区内，从而扩大税基，进而增加了辖区内工业企业数量和环境污染排放水平。[6] 郭志仪和郑周胜[7]与

---

[1] Lipscom M., Mobarak A. M., "Decentralization and Pollution Spillovers: Evidence from the Re-drawing of County Borders in Brazil", *Review of Economic Studies*, No. 84, 2017, pp. 464-502.

[2] 张克中、王娟、崔小勇：《财政分权与环境污染：碳排放的视角》，《中国工业经济》2011 年第 10 期。

[3] 闫文娟、钟茂初：《中国式财政分权会增加环境污染吗？》，《财经论丛》2012 年第 3 期。

[4] 李香菊、刘浩：《区域差异视角下财政分权与地方环境污染治理的困境研究——基于污染物外溢性属性分析》，《财贸经济》2016 年第 2 期。

[5] He Q., "Fiscal Decentralization and Environmental Pollution: Evidence from Chinese Panel Data", *China Economic Review*, No. 36, 2015, pp. 86-100.

[6] 席鹏辉、梁若冰、谢贞发：《税收分成调整、财政压力与工业污染》，《世界经济》2017 年第 10 期。

[7] 郭志仪、郑周胜：《财政分权、晋升激励与环境污染：基于 1997—2010 年省级面板数据分析》，《西南民族大学学报》（人文社会科学版）2013 年第 3 期。

韩国高和张超①是目前为数不多的同时考虑财政分权、地方官员晋升竞争两个机制对环境质量影响的文献。他们的研究发现，财政分权、晋升激励会加剧环境污染、降低地区环境质量。Chen 和 Liu 基于2004—2013 年中国 272 个地级市面板数据，采用空间计量方法考察了财政分权对经济增长和环境污染的影响。② 研究发现，财政分权会显著提高环境污染水平，严重降低环境质量，而经济增长和环境污染直接呈现出倒"U"形特征。张莉着眼于国家治理体系和能力的现代化，认为改革财政规则有助于提升国家治理能力，更有助于环境治理。研究弥补了相应曲线理论假说有关政府降低缓解污染作用的缺陷，在理论分析中引入了地方政府的主观积极性，张莉提出了改革财政规则与地方政府治理绩效之间的假说。③ 基于 2005—2007 年中国地级市面板数据进行实证检验，研究发现，财政规则可以影响生产性税收收入占比、财产税收入占比和医疗卫生支出占比，进而解释了不同地区的异质性环境治理激励。然而，上述现有研究依然存在问题：第一，指标衡量问题。在衡量财政分权时，或采用收入分权，或采用支出分权，衡量方式大相径庭。在衡量环境质量时，或采用废水、二氧化硫和固体污染物排放，或采用合成指标，度量方法各不相同。差异化的衡量指标选择是造成估计结果差异化的重要原因。第二，数据问题。现有研究大多采用省级面板数据，不仅样本数量少，而且各地区公布的污染物排放数据具有潜在的内生性问题。第三，政府层级问题。现有研究大多只停留在央地财政关系，只考察央地财政分权，而没有深入省以下政府间财政关系。然而，地方政府对资源与环境的公共决策往往是更低层级的县级单位政府

---

① 韩国高、张超：《财政分权和晋升激励对城市环境污染的影响——兼论绿色考核对我国环境治理的重要性》，《城市问题》2018 年第 2 期。
② Chen X., Liu J., "Fiscal Decentralization and Environmental Pollution: A Spatial Analysis", *Discrete Dynamics in Nature and Society*, Vol. 3, No. 20, 2020, pp. 1-10.
③ 张莉：《财政规则与国家治理能力建设——以环境治理为例》，《中国社会科学》2020 年第 8 期。

所决定的，而不是地级市或省级政府所决定的。

三 财政分权与收入分配

财政分权对地区间经济发展差异的影响一直是国内外学者关注的焦点。主流学界就财政分权对地区间经济发展差异的影响形成了相对统一的结论，即财政分权会扩大区域间经济发展差距。乔宝云等基于1985—1998年中国省级面板数据，认为财政分权程度提高会显著加剧财政收入分配的不平衡，严重阻碍公共服务均等化的实现。①

殷德生的研究也发现，财政分权程度提高会显著加剧地区间经济发展差距。②张军和金煜进一步剖析了财政分权程度提高对于不同地区财政收入分配相对差距，尤其是城乡收入差距的扩大。③储德银等分解了预算内外两个维度的财政收支分权，实证考察了分权财政体制对城乡差距的影响在全国和分地区层面的异质性特征。④研究发现，预算内财政收入分权和支出分权对于城乡收入差距影响的差异，以及预算外收支分权和支出分权对于城乡收入差距影响的差异。这种差异性影响又受到转移支付规模等其他因素的影响。唐为认为，财政分权在创造竞争激励的同时也带来了区域间协调不足的问题。⑤地方政府会策略性地降低对于辖区边界地区的公共支出。基于夜间灯光数据发现，省份边界县的经济产出显著低于其他县，即存在区域经济发展的省界效应；由省政府主导投资的交通设施存在显著的省界效应；利用撤县设区的政策实验和双重差分模型，发现地级市政府

---

① 乔宝云、范剑勇、冯兴元：《中国的财政分权与小学义务教育》，《中国社会科学》2005年第6期。
② 殷德生：《最优财政分权与经济增长》，《世界经济》2004年第11期。
③ 张军、金煜：《中国的金融深化和生产率关系的再检测：1987—2001》，《经济研究》2005年第11期。
④ 储德银、韩一多、张景华：《中国式分权与城乡居民收入不平等——基于预算内外双重维度的实证考察》，《财贸经济》2017年第2期。
⑤ 唐为：《分权、外部性与边界效应》，《经济研究》2019年第3期。

统筹权力的加强显著提高了原市辖区与被撤并县交界处的经济活动水平。

除了中国学者，国外学者也就该问题得出了相似的结论。Neyapti 采用 20 世纪 70—90 年代 37 个国家的跨国数据考察不同国家的人均收入不平衡程度（Gini 系数）和财政收入分权的关系。[1] 研究发现，当不同文化宗教、历史沿革、地理环境造成了既有的区域间人均收入不平衡时，财政收入分权反而会进一步增大区域间经济发展不平衡程度。Siddique 等基于 1999—2008 年印度尼西亚数据研究发现在既有地区间人均支出差异的情况下，财政收入分权会提高人均支出不平衡程度。[2] Sacchi 和 Salotti 基于 1971—2000 年 23 个 OECD 国家的跨国数据样本，运用多种衡量指标实证研究发现，无论采用收入分权还是支出分权，分权在提高公共服务供给效率的同时会显著提高家庭收入不平衡程度。[3] Carreras 利用西班牙的数据样本考察发现地方政府拥有更多政策空间、税收控制权、财政自主权会增加地区间经济发展不平衡程度。[4] Liu 等基于 1994—2009 年中国省级面板数据详细考察了省以下财政分权和财政平衡努力对跨区域经济发展不平衡的影响。[5] 研究认为，尽管财政分权能够提高地方政府提供公共服务的效率，但是也会显著扩大地区间经济发展差距。同时，省级政府对于跨区域经济差距的财政平衡努力能够缓解财政分权

---

[1] Neyapti B., "Revenue Decentralization and Income Distribution", *Economics Letters*, Vol. 92, No. 3, 2006, pp. 409–416.

[2] Siddique M., Wibowo H., Wu Y., "Fiscal Decentralisation and Inequality in Indonesia: 1999-2008", NBER Working Papers, 2014.

[3] Sacchi A., Salotti S., "How Regional Inequality Affects Fiscal Decentralization: Accounting for the Autonomy of Sub-central Governments", *Environment and Planning C: Government and Policy*, Vol. 32, No. 1, 2014, pp. 144–162.

[4] Carreras Y., "Fiscal Decentralization and Inequality: The Case of Spain", *Regional Studies Regional Science*, Vol. 3, No. 1, 2016, pp. 296–303.

[5] Liu Y., Martinez-Vazquez J., Wu A. M., "Fiscal Decentralization, Equalization, and Intra-provincial Inequality in China", *International Tax and Public Finance*, No. 24, 2014, pp. 248–281.

对于地区间经济发展差距的扩大效应。Wu 等基于 1994—2015 年中国省级面板数据考察了财政分权对大型城市群形成的影响。[①] 研究发现，在全样本区间内，财政分权会显著增强大型城市群的形成和主导地位，但 1994—2003 年，财政分权对大型城市群的形成和主导地位的作用是与上述结论相反的。造成这种差异的主要原因是近年来中国在"政治集权、经济分权"的框架下，地方政府之间的地区间横向竞争更加激烈，以及具有优势地位的大型城市对周边资源的虹吸效应。因此，他们强调了必须谨慎对待财政分权，必须进行适当调整和约束，否则可能会造成高度扭曲的中国城市等级制度。

四　财政分权与创新水平

科技进步是推动经济高质量发展的动力源泉。"必须把创新作为引领发展的第一动力"是党中央着眼全局、面向未来，作出的重大战略抉择。中国式财政分权对于创新效率的影响是最近几年学者们关注的热门话题。吴延兵基于 1994—2006 年中国 30 个省份的面板数据，立足于政府官员"经济政治人"假设，研究发现越是财政分权，创新性支出占生产性支出的比重越低。[②] 在政治上集权的官员治理模式下，中央政府由于信息不对称，无法限制地方政府侵蚀和轻视创新性投资的偏好特征。在财政分权体制下，地方政府支配了大量经济资源，形成政府主导型发展。从而，地方官员的投资偏好能够借助"有形之手"，导致整个社会投资呈现出"重生产，轻创新"的偏向。然而，吴延兵的结论并不全面和彻底，尽管财政分权会导致地方政府公共支出结构的偏向，但是他并没有进一步考察到底对创新本身产生了何种影响。余泳泽和刘大勇则揭示出财政分权程度

[①] Wu M., Ye L., Hui L., "The Impact of Fiscal Decentralization on Urban Agglomeration: Evidence from China", *Social Science Electronic Publishing*, No. 8, 2019, pp. 1-48.

[②] 吴延兵：《中国式分权下的偏向性投资》，《经济研究》2017 年第 6 期。

越高，各省份全要素生产率水平（TFP）越高。① 同时，要素市场的扭曲也不可避免。李政和杨思莹基于2003—2015年中国省级面板数据，通过逐步回归方法和面板联立方程，实证分析了财政分权对区域创新效率的影响。② 研究发现，财政分权程度越高，创新效率越高，地方政府创新偏好越低，可能导致"有形之手"无法发挥作用。余泳泽等致力于揭示财政分权体制下地方财政自主度与技术进步之间的关联，将财政自主度、财政支出结构和财政支出效率纳入一个统一的研究框架。③ 他们基于1999—2013年230个地级市面板数据，采用工具变量法实证检验了财政自主度对城市TFP的影响，研究发现，地方政府财政自主度提高能够显著提高企业规模效率和城市技术进步水平，进而显著改善企业的TFP水平。高琳考察了财政支出分权对全要素生产率增长的影响。④ 基于1998—2009年中国27个省份的面板数据研究发现：第一，财政分权能够促进地区生产率增长，也会阻碍地区生产率增长，两种效应都存在，但是影响渠道完全不同；第二，对人力资本重新讨论，以呈现出分权体制在低层级政府间的异质性特征；第三，财政分权的激励效应在地级市层面更为明显，但是在县级层面则还有显著的抑制效应；第四，财政分权能促进县域地区的工业、制造业比重上升，进而吸纳更多的低技能劳动力，有效降低各类劳动力的人力资本平均水平。

五 财政分权与财政能力

财政分权能否提升地方政府财政能力是地方政府有效提供公共

---

① 余泳泽、刘大勇：《"中国式财政分权"与全要素生产率："竞次"还是"竞优"》，《财贸经济》2018年第1期。

② 李政、杨思莹：《财政分权、政府创新偏好与区域创新效率》，《管理世界》2018年第12期。

③ 余泳泽、王岳龙、李启航：《财政自主权，财政支出结构与全要素生产率——来自230个地级市的检验》，《金融研究》2020年第1期。

④ 高琳：《分权的生产率增长效应：人力资本的作用》，《管理世界》2021年第3期。

产品的前提条件，然而现有主流文献对这一前提假设的论证则殊为缺失。郭庆旺和贾俊雪探讨了地方政府财政支出是如何受到财政分权和行政组织的影响。① 基于1997—2005年中国县级面板数据，他们发现，财政支出分权对县级地方政府支出规模具有显著的正向影响，财政收入分权则具有显著的负向影响。财政收支分权对县级政府财政支出的影响具有强烈的异质性特征，在中西部地区相对更强。贾俊雪等利用2000—2005年中国县级单位数据样本，检验了财政分权体制是否有助于缓解县级财政困难。② 李明等则认为，现有文献在财政分权对中国经济转型时期中的政治和社会效应关注不足。③ 基于2005年的CGSS数据库，运用多层混合效应Logistic Model，他们发现，中国式财政分权有助于提高中国农村基层治理水平。

财政分权对地方政府财政能力的影响也必然会显现于地方政府的行为，而其中最为重要的就是地方政府对于辖区内企业的税收征管行为。Cai和Liu基于中国工业企业数据库在克服了内生性等一系列实证问题后，分析了财政分权导致的地区间横向竞争的加剧对企业逃避税的影响。④ 研究发现，在地区间横向竞争更为激烈的环境中，企业会进行更多的逃避税活动。在其他条件相同的情况下，公司经营情况更差、在市场中处于相对不利地位的公司会表现出更为强烈的避税动机。而财政分权会加剧地区间横向竞争程度，会促使企业进行更多的逃避税活动。谢贞发和范子英以企业所得税制改革为准自然实验，基于2002—2007年中国工业企业数据库研究发现中央税收征管权集中会降低地区间横向竞争，提高企业实

---

① 郭庆旺、贾俊雪：《财政分权、政府组织结构与地方政府支出规模》，《经济研究》2010年第11期。

② 贾俊雪、郭庆旺、宁静：《财政分权、政府治理结构与县级财政解困》，《管理世界》2011年第1期。

③ 李明、李慧中、苏晓馨：《财政分权、制度供给与中国农村基层政治治理》，《管理世界》2011年第2期。

④ Cai H., Liu Q., "Competition and Corporate Tax Avoidance: Evidence from Chinese Industrial Firms", *Economic Journal*, Vol. 119, No. 537, 2009, pp. 764-795.

际有效税率。① 贾俊雪和应世为基于 2000—2008 年中国工业企业数据库和地级市数据，研究发现，财政收入分权会导致地方政府运用税收优惠的竞争策略，财政支出分权则导致地方政府倾向于公共支出提高的竞争策略。② 赵永辉等基于 1998—2013 年中国 30 个省份的面板数据，运用 PSFA 方法测算了中国地方政府的实际税收努力水平。研究发现，税收分成提高会激励地方政府提高税收努力。③ 吕冰洋等分析了分税与企业税率之间的关系，研究发现，企业逃税减少和实际税率上升的主要原因之一是地方政府企业所得税和增值税分成比例的上升。④

财政分权制度安排除了会影响地方政府对辖区内企业的税收征管行为，也会扩大地方政府对预算外收入的需求。众所周知，1994 年分税制改革是一次税收集权改革，⑤ 中央政府加强了税收收入的集中度，加剧了地方政府财政压力，迫使地方政府改变行为模式。同时，经济发展水平和税收收入也因为地方政府行为模式的变化而逐渐下降。王文剑和覃成林也认为，分税制改革后，地方政府更加倾向于增加额外的收入，增强对辖区内财政资源的获取。⑥ 然而，他们也认可地区间发展差异、产业结构差异、所有制差异会导致财政分权对地方政府行为影响呈现出地区性差异。主要粮食产区和国有企业越集中的地区，地方政府的财政资源获取就越多。

---

① 谢贞发、范子英：《中国式分税制、中央税收征管权集中与税收竞争》，《经济研究》2015 年第 4 期。

② 贾俊雪、应世为：《财政分权与企业税收激励——基于地方政府竞争视角的分析》，《中国工业经济》2016 年第 10 期。

③ 赵永辉、付文林、冀云阳：《分成激励、预算约束与地方政府征税行为》，《经济学（季刊）》2020 年第 1 期。

④ 吕冰洋、马光荣、毛捷：《分税与税率：从政府到企业》，《经济研究》2016 年第 7 期。

⑤ 陈抗、Hillman A. L.、顾清扬：《财政集权与地方政府行为变化：从援助之手到攫取之手》，《经济学（季刊）》2002 年第 4 期。

⑥ 王文剑、覃成林：《地方政府行为与财政分权增长效应的地区性差异——基于经验分析的判断、假说及检验》，《管理世界》2008 年第 1 期。

孙群力基于1978—2004年中国28个省份的面板数据，实证证明财政分权程度的提高将扩大地方政府边界和规模。[①] 吴群和李永乐发现，分税制改革后，"财力上收、事权下沉"，是导致地方政府倾向于增加收入、选择土地财政的一个根源。[②] 基于1999—2007年中国31个省份的面板数据，研究发现，财政分权会促使地方政府获得更多预算外财政收入，但是这种效应具有地区间异质性特征。方红生和张军[③]通过改进陶然等[④]提出的新财政集权理论的框架，对陈抗等[⑤]观点提出严重质疑。基于1999—2009年中国省级面板数据，文章重新评估了财政集权的激励效应。研究发现，"援助之手"和"攫取之手"在不同地区具有异质性特征，但总体上还不足以改变其"援助之手"的性质，证伪了陈抗等"攫取之手"的观点。毫无疑问，他们的研究将财政集权和转移支付同时纳入分析框架将比之前的研究能更加全面地刻画财政分权或集权的作用，对本书的研究具有极其重要的参考价值。

六 财政分权与公共支出

提高地方政府公共服务供给效率实现公共资源配置帕累托最优是分权理论提出的核心出发点。尽管Zhuravska研究发现财政分权无法有效促进地方政府增加公共服务供给和促进税基扩张，但现有文献的主要结论还是比较一致地认为财政分权能够有效促进辖区内公

[①] 孙群力：《地区差距、财政分权与中国地方政府规模》，《财贸经济》2009年第7期。

[②] 吴群、李永乐：《财政分权、地方政府竞争与土地财政》，《财贸经济》2010年第7期。

[③] 方红生、张军：《财政集权的激励效应再评估：攫取之手还是援助之手?》，《管理世界》2014年第2期。

[④] 陶然、陆曦、苏福兵等：《地区竞争格局演变下的中国转轨：财政激励和发展模式反思》，《经济研究》2009年第7期。

[⑤] 陈抗、Hillman A. L.、顾清扬：《财政集权与地方政府行为变化：从援助之手到攫取之手》，《经济学（季刊）》2002年第4期。

共服务提高效率。① Zhuravska 基于俄罗斯城市面板数据详细考察了央地之间收入分成比例对地方政府公共服务提供的影响。研究发现，财政分权不仅无法促进地方政府增加公共服务供给和促进税基扩张，还会强化地方政府对私营部门的管制。相较于俄罗斯财政联邦制度，中国式财政分权对于地方政府经济发展激励效应和公共服务供给效率都更为显著。

不同于俄罗斯的财政实践情况，陈硕和高琳发现，分税制改革以来地方政府的公共服务供给呈现出显著的下降特征，公共服务供给水平与地方政府财政自主权呈显著的正相关，是财政分权而非财政集权改善了公共产品和服务的供给水平。② 高琳基于微观个体样本嵌套于县级政府的截面数据，考察了分权体制在低层级政府间对公共产品需求满意度的影响，研究发现，县级财政自主度的提升有助于提高该辖区内公共项目建设和投资的支出效率，进而有效提升辖区内消费—投票者对于公共产品和服务供给的满意程度。③ 朱军和许志伟在传统 DSGE 模型中引入多政府结构、地区间横向竞争和不同类型的财政支出，研究发现财政分权会促进辖区内公共支出，对经济增长有促进作用。④ 然而，这种促进作用和波动效应在短期和长期存在显著差异。Chen 等则从地方政府官员晋升的视角切入，通过权衡地方主政官员对于仕途晋升的重视程度与对辖区内社会福利改善的重视程度，可以计算得到公共服务供给效率最高的财政分权程度。⑤

---

① Zhuravska E. V., "Incentives to Provide Local Public Goods: Fiscal Federalism, Russian Style", *Journal of Public Economics*, No. 76, 2000, pp. 337-368.

② 陈硕、高琳：《央地关系：财政分权度量及作用机制再评估》，《管理世界》2012 年第 6 期。

③ 高琳：《分权与民生：财政自主权影响公共服务满意度的经验研究》，《经济研究》2012 年第 7 期。

④ 朱军、许志伟：《财政分权、地区间竞争与中国经济波动》，《经济研究》2018 年第 1 期。

⑤ Chen J., Chung K-S., Lu Y. K., "Decentralization and Political Career Concerns", *Journal of Public Economics*, No. 145, 2017, pp. 201-210.

然而，公共支出又具体可细分为基础设施建设、科教文卫、社会保障等方面。尽管财政分权在总体上可以提高公共服务供给，但是针对不同的部分，其效应可能是完全不同的，有必要逐一梳理。

第一，在基础设施建设公共支出方面，现有文献都认为财政分权会加剧地区间横向竞争，提升地方政府经济发展激励，促使其提高基础设施建设公共支出水平。张军等基于中国省级面板数据，不仅准确度量了1980年以来中国基础设施建设的地区间不平衡程度、存量情况及其变动趋势，而且进一步考察了标尺竞争和政府治理转型对于基础设施建设公共支出变动模式的影响，发现财政分权、地区间横向竞争和发展偏向的地方政府显著提升了地方政府基础设施建设投资激励。[1] 方红生和张军也发现了中国地方政府具有扩张偏向的公共支出，认为这是中国式财政分权体制特征和没有与之相契合的社会制度环境能够相互制约的结果。[2] 尹恒和朱虹更准确描述了在政治上高度集权的地方官员治理模式下，中国各级地方政府主政官员主要采取对上级负责的态度，片面追求经济增长目标而忽视辖区内居民社会福利，致使地方主政官员更偏好具有经济属性的生产性支出决策。[3] 基于2001—2005年中国2067个县的面板数据，研究发现，阻碍中国财政体制改革、妨碍中国各级政府向公共服务型政府转型的最大阻力来自各级政府的生产性支出偏向。基于1994—2009年印度尼西亚271个地区的面板数据，Kis-Katos和Sjahrir研究发现，2001年印度尼西亚财政管理体制改革之后财权下放，经济发展相对落后地区开始积极增加基础设施建设公共支出，显著提高了公共服

---

[1] 张军、高远、傅勇等：《中国为什么拥有了良好的基础设施?》，《经济研究》2007年第3期。

[2] 方红生、张军：《中国地方政府扩张偏向的财政行为：观察与解释》，《经济学（季刊）》2009年第3期。

[3] 尹恒、朱虹：《县级财政生产性支出偏向研究》，《中国社会科学》2011年第1期。

务效率。① 同时，民主化进程并没有对印度尼西亚地方政府的公共服务供给产生影响。财政分权确实能够初步改善地方政府行为目标，但是却无法落实选举问责制度。

第二，在科学技术公共支出方面，基于1997—2009年中国省级面板数据，周克清等研究认为，财政分权程度提高会显著提高地方政府科学技术公共支出比重，科技创新实质上具有经济性公共服务的属性，属于生产性支出的范围。②

第三，在公共教育支出方面，不同于生产性支出，教育作为消费性支出的典型代表，受到财政分权的影响则完全不同。乔宝云等基于1979—2001年中国省级面板数据与中国小学义务教育的案例，发现财政分权对小学义务教育公共产品供给没有显著影响。③ 人口流动障碍和地区间差异是导致分权理论无法实现的重要原因。而追求生产性支出和经济增长偏好的地区间横向竞争又进一步压缩了义务教育等具有明确社会属性、外部性强烈的公共支出。基于1995—2008年中国29个省份的面板数据，傅勇研究发现，财政分权体制下国家治理体系的社会属性，认为财政分权程度提高会显著损害小学、初中的教育质量。财政分权并未促使地方政府发挥相机决策的灵活优势，基础教育质量下降，公用设施供给减少，地方政府存在明显的"寻租"空间。④ 值得注意的是，中央的转移支付促进了非经济性公共服务的供给，对基础教育质量的影响存在明显的规模效应。周亚虹等非常敏锐地发现地区间横向竞争不仅仅局限于税收竞争和经济增

---

① Kis-Katos K., Sjahrir B. S., "The Impact of Fiscal and Political Decentralization on Local Public Investments in Indonesia", *Journal of Comparative Economics*, Vol. 45, No. 2, 2017, pp. 344-365.

② 周克清、刘海二、吴碧英：《财政分权对地方科技投入的影响研究》，《财贸经济》2011年第10期。

③ 乔宝云、范剑勇、冯兴元：《中国的财政分权与小学义务教育》，《中国社会科学》2005年第6期。

④ 傅勇：《财政分权、政府治理与非经济性公共物品供给》，《经济研究》2010年第8期。

长竞争,在公共教育服务领域也存在激励的相互竞争行为,且这种竞争属于标尺竞争,地理相邻地区也会争相模仿。[①] 储德银等通过重新测度中国式财政分权和义务教育服务供给的 ML 生产率指数,研究发现,义务教育公共服务提供效率受到财政分权的影响不具有典型的线性映射,反而呈现出缓慢、逐步、分时段凸显的特征。[②]

第四,在医疗卫生支出方面,有两篇代表性的文献都详细考察中国财政分权体制与各级政府医疗卫生支出效应之间的关系,均发现财政分权会显著降低地方政府医疗卫生公共支出水平。张仲芳基于 1998—2011 年中国省级面板数据,研究了中国地方政府卫生支出规模和效率的地区间差异及其决定因素。[③] 研究表明,地方政府医疗卫生支出规模和效率都会受到财政分权程度提高的显著抑制。文章认为"中国式财政分权"会迫使地方政府降低对于非生产性支出,诸如医疗、卫生、社会服务等方面的公共支出规模和效率。田侃和亓寿伟研究了 1978—2009 年中国东中西部地区公共服务供给水平受到中央对下转移支付和财政分权的影响,也发现了相同观点,财政分权对基础设施建设公共支出有显著的促进作用,特别是经济发达的东部地区,但是抑制了东部和西部地区医疗卫生公共服务供给水平,而且西部地区基础教育公共服务供给水平也受到抑制。财政分权还降低了西部地区科教文卫公共支出的水平。[④]

彭浩然等直接讨论了财政分权对于居民健康水平的影响。[⑤] 基于

[①] 周亚虹、宗庆庆、陈曦明:《财政分权体制下地市级政府教育支出的标尺竞争》,《经济研究》2013 年第 11 期。

[②] 储德银、韩一多、张同斌:《中国式分权与公共服务供给效率:线性抑或倒"U"》,《经济学(季刊)》2018 年第 3 期。

[③] 张仲芳:《财政分权、卫生改革与地方政府卫生支出效率——基于省际面板数据的测算与实证》,《财贸经济》2013 年第 9 期。

[④] 田侃、亓寿伟:《转移支付、财政分权对公共服务供给的影响——基于公共服务分布和区域差异的视角》,《财贸经济》2013 年第 4 期。

[⑤] 彭浩然、吴木銮、孟醒:《中国财政分权对健康的影响》,《财贸经济》2013 年第 11 期。

1995—2009 年中国省级面板数据，选取人口死亡率作为反映健康水平的指标，实证检验了中国式财政分权对健康的影响。研究发现：财政收入分权和支出分权程度提高，二者都不利于健康水平的提高。省对下转移支付则会对财政支出分权的影响效应产生显著的挤出效应，有助于缓解财政支出分权对于健康水平的不利影响。

第五，在社会保障公共支出方面，社会保障与公共教育、医疗卫生公共服务供给水平具有相似的特点。庞凤喜和潘孝珍基于1998—2009 年中国省级面板数据，详细区分了收入分权和支出分权的效应，研究发现，财政收入分权和财政支出分权的效应在地方政府层面存在显著差异，前者能够有效降低社会保障公共支出比重，后者则相反，有效提高了社会保障公共支出比重。[1] 此外，基于中国2009—2012 年省级数据样本，王晓洁和王丽还考察了中国式财政分权体制下，城镇化程度对城乡居民养老保险参保率的影响，发现财政收入分权会显著降低城乡居民养老保险的覆盖水平。[2]

综上分析，财政分权在总体上能够提高公共服务供给水平和效率，尤其是以基础设施建设为典型代表的生产性支出。但是在结构上，由于经济增长偏好的地方政府横向竞争和以经济增长为考核标准的地方政府主政官员晋升激励，财政分权会加剧同层级内横向竞争使地方政府偏向具有经济性公共产品特征的生产性支出，如基础设施建设、科学技术等，而挤出了民生性公共产品特征的消费性支出，如公共教育、医疗卫生、社会保障等。

七 财政分权的其他影响

第一，出口。任志成等基于 2002—2012 年中国 29 个省份的面板数据研究了财政分权和地区间横向竞争对各省出口增长的影响，

---

[1] 庞凤喜、潘孝珍:《财政分权与地方政府社会保障支出——基于省级面板数据的分析》,《财贸经济》2012 年第 2 期。
[2] 王晓洁、王丽:《财政分权、城镇化与城乡居民养老保险全覆盖——基于中国 2009—2012 年省级面板数据的分析》,《财贸经济》2015 年第 11 期。

研究发现，财政分权对于各省份的出口增长具有直接和间接两种效应。财政分权能够间接地促进中国各省份的出口增长，同时以财政分权为核心的经济竞争，和以晋升锦标赛为核心的政治竞争，都能直接促进中国各省份的出口增长。①

第二，腐败。吴一平基于1993—2001年中国29个省份的面板数据研究发现，财政分权会恶化腐败问题，显著提高地方主政官员的腐败数量。②

第三，金融分权。何德旭和苗文龙基于1978—2012年中国省级面板数据研究发现，由于央地之间政策目标不同，最优财政、金融政策选择存在差异，财政分权必然影响金融分权，进而引发金融资源的地区间横向竞争。③

第四，经济结构。王文甫等在DSGE模型的基础上，进一步拓展了研究部门的细分程度，引入了经济发达和不发达两个地区之间的横向互动关系，增加了中央政府和地方政府之间的纵向互动策略，从而准确刻画中国式财政分权体制对经济结构的影响。通过数值模拟和脉冲效应可以表明，财政分权对于经济结构失衡的加剧效应具有强烈的相邻地区间的外溢效应。文章提醒当我们使用财政分权政策来调整辖区内产业结构和企业布局时，必须非常谨慎。④

第五，土地配置。谢贞发等通过匹配1999—2011年中国县级和市辖区两套面板数据，连接低层级政府税收分成和各类土地使用情况，实证考察了县级政府增值税分成和营业税分成对工业类型用地配置的影响，发现县级增值税分成提高、营业税分成降低，能够提

---

① 任志成、巫强、崔欣欣：《财政分权、地方政府竞争与省级出口增长》，《财贸经济》2015年第7期。
② 吴一平：《财政分权、腐败与治理》，《经济学（季刊）》2008年第3期。
③ 何德旭、苗文龙：《财政分权是否影响金融分权——基于省际分权数据空间效应的比较分析》，《经济研究》2016年第2期。
④ 王文甫、王召卿、郭柃沂：《财政分权与经济结构失衡》，《经济研究》2020年第5期。

高辖区内工业类型用地配置效率。①

第四节 省直管县财政管理体制改革

自 2002 年起，中国各省份逐步开展"扩权强县"经济社会管理权限下放改革以及"省直管县"财政管理体制改革的试点工作。②这是 1994 年分税制改革以来中国省以下政府间财政关系最直接的一次变动，直接反映了省以下各级政府间财政关系的调整，受到学术界的高度关注。本书在探讨省以下政府间财政关系时也不可避免必然涉及"省直管县"财政管理体制改革的影响效应。现有文献对这次改革对经济社会发展的各方面效应进行了大量研究，本节有必要系统性地梳理历史脉络，详细回顾最具有代表性的文献。

其中一篇文献聚焦于"省直管县"改革对地区经济增长表现的影响。③无论采用全国层面的数据，还是局部省份的数据，这些研究都发现"省直管县"改革能有效促进县域经济增长，并且对城市全要素生产率产生显著的正向效应。④才国伟和黄亮雄、郑新业等以及贾俊雪和宁静都认为，"省直管县"改革促进县域经济增长的影响渠道是促使基层政府增加财政支出，尤其是偏向基础设施建设的公共支出。⑤

---

① 谢贞发、朱恺容、李培：《税收分成、财政激励与城市土地配置》，《经济研究》2019 年第 10 期。

② 刘勇政、贾俊雪、丁思莹：《地方财政治理：授人以鱼还是授人以渔——基于省直管县财政体制改革的研究》，《中国社会科学》2019 年第 7 期。

③ Li P., Lu Y., Wang J., "Does Flattening Government Improve Economic Performance? Evidence from China", *Journal of Development Economics*, No. 123, 2016, pp. 18-37.

④ 宋美喆、刘寒波、叶琛：《财政分权对全要素生产率的影响——基于"省直管县"改革的准自然实验》，《经济地理》2020 年第 3 期。

⑤ 才国伟、黄亮雄：《政府层级改革的影响因素及其经济绩效研究》，《管理世界》2010 年第 8 期；郑新业、王晗、赵益卓：《"省直管县"能促进经济增长吗？——双重差分方法》，《管理世界》2011 年第 8 期；贾俊雪、宁静：《纵向财政治理结构与地方政府职能优化——基于省管县财政体制改革的拟自然实验分析》，《管理世界》2015 年第 1 期。

Ma 和 Mao 认为,"省直管县"改革除了提高地方政府基础设施建设公共支出,还降低了辖区内企业税负。① 然而,李一花等基于 2007—2011 年中国山东省 17 个地级市 91 个县级单位的面板数据研究发现"省直管县"改革会显著抑制县域经济增长,表明"省直管县"改革并不能简单地等价于财政分权。② Li 等研究发现,政府层级扁平化会对县域经济增长产生显著的负向影响。③ 相较于上级政府,基层政府的短视、腐败和资源错配的扭曲更加严重,反而抑制了县域经济的发展。李永友则详细区分了"扩权强县"经济社会管理权限下放改革和"省直管县"财政管理体制改革的分权时序,发现分权时序才是影响政策冲击效应的重要因素。④ 两派观点在理论分析、样本选择、数据处理和实证策略上不尽相同,使改革的经济增长效应在学术界尚未形成一致的结论。

另一篇文献则聚焦于地方政府财政治理,致力于缓解县乡基层政府财政困难。⑤ 尽管大多数研究都认为"省直管县"改革有助于增强基层政府税收自主权,增加县级转移支付的可达性,⑥ 增强地方财政自给能力,然而却在关于改革是如何改变省以下各级政府财政关系的问题上莫衷一是。Li 等研究发现,政府层级扁平化会提高省级人均财政收支在全省财政收支中的分配比例,降低市级人均财政收支在全省财政收支中的分配比例,而对县级财政分权

---

① Ma G. R., Mao J., "Fiscal Decentralisation and Local Economic Growth: Evidence from a Fiscal Reform in China", *Fiscal Studies*, Vol. 39, No. 1, 2018, pp. 159-187.
② 李一花、刘蓓蓓、高焕洪:《基层财政分权测度与增长效应重估》,《财贸经济》2014 年第 6 期。
③ Li P., Lu Y., Wang J., "Does Flattening Government Improve Economic Performance? Evidence from China", *Journal of Development Economics*, No. 123, 2016, pp. 18-37.
④ 李永友:《省以下多样化放权策略与经济增长》,《经济研究》2021 年第 2 期。
⑤ 才国伟、张学志、邓卫广:《"省直管县"改革会损害地级市的利益吗?》,《经济研究》2011 年第 7 期。
⑥ 贾俊雪、张永杰、郭婧:《省直管县财政体制改革:县域经济增长与财政解困》,《中国软科学》2013 年第 6 期。

则没有显著影响。① 才国伟等也认为，改革会降低市级人均财政收入，但是会提高市级人均财政支出。② 然而，谭之博等研究发现，"省直管县"改革能够改变省以下政府间财政关系，有效提高县级政府财政分权程度，降低地级市政府财政分权程度。③ 虽然改革效应对于省以下各级政府财政分权程度的影响和方向并不完全一致，但是却可以得到一个重要结论，即"省直管县"改革彻底改变了省以下各级政府间的财政关系，是一个强有力的外生政策冲击。

此外，还有一些文献的研究主题则分别触及基层政府税收行为[④]和税收竞争、[⑤] 产业结构升级、[⑥] 环境污染、[⑦] 公共支出及其结构[⑧]

---

① Li P., Lu Y., Wang J., "Does Flattening Government Improve Economic Performance? Evidence from China", *Journal of Development Economics*, No. 123, 2016, pp. 18-37.

② 才国伟、张学志、邓卫广：《"省直管县"改革会损害地级市的利益吗？》，《经济研究》2011年第7期。

③ 谭之博、周黎安、赵岳：《省管县改革、财政分权与民生：基于"倍差法"的估计》，《经济学（季刊）》2015年第3期。

④ 李广众、贾凡胜：《财政层级改革与税收征管激励重构——以财政"省直管县"改革为自然实验的研究》，《管理世界》2020年第8期；李广众、贾凡胜：《政府财政激励、税收征管动机与企业盈余管理——以财政"省直管县"改革为自然实验的研究》，《金融研究》2019年第2期。

⑤ 王小龙、方金金：《财政"省直管县"改革与基层政府税收竞争》，《经济研究》2015年第11期。

⑥ 王立勇、高玉胭：《财政分权与产业结构升级——来自"省直管县"准自然实验的经验证据》，《财贸经济》2018年第11期。

⑦ 蔡嘉瑶、张建华：《财政分权与环境治理——基于"省直管县"财政改革的准自然实验研究》，《经济学动态》2018年第1期；王小龙、陈金皇：《省直管县改革与区域空气污染——来自卫星反演数据的实证证据》，《金融研究》2020年第11期；张华：《省直管县改革与雾霾污染：来自中国县域的证据》，《南开经济研究》2020年第5期。

⑧ 陈思霞、卢盛峰：《分权增加了民生性财政支出吗——来自中国"省直管县"的自然实验》，《经济学（季刊）》2014年第4期；高秋明、杜创：《财政省直管县体制与基本公共服务均等化——以居民医保整合为例》，《经济学（季刊）》2019年第4期；刘佳、吴建南、吴佳顺：《省直管县改革对县域公共物品供给的影响——基于河北省136县（市）面板数据的实证分析》，《经济社会体制比较》2012年第1期。

以及义务教育支出及差距。① 然而，最为缺乏的研究空白领域是"省直管县"改革对城乡收入差距的影响。谭之博等在探讨改革效应对民生性公共支出、财政分权的影响之余，有一小部分涉及城乡收入差距，研究发现，城乡居民收入差距被显著缩小了。② 乔俊峰和齐兴辉则采用PSM-DID的方法发现"省直管县"改革显著扩大了城乡收入差距。③ 这两篇文章的结论完全相反，表明了上述研究都存在亟待完善的问题。前者存在三个方面的问题：第一，研究视点相对离散，核心内容涉及财政分权程度、教育、社会救助和城乡收入差距等多个主题，缺乏详细的理论阐述和细致的机制分析。第二，经验策略中没有严格区分"省直管县"改革和"扩权强县"改革，使结论存在混淆的可能性。第三，缺乏稳健性检验的支撑使实证结果的可信度无法保证。后者存在两个方面的问题：第一，他们只选择了2000年和2007年两个年度的数据样本进行实证分析，样本数据过少且存在选择偏误的可能。第二，经验策略过于简略，难以保证实证结果的可信度。

第五节 转移支付

转移支付是分税制财政管理体制最重要的制度安排之一，有大量的文献对转移支付及其影响进行了深入研究。一方面，现有文献遵循第二代财政联邦主义理论的观点，强调了转移支付对实现区域财力均等化的关键作用，认为转移支付是实现分权治理结构下效率

---

① 赵海利、陈芳敏、周晨辉：《省直管县改革对地区义务教育投入差距的影响——基于江西省的经验分析》，《经济社会体制比较》2018年第4期。

② 谭之博、周黎安、赵岳：《省管县改革、财政分权与民生：基于"倍差法"的估计》，《经济学（季刊）》2015年第3期。

③ 乔俊峰、齐兴辉：《省直管县改革缩小了城乡收入差距吗？——基于PSM-DID方法的研究》，《商业研究》2016年第9期。

与公平的有效工具;另一方面,则往往只考虑自上而下的转移支付资金分配与使用,而忽视了自下而上的资金筹集过程的影响。[①] 实际上,转移支付制度的影响涉及社会经济的各个方面,影响十分广泛而深远。从转移支付的制度安排而言,它不仅包括地方上解和上解下拨,也包括上级政府通过财政收入分配关系从下级政府筹集到可供实施转移支付资金的过程。

其中一篇文献聚焦于转移支付对实现公共服务均等化的影响,研究发现转移支付显著提高了公共服务供给水平,促进了实现公共服务均等化的目标。张晏和龚六堂在中国式财政分权体制下扩展了居民劳动选择和人口流动限制,发现对应性转移支付具有缩小地区间经济发展差距的作用。[②] 范子英和张军还发现,转移支付可以有效地超越市场分割,实现策略性分工和国内市场整合,尤其是专项转移支付。[③] 贾晓俊和岳希明则强调了财力性和专项转移支付在财政资源的再分配上均具有实现地区间财力均等化的效应,但是在强度上,一般性转移支付更强。[④] 缪小林等则更提醒城乡公共支出的偏好差异很可能使转移支付成为阻碍落后地区缩小城乡公共服务差距的"陷阱"。[⑤] 田侃和亓寿伟同时考察了中国东、中、西部地区不同类别公共产品供给受到转移支付和财政分权的影响,研究发现,转移支付对基础设施建设、医疗卫生、公共教育的影响在中东部和西部是完全相反的,在西部地区转移支付具备实现公共服务均等化

[①] 李永友、沈玉平:《转移支付与地方财政收支决策:基于省级面板数据的实证研究》,《管理世界》2009 年第 11 期。
[②] 张晏、龚六堂:《地区差距、要素流动与财政分权》,《经济研究》2004 年第 7 期。
[③] 范子英、张军:《财政分权、转移支付与国内市场整合》,《经济研究》2010 年第 3 期。
[④] 贾晓俊、岳希明:《我国均衡性转移支付资金分配机制研究》,《经济研究》2012 年第 1 期。
[⑤] 缪小林、王婷、高跃光:《转移支付对城乡公共服务差距的影响——不同经济赶超省份的分组比较》,《经济研究》2017 年第 2 期。

目标的促进作用。① 范子英则从人力资本代际流动的角度发现，转移支付能够有效促进人力资本在代际间的流动性，尤其是财力性转移支付与教育类专项转移支付。② 卢盛峰等则聚焦于政府性转移性救助资金的"精准扶贫"效果，研究发现，政府性转移性救助资金有助于降低中国居民收入不平等程度。③

另一篇重要文献则重点关注转移支付对经济增长的影响。郭庆旺等通过构建多政府层级的两部门内生增长模型，测算中央对下转移支付规模最优水平，及其对地区经济增长的影响。④ 他们计算发现，最优规模取决于各地区财政分权程度。1994 年以前，中央对各地区的转移支付规模总体上符合最优水平。自 2002 年以来，经历所得税分享制度改革，中央对各地区的转移支付规模呈现出增长过快的特征，不利于样本区间内中国经济的持续高速增长。基于国家级贫困县资格的划分，马光荣等采用断点回归的估计方法，考察了贫困地区经济发展水平如何受到两种类型转移支付的影响。⑤ 结果表明，专项转移支付可以显著促进贫困地区经济增长，但是一般性转移支付的经济增长激励效应则不明显。一般性转移支付更倾向于实现公共服务均等化的目标。李丹等同样选择了国家扶贫开发重点县为考察对象，研究发现，两类转移支付规模对贫困地区经济增长有显著的提振作用，有效提高了贫困地区地方政府的财政收入水平，实现了"造血"的目的。⑥

---

① 田侃、亓寿伟：《转移支付、财政分权对公共服务供给的影响——基于公共服务分布和区域差异的视角》，《财贸经济》2013 年第 4 期。

② 范子英：《财政转移支付与人力资本的代际流动性》，《中国社会科学》2020 年第 9 期。

③ 卢盛峰、陈思霞、时良彦：《走向收入平衡增长：中国转移支付系统"精准扶贫"了吗？》，《经济研究》2018 年第 11 期。

④ 郭庆旺、贾俊雪、高立：《中央财政转移支付与地区经济增长》，《世界经济》2009 年第 12 期。

⑤ 马光荣、郭庆旺、刘畅：《财政转移支付结构与地区经济增长》，《中国社会科学》2016 年第 9 期。

⑥ 李丹、裴育、陈欢：《财政转移支付是"输血"还是"造血"——基于国定扶贫县的实证研究》，《财贸经济》2019 年第 6 期。

转移支付还对地方政府税收激励和财政收入都有重要的影响。一方面，转移支付规模增加会降低地方政府财政收入比例。付文林的研究表明转移支付总体上会提高落后地区人均财政收入，但在一定程度上也降低了地方政府征税的积极性。① 贾俊雪等认为，省对下转移支付在税收激励方面并不成功，未能有效促进县级政府税收收入增加。② 胡祖铨等详细考察了不同类型的转移支付规模对地方政府税收努力的作用，研究发现，三类转移支付的作用均有显著的抑制作用，只是抑制程度各不相同。③ 王小龙和余龙基于1998—2009年全国县级财政经济统计数据以及中国工业企业微观数据，研究发现，县级政府转移支付波动对辖区内企业实际税率有显著正向影响，但是两类转移支付的具体作用则存在差异。④ 另一方面，转移支付会促进地方政府财政支出，⑤ 激励地方政府转变公共支出结构，⑥ 并产生"黏蝇纸效应"，⑦ 也会加剧同层级内地方政府横向竞争行为⑧和地方政府财政收入的波动性和不确定性。⑨ 此外，转移支付对于地方政府发行地方政府债务、⑩ 农村义

---

① 付文林：《均等化转移支付与地方财政行为激励初探》，《财贸经济》2010年第11期。

② 贾俊雪、高立、秦聪：《政府间财政转移支付、激励效应与地方税收收入体系》，《经济理论与经济管理》2012年第6期。

③ 胡祖铨、黄夏岚、刘怡：《中央对地方转移支付与地方征税努力——来自中国财政实践的证据》，《经济学（季刊）》2013年第3期。

④ 王小龙、余龙：《财政转移支付的不确定性与企业实际税负》，《中国工业经济》2018年第9期。

⑤ 李永友、沈玉平：《转移支付与地方财政收支决策：基于省级面板数据的实证研究》，《管理世界》2009年第11期。

⑥ 贾俊雪、郭庆旺、高立：《中央财政转移支付、激励效应与地区间财政支出竞争》，《财贸经济》2010年第11期。

⑦ 吴敏、刘畅、范子英：《转移支付与地方政府支出规模膨胀——基于中国预算制度的一个实证解释》，《金融研究》2019年第3期。

⑧ 李永友：《转移支付与地方政府间财政竞争》，《中国社会科学》2015年第10期。

⑨ 刘贯春、周伟：《转移支付不确定性与地方财政支出偏向》，《财经研究》2019年第6期。

⑩ 钟辉勇、陆铭：《财政转移支付如何影响了地方政府债务？》，《金融研究》2015年第9期。

务教育改革、①财政纵向失衡、②公共产品供给③都有显著的影响。毫无疑问,作为分税制财政管理制度最重要的制度安排之一,将转移支付纳入财政分权影响效应的分析框架中能够更加准确地刻画"两只手"共同作用的结果。

第六节 分配制度和指标度量

一 分配制度

现代国家治理领域最重要的关系链条之一就是央地之间的关系。④它是一个国家或地区的基础性制度安排,对经济发展、社会稳定和政治运行都会产生深远影响。⑤厘清央地之间及省以下各级政府间财政关系并调动中央和地方两个积极性开展中国特色社会主义建设,是学者关注的两个焦点。关于第一个问题,吕冰洋从契约角度分析了分税制改革前后政府间税收分权性质或税权配置的变化,并提出了"弹性分成"的概念,认为分税制是中央与地方关于财政剩余分配的各种子契约的分成合同系统。⑥从契约角度分析分税制的性质,吕冰洋和聂辉华认为,子契约可归为四种基本形式——工资合同、定额合同、分税合同和分成合同。⑦这四种基础形式互相组合、

---

① 尹振东、汤玉刚:《专项转移支付与地方财政支出行为——以农村义务教育补助为例》,《经济研究》2016年第4期。
② 储德银、迟淑娴:《转移支付降低了中国式财政纵向失衡吗》,《财贸经济》2018年第9期。
③ 李永友、张子楠:《转移支付提高了政府社会性公共品供给激励吗?》,《经济研究》2017年第1期。
④ 高培勇:《中国财税改革40年:基本轨迹、基本经验和基本规律》,《经济研究》2018年第3期。
⑤ 吕冰洋:《"顾炎武方案"与央地关系构建:寓活力于秩序》,《财贸经济》2019年第10期。
⑥ 吕冰洋:《政府间税收分权的配置选择和财政影响》,《经济研究》2009年第6期。
⑦ 吕冰洋、聂辉华:《弹性分成:分税制的契约与影响》,《经济理论与经济管理》2014年第7期。

互相弥补，又可以交织成一个复杂的、灵活的"弹性分成合同"。这种复杂的"分成合同系统"既能激励地方政府的行为，又能扭曲地方政府的目标。罗长林进一步在"分成合同系统"中加入三级政府的财政事权配置，从而能够在斯塔克尔伯格模型的框架下探讨中央和省级政府之间的决策选择。① 这种改进可以更准确地刻画出中央、省级和省以下三级政府在财政事权划分中的策略性行为，是对政府间财政关系准确认识的巨大理论创新。

关于第二个问题，吕冰洋和台航通过理论模型推演，分析了中央政府在不同政策目标的约束下，如何通过调整财政分权程度来改变地方政府行为，并从理论上探讨了财政包干制和分税制两大历史时期如何发挥中央和地方两个积极性。② 吕冰洋等基于1997—2009年中国县级面板数据，研究了当省市两级政府的目标是协调辖区内经济增长和社会福利时，分税会如何影响转移支付结构，解释了专项转移支付比重越来越高的原因。③ 此外，受启发于顾炎武"寓封建于郡县"的方案，吕冰洋还进一步提出在处理央地关系问题上必须同时兼顾活力与秩序，提出"寓活力于秩序"的方案。④ 赋予县级单位更多的行政和财政自主权，强调分权和活力，在县级以上单位实行中央政府的垂直管理，强调集权和秩序，形成"哑铃式分权结构"。

二 指标度量

财政分权的指标度量一直是学术界争论的焦点，有数以百计的

---

① 罗长林：《合作、竞争与推诿——中央、省级和地方间财政事权配置研究》，《经济研究》2018年第11期。

② 吕冰洋、台航：《从财政包干到分税制：发挥两个积极性》，《财贸经济》2018年第10期。

③ 吕冰洋、毛捷、马光荣：《分税与转移支付结构：专项转移支付为什么越来越多?》，《管理世界》2018年第4期。

④ 吕冰洋：《"顾炎武方案"与央地关系构建：寓活力于秩序》，《财贸经济》2019年第10期。

论文从各个角度阐述了财政分权度量的优劣，本章选取其中最具有代表性的文献进行梳理和回顾。张光详细梳理了财政收入、支出、自主度等30多种度量指标，并逐一分析了各个指标的优劣，最后研究认为应该使用"各级政府财政收支分配份额"和"各地区转移支付依赖度"两类指标。① 张光认为，这两类指标均着眼于政府间财政关系来测量财政分权。中国省级及其以下的各级地方政府有权安排自己所辖的各级政府的财政关系，这一特征使用第二类指标度量中国式财政分权尤为合理。陈硕和高琳同样认为现有文献对不同指标的使用具有随意性，不同指标的适用性不能彼此混淆和替代。他们从"财权"与"事权"不对称的视角切入，认为"地方财政自主度"是更有针对性的指标度量，完全适配于转移支付规模与地方政府支出责任相匹配的研究主体。② 徐永胜和乔宝云则首次利用财政支出、财政收入和地方财政自主度来推导财政分权的数理公式，从而分析论证不同衡量公式的合理性和科学性。③

毛捷等囿于现有文献中指标定义的争议，选择另辟蹊径。文章利用多套数据库相互匹配，详细测算了县级增值税和企业所得税分成比例。④ 尽管其中一个指标依然存在巨大争议，但是他们的突破性创新对本书的研究具有重要的借鉴意义。吕冰洋等在"弹性分成系统"的概念上详细测算中国多层级政府、多口径财政收入的划分情况，并构建了1994—2014年的中国政府间财政收入分配数据库。⑤ 他们认为，政府间财政权力是多维的，传统的财政分权衡

---

① 张光：《测量中国的财政分权》，《经济社会体制比较》2011年第6期。
② 陈硕、高琳：《央地关系：财政分权度量及作用机制再评估》，《管理世界》2012年第6期。
③ 徐永胜、乔宝云：《财政分权度的衡量：理论及中国1985—2007年的经验分析》，《经济研究》2012年第10期。
④ 毛捷、吕冰洋、陈佩霞：《分税的事实：度量中国县级财政分权的数据基础》，《经济学（季刊）》2018年第2期。
⑤ 吕冰洋、马光荣、胡深：《蛋糕怎么分：度量中国财政分权的核心指标》，《财贸经济》2021年第8期。

量具有单一指标度量的属性，本身就具有很强的局限性。他们测算的结果表明，在财政收入及重要税种收入的分配中，中央政府占比最大；在省以下主要税种和非税收入的分配中，县级政府占比最大，省本级占比最小；省本级的财政收入分配占比稳定性最强。

第七节　本章小结与启示

为了回答绪论中所提出的三个层面的问题，前述梳理详细回顾了六个方面的内容，包括财政分权的决定因素；财政分权对经济社会发展各方面的影响，如经济增长、环境污染、收入不平等、创新水平、地方政府财政能力、公共支出及其结构等方面；"省直管县"改革和"扩权强县"改革的社会经济效应；转移支付在其中的作用；以及财政管理体制性质现状研究和财政分权指标度量研究等。文献综述既能清晰地展现该领域现有研究的整体面貌和可能存在的问题，又为接下来的研究推进提供研究思路和方法，对本书的研究具有借鉴意义和参考价值。针对绪论中所提出的三个层面的问题，上述文献回顾和梳理给本书的研究带来了以下几个方面的启示。

第一，现有文献在回答中国省以下政府间财政管理体制现状方面是非常欠缺的。现有文献对于中国财政管理体制或者中国式财政分权体制的研究过于偏重"中央与地方的财政关系"的研究，将省以下各级政府笼统地概括为一个整体，即"地方政府"，在很大程度上忽略了省以下政府间财政管理体制的探讨。这对于拥有中央、省、市、县、乡、镇、村七级政府的多层级大国而言是一个极大的研究不足。已有的关于中国省以下政府间财政收入分配的文献多为描述性分析。[①]

[①] 贾康、苏京春：《现阶段我国中央与地方事权划分改革研究》，《财经问题研究》2016年第10期；贾康、阎坤：《完善省以下财政体制改革的中长期思考》，《管理世界》2005年第8期。

吕冰洋以及吕冰洋和聂辉华从契约角度分析了分税制改革前后政府间税收分权的性质或税权配置的变化，并提出了"弹性分成"的概念，认为分税制是中央与地方关于财政剩余分配的各种子契约的分成合同系统。① 他们对于各级政府间的财政收入分配的厘定是具有突破性的，然而他们的研究更偏重央地财政关系的解释和财政管理体制性质的界定。周黎安和吴敏以及吴敏等是现有关于中国省以下政府间财政收入分配及其现状最具有代表性的文献。② 他们系统性回顾了中国省以下财政管理体制的历史沿革，并且进一步研究了分税制改革后中国省以下政府间财政收入分配的决定因素。方红生等在现有文献的基础上，结合政府政策指导意见，首次提出了中国省以下政府间财政收入分配的两大原则，不仅从理论上论证了两大原则的合理性，也从实证上逐级检验了中国省以下政府间财政收入分配实践情况。③ 童幼雏和李永友则将视角聚焦于省以下财政支出分权的情况，系统性梳理了1994年分税制改革后中国省以下三级政府间财政支出分权的动态变化和结构特征。④ 因此，为了回答绪论中第一层面的问题，本书首先要做的就是系统性梳理了中国省以下政府间财政收入分配的制度安排、分配现状、收支关系，清晰展现中国省以下政府间财政收入分配的特征事实。

第二，现有文献在探究影响一个国家和地区政府间财政收入分配，特别是分权还是集权的影响因素时发现，其决定因素繁多和复

---

① 吕冰洋：《政府间税收分权的配置选择和财政影响》，《经济研究》2009年第6期；吕冰洋、聂辉华：《弹性分成：分税制的契约与影响》，《经济理论与经济管理》2014年第7期。

② 周黎安、吴敏：《省以下多级政府间的税收分成：特征事实与解释》，《金融研究》2015年第10期；吴敏、周黎安、石光：《中国县级政府税收分成的典型化事实：基于独特数据的测算与分析》，《财贸经济》2023年第4期。

③ 方红生、鲁玮骏、苏云晴：《中国省以下政府间财政收入分配：理论与证据》，《经济研究》2020年第4期。

④ 童幼雏、李永友：《省以下财政支出分权结构：中国经验》，《财贸经济》2021年第6期。

杂，且影响因素各不相同。一般而言，经济发展水平越高、地区间经济发展差距越小、人口数量越多、国土面积越大、人口密度越低、民主程度越高、政府规模越小、政府层级越多、城市化程度越低、收支结构越偏向低级别地方政府、低级别地方政府财政收入越依赖上级政府转移支付、重大历史危机事件越少，则分权程度越高。上述结论非常清晰地表明，一个国家和地区的财政分权程度受到该国的政治、经济、社会、种族、宗教以及其他因素的综合影响，在进行财政分权或集权的决策时必须非常谨慎。然而，中国作为幅员辽阔、国情复杂的超级大国，有关财政分权或集权决定因素的研究非常稀缺，代表性的只有吴木銮和王闻以及杨龙见等少数文献。① 因此，为了回答绪论中第二层面的问题，本书在现有文献的基础上，结合中国财政实践，尤其是现行的央地财政管理体制框架与中央政府对于地方政府财政管理体制改革的指导性意见。

第三，现有文献在探究财政分权对于经济社会发展各方面的影响时存在两个方面的问题。一方面，正如本节第一点所言，大多现有文献都将研究视角聚焦于央地财政关系，而对省以下收入分成，尤其是县级单位财政分权的研究付之阙如。然而，县级单位恰恰是土地使用权的实际支配者和使用者，是改革开放以来中国经济高速持续增长的源泉所在。本书有必要将财政分权效应的研究视角下沉到县级单位层面。另一方面，大多现有文献在研究财政分权对于经济社会发展各方面的影响时都将研究视角局限于财政分权本身，而忽略了转移支付的作用，甚至在控制变量中不添加转移支付的衡量变量。只有少数几篇如方红生和张军、田侃和亓寿伟以及彭浩然等同时考察了财政分权和转移支付"两只手"

---

① 吴木銮、王闻：《如何解释省内财政分权：一项基于中国实证数据的研究》，《经济社会体制比较》2011 年第 6 期；杨龙见、陈建伟、尹恒：《中国省级财政集中程度的影响因素分析》，《南方经济》2012 年第 11 期。

共同的作用。① 转移支付制度作为分税制财政管理体制最重要的制度安排之一，其重要程度完全等同于财政收入分配。实际上，从转移支付的制度安排而言，它不仅包括地方上解和上解下拨，也包括上级政府通过财政收入分配关系从下级政府筹集到可供实施转移支付资金的全过程。如果仅仅考察财政收入分配这只手单独的作用，完全可能得到有偏的结论。因此，为了回答绪论中第三层面的问题，借鉴现有文献的研究范式，有必要将财政收入分配和转移支付制度同时纳入分析框架中，考察"两只手"对于经济社会发展各方面的共同影响。

第四，通过对现有文献的梳理可以发现，对于财政分权、转移支付对经济社会发展各方面影响效应结论的得出必须非常谨慎和慎重。首先，财政分权对经济增长，尤其在解释改革开放以来中国经济持续高速增长现象时，其结论是充满争议的。显而易见，财政分权对经济增长的影响受到特定条件的限制。而且其计量识别过程，尤其是内生性问题的解决依旧是充满挑战的。因此，当我们在学术研究中得出财政分权对经济增长影响的实证研究结果，尤其是正向显著效应时，必须非常谨慎。其次，财政分权对环境污染的研究数量虽多，但结论同样是莫衷一是。在指标衡量选择、数据样本选择、内生性问题处理等方面都存在争议，必须谨慎地得出相应结论。然而，与前两者不同，现有文献就财政分权对地区间经济发展差异的影响形成了相对统一的结论，即财政分权会扩大区域间经济发展差距，人口流动限制、自然资源禀赋差异和地方政府行为偏好都是其重要的渠道机制。最后，财政分权对经济社会发展的其他方面都有明显的影响，财政分权程度上升会提高地区创新水平、增强地方政府税收激励和财政能力、扩大地方政府对预算外收入的获取，同时

---

① 方红生、张军：《财政集权的激励效应再评估：攫取之手还是援助之手？》，《管理世界》2014年第2期；田侃、亓寿伟：《转移支付、财政分权对公共服务供给的影响——基于公共服务分布和区域差异的视角》，《财贸经济》2013年第4期；彭浩然、吴木銮、孟醒：《中国财政分权对健康的影响》，《财贸经济》2013年第11期。

会增加地方政府对于经济性公共产品的生产性支出而挤占社会福利性公共产品的消费性支出。这些结论对于渠道机制探讨具有启示意义。

第五,现有文献在探究财政分权对于经济社会发展各方面的影响时,为了避免潜在的内生性问题,多选择外生政策冲击来代替财政分权,尤其是"扩权强县"经济社会管理权限下放改革和"省直管县"财政管理体制改革。通过对现有文献的梳理可以发现,这一改革事件的政策效应研究数量虽多,但在数据样本选择、识别策略设计和计量结论得出方面都充满争议。尤其是改革冲击对经济增长、地方政府财政能力影响方面的研究结论尚未形成统一的意见,而在环境污染、收入分配不平等、城乡收入差距方面的研究则更是付之阙如。现有文献的梳理启示我们,"省直管县"改革作为中国省以下政府间财政关系的变动具有重要的研究意义亟待进一步完善和深化。

通过文献综述可以清晰地展示现有文献的研究脉络和框架,发现现有文献存在的缺失和问题,为本书的研究提供了多维度研究启示,具有重要的参考价值。这五个方面的重要启示,为本书回答绪论中所提出的三个层面的问题指明了研究方向,使本书的研究内容既能有别于现有文献的研究内容,呈现差异化的特征,展开足够的研究宽度和深度,并能丰富相关领域的研究文献,奠定坚实的理论基础和提供全新的经验证据。

第 三 章

中国省以下政府间财政收入分配关系及特征事实

第一节 收入分配关系

1994年，中国实行了分税制财政管理体制改革，其主要内容是明确央地之间财权配置的基本规则。各地为了落实国务院《关于实行分税制财政管理体制的决定》（国发〔1993〕85号）（以下简称《决定》）精神，规范各省区市所辖市、区县财政收入分配关系，比照中央对地方的财政体制于1995年开始对省以下财政管理体制进行完善。具体而言，《决定》指出：第一，"根据事权与财权相结合的原则，按税种划分中央与地方的收入"；第二，"合理调节地区之间财力分配"。政府间财政收入划分要围绕"支出责任与财政收入相匹配""协调地区之间财力分配"两个指导思想展开。

然而，各省份结合各地实情，按照《决定》自行安排的省以下财政管理体制并没有完全贯彻两个指导思想，呈现出形式复杂、"一省一个样"的局面。① 尤其是2000年前后，中国省以下政府间纵向

---

① 周黎安、吴敏：《省以下多级政府间的税收分成：特征事实与解释》，《金融研究》2015年第10期。

和横向财力不平衡、省以下财政管理体制运行不顺畅等问题以"县乡财政困难"的形式集中爆发出来。[①] 为了解决"县乡财政困难"问题、规范省以下政府间财政收入划分的具体内容，2002年国务院批转财政部《关于完善省以下财政管理体制有关问题意见的通知》（国发〔2002〕26号）（以下简称《通知》）直接提出了具体完善意见，"各地要根据各级政府的财政支出责任以及收入分布结构，合理确定各级政府财政收入占全省财政收入的比重。省以下地区间人均财力差距较小的地区，要适当降低省、市级财政收入比重；省以下地区间人均财力差距较大的地区，要适当提高省、市级财政收入比重，并将因此而增加的收入用于对县、乡的转移支付，调节地区间财政收入差距"。

2002—2005年，各省份结合各地实际情况陆续出台了相关文件，深化和完善省以下财政管理体制，进一步建立规范的转移支付制度，明晰政府间财政收入和支出责任划分，调动市、区县级政府增收节支的积极性，促进各地区经济发展。尽管如此，各省份自行安排的省以下政府间财政收入分配关系仍然具有相当的复杂性和多样性。各级政府间财政收入划分方式存在分享、分成、分享加分成、专享等多种形式。通过梳理可以发现，现行中国省以下政府间财政收入分配关系大致分为三种类型：其一，分享的形式主要包括两种：一种是按照企业隶属关系划分市县收入范围。一般将省及省以上所属企业所缴纳的税收由省分享，市属及其他企业由市县分享。另一种是一部分与政府没有隶属关系的纳税主体缴纳的税收按指定归属划分收入范围。如契税、屠宰税、土地增值税。按隶属关系的分享形式在财政实践中，又分为三种类型：原则上完全按隶属关系划分；划定重点区域基础上再按隶属关系划分；对重点企业划分。其二，分成的形式主要包括两种：总额分成和分类分成。自2001年起，江苏、福建、浙江、辽宁、湖北5个省份先后转向总额分成制，采用

[①] 楼继伟：《深化财税体制改革　建立现代财政制度》，《求是》2014年第20期。

省级政府保留少数特殊行业和重点企业税收外，对省以下税收收入总额或基数增长部分进行政府间划分的模式。其中，2008年江苏省省以下财政管理体制进行调整，财政管理体制从总额分成转为分类分成。其三，分享加分成，是对同一税种既包括按隶属关系的划分，又规定了一定的分成比例。目前，共有22个省份采用这种模式。专享，为某一级政府专享收入，如农业税，石家庄、唐山、邯郸、保定、衡水都规定将其作为县级专享收入。表3—1系统性梳理了1994年分税制改革以来中国31个省份的省以下政府间财政收入分配关系具体制度安排的概况。

表3—1　　　中国省以下政府间财政收入分配关系制度安排

省份	收入分配关系：总额分成	政策文件
福建	除了省级保留的固定收入，实行省与市、县按照二八比例分成，分别缴入各级国库	《福建省人民政府关于调整市县财政体制的通知》（闽政〔2002〕40号）
辽宁	将原体制规定的省级共享税收入全部下划到市县，作为市县固定收入。省对各市原体制规定的省市共享收入形成的财力实行总额分成，具体为一市一率。（2003年起，沈阳执行全省统一体制；大连实行对省定额递增上解制，以2亿元为基数，从2003年起，每年按全省一般预算收入中的税收实际收入实际增幅环比递增）	《辽宁省人民政府关于调整省市财政管理体制的决定》（辽政发〔2010〕9号）
	收入分配关系：增量分成	政策文件
江苏	以2000年为基期年，核定各市地方财政收入基数和税收返还基数。今后比基数增长的部分，省统一集中20%	《江苏省人民政府关于调整分税制财政管理体制的通知》（苏政发〔2001〕3号）
江苏	地方营业税以2007年为基期年，对增量部分省不再集中，全额留给地方；地方增值税（即地方25%部分）以2007年为基期年，对增量部分省统一集中50%；除了耕地占用税省仍按总额集中50%，以2007年为基期年，对地方城镇土地使用税、土地增值税、房产税和契税四税增量省统一集中30%	《江苏省人民政府关于调整分税制财政管理体制的通知》（苏政发〔2008〕15号）

续表

省份	收入分配关系：总额分成	政策文件
浙江	从2003年起，除了将部分特殊行业缴纳的税收作为省级固定收入，对各市（不含杭州市）、县实行收入增量分成，市、县地方财政收入超过2002年收入基数的增量部分，省与市、县按照二八比例分成。（与杭州市实行总额分享，省直接征收和杭州代征升级收入，并入杭州市，按2002年各自所占的收入份额，按比例实行总额分享）	《浙江省人民政府关于进一步完善地方财政体制的通知》（浙政发〔2003〕38号）
湖北	将原财政管理体制规定的省级参与分享税全部下划到市县。作为市县固定收入统一实行"属地征管、属地入库"。省在原财政管理体制下分享的税收，以2010年各市县核定省级税收为基数，与各市县地方税收入增长速度同增同减，由市县通过财政年终结算上解省财政	《湖北省人民政府关于进一步调整和完善分税制财政管理体制的决定》（鄂政发〔2010〕64号）

省份	收入分配关系：分类分成	政策文件
北京	共享收入省级分成比例增值税12.5%；营业税50%；企业所得税20%	《北京市人民政府关于完善市与区县分税制财政管理体制的通知》（京政发〔2005〕16号）
天津	共享收入省级分成比例增值税6.25%；营业税50%；企业所得税10%；个人所得税20%	《天津市人民政府关于改进和完善市对区县分税制财政管理体制的决定》（津政发〔2003〕98号）
河北	共享收入省级分成比例增值税10%；营业税10%；企业所得税25%；个人所得税15%	《河北省人民政府关于改革和完善分税制财政体制的决定》（冀政发〔2002〕3号）
河北	省、市财政收入划分保持原定体制不变，适当调整省分成增值税、营业税、企业所得税、个人所得税（以下简称"四税"）增量返还政策	《河北省人民政府关于完善省以下财政收入体制有关问题的通知》（冀政发〔2003〕12号）
山西	共享收入省级分成比例增值税8.75%；营业税35%；企业所得税14%；个人所得税14%	《山西省人民政府关于调整省对市地财政管理体制的通知》（晋政发〔2001〕44号）
山西	共享收入省级分成比例增值税7.5%；营业税30%；企业所得税12%；个人所得税12%（2007年"五税"地方分享部分，省30%，市小于等于15%，区县大于等于55%；以2006年为基期，增量调节；革命老区县"五税"收入每年超过人民政府确定的全省一般预算收入增幅的部分，省市返还分享部分的50%，其他县返30%）	《山西省人民政府关于调整规范省市县财政体制和在35个国家重点扶贫开发县实行"省直管县"财政改革试点的通知》（晋政发〔2006〕45号）

续表

省份	收入分配关系：总额分成	政策文件
内蒙古	共享收入省级分成比例增值税 5%；营业税 20%；企业所得税 8%；个人所得税 8%	《内蒙古自治区人民政府关于进一步完善自治区与盟市财政管理体制的通知》（内政发〔2005〕101号）
内蒙古	共享收入省级分成比例增值税 7.5%；营业税 10%；企业所得税 10%；个人所得税 10%	《内蒙古自治区人民政府关于进一步完善自治区与盟市财政管理体制的意见》（内政发〔2011〕142号）
吉林	共享收入省级分成比例增值税 12.5%、营业税 50%、企业所得税 16%、个人所得税 16%〔对市州本级上划省的共享收入，当年增长幅度超出市州本级财政收入增长幅度部分，省财政按超出数额的 30%给予返还；对县（市）上划省的共享收入，当年增长幅度超出县（市）财政收入增长幅度部分，省财政按超出数额的 40%给予返还〕	《吉林省人民政府关于调整完善省以下财政管理体制的通知》（吉政发〔2004〕14号）
黑龙江	市县开发小油田增值税收入 12%；中央和省级政府直属企业所缴纳增值税 25%部分、2004年基数部分；新建中央和省级国有及国有控股电力企业增值税收入 12.5%；改扩建中央和省级国有电力企业增值税超基数部分 12.5%。营业税 50%。跨省经营央企、省直企业所缴纳企业所得税 40%	《黑龙江省人民政府关于印发分税制财政管理体制实施方案的通知》（黑政发〔1994〕5号）
上海	共享收入省级分成比例增值税 10%；营业税 40%；企业所得税 16%；个人所得税 12%	《上海市财政局、地税局关于印发七个区财税体制改革实施方案的通知》（沪府〔2004〕10号）
安徽	共享收入省级分成比例企业所得税 15%；个人所得税 15%	《安徽省人民政府关于实行分税制财政管理体制改革的决定》（皖政发〔1994〕45号）
山东	石油、石化、电力、有色金属四大部门所属企业所缴纳增值税的 25%部分、四大部门及银行营业税；营业税 20%；企业所得税 8%；个人所得税 15%	《山东省人民政府办公厅关于进一步完善省以下财政管理体制有关问题的通知》（鲁政办发〔2005〕54号）
河南	卷烟企业和小浪底工程增值税，跨市经营高速公路营业税，部分重点企业、特殊行业及跨省、跨市集中缴纳的企业所得税；其他企业所缴纳企业所得税 15%；个人所得税 20%	《河南省人民政府关于调整省与市财政管理体制的通知》（豫政〔2004〕3号）

续表

省份	收入分配关系：总额分成	政策文件
海南	共享收入省级分成比例增值税 6.25%、8.75%、13.75；营业税 25%、35%、55%；企业所得税 10%、14%、22%；个人所得税 10%、14%、22%	《海南省人民政府关于重新确定分税制财政管理体制的通知》（琼府〔2002〕50号）

第二节　收入分成情况

为了清晰展示各省份根据不同财政收入分配关系划分财政收入之后的实际分配情况，需要准确衡量省以下各级政府财政收入分配比重。李永友和沈玉平认为，财政收入分配实际上是一个自下而上资金筹集和自上而下资金转移的初次分配、再次分配和三次分配的过程。[①] 参考李永友和沈玉平、张光[②]和李萍[③]等做法，将中央公共财政收入名义集中度衡量的概念运用于省以下各级政府间的财政收入集中度的衡量，提出省以下各级政府财政收入集中度。省本级财政收入集中度是财政收入初次分配后，省本级在全省财政收入中所获得的比重，具体表示为：省本级一般公共预算收入集中度＝省本级一般公共预算收入／全省一般公共预算收入。相应而言，市本级一般公共预算收入集中度＝市本级一般公共预算收入／全省一般公共预算收入；区县级一般公共预算收入比重＝区县级一般公共预算收入／全省一般公共预算收入。采用同样的方法也可以计算省以下各级政府四个主要税种：增值税、营业税、企业所得税和个人所得税的税收收入集中度。

图 3—1 描述了 1994—2009 年中国省以下各级政府本级一般公

---

① 李永友、沈玉平：《转移支付与地方财政收支决策：基于省级面板数据的实证研究》，《管理世界》2009 年第 11 期。

② 张光主编：《测量中国的财政分权》，《经济社会体制比较》2011 年第 6 期。

③ 李萍主编：《财政体制简明图解》，中国财政经济出版社 2010 年版。

共预算收入集中度均值的变动趋势。省本级一般公共预算收入集中度位于 [0.15, 0.25]，1998 年之后大体呈现上升趋势。市本级一般公共预算收入集中度从 1999 年之后稳定浮动在 0.3 上下。区县级一般公共预算收入集中度从 1999 年之后大体呈现出"U"形变动趋势，2005 年达到最小值 0.456，但仍高于 0.45。

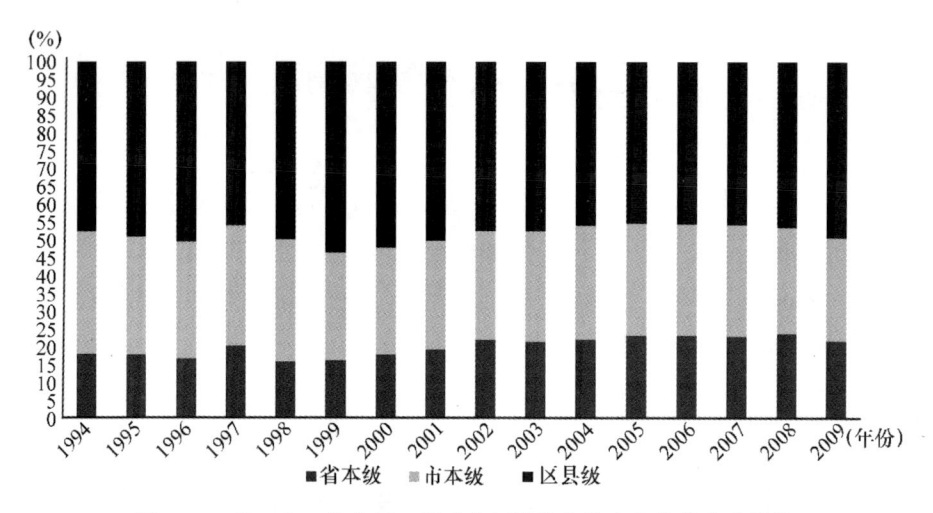

图 3—1　省、市、县本级一般公共预算收入集中度均值变动趋势

资料来源：《全国地市县财政统计资料》。

图 3—2 分别描述了 1998—2007 年中国省以下各级政府本级增值税和营业税收入集中度均值的变动趋势。省本级增值税税收收入集中度位于 [0.2, 0.3]，1998 年之后大体呈现出上升趋势。市本级增值税税收收入集中度从 1999 年之后稳定浮动在 0.34 上下，2005 年后下降到 0.3 左右。区县级增值税税收收入集中度位于 [0.41, 0.46]，基本稳定在 0.43 左右，2007 年在 0.45 以上。省、市、县三级形成了比较稳定的 25%：30%：45%的比例格局。省本级营业税税收收入集中度大体位于 [0.2, 0.25]，1999 年之后稳定在 0.2 左右。市本级营业税税收收入集中度一直稳定浮动在 0.3 上下。区县级营业税税收收入集中度基本稳定在 0.5 左右。省、市、县三级形成了比较稳定的 20%：30%：50%的比例格局。

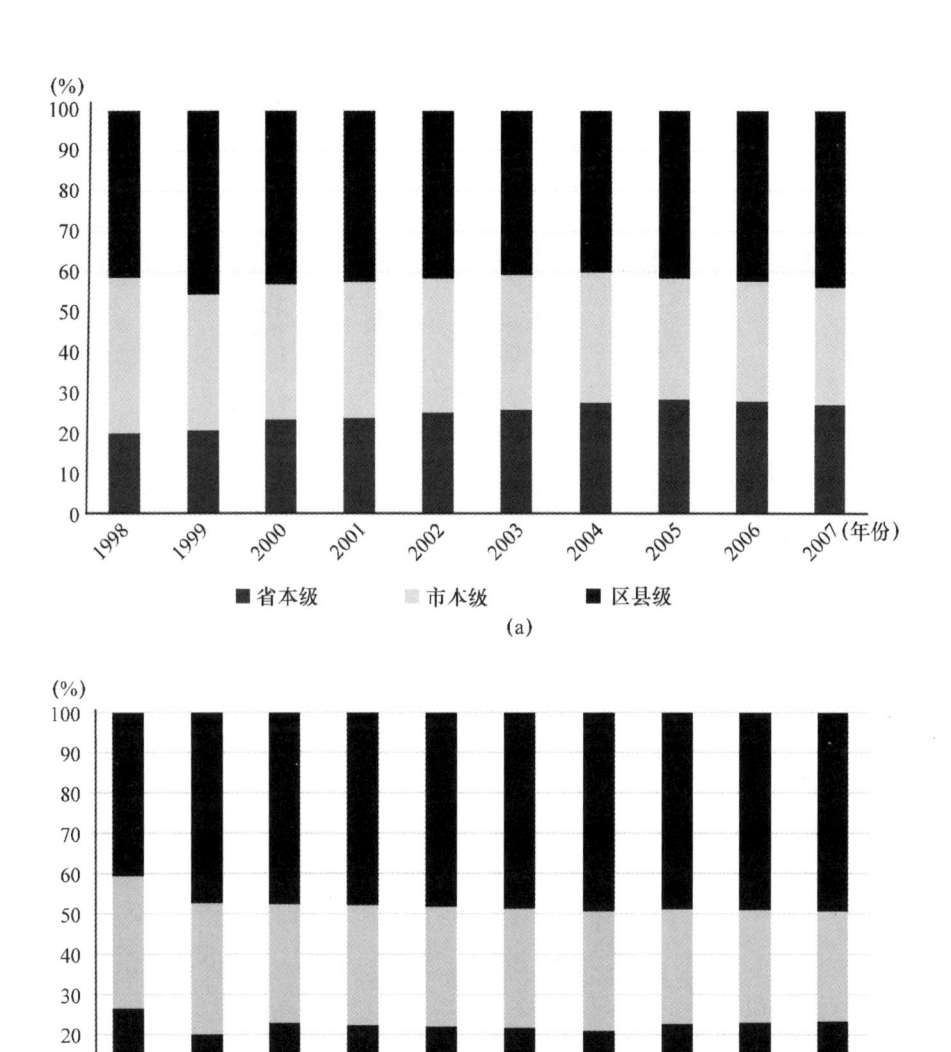

图 3—2 省、市、县本级增值税和营业税收入集中度均值变动趋势

资料来源：《全国地市县财政统计资料》。

图 3—3 描述了 2000—2007 年中国省以下各级政府本级企业所得税和个人所得税税收收入集中度均值的变动趋势。2002 年所得税分享改革之前，所有所得税收入均归属于地方政府所有，且在省、市、

(a)

(b)

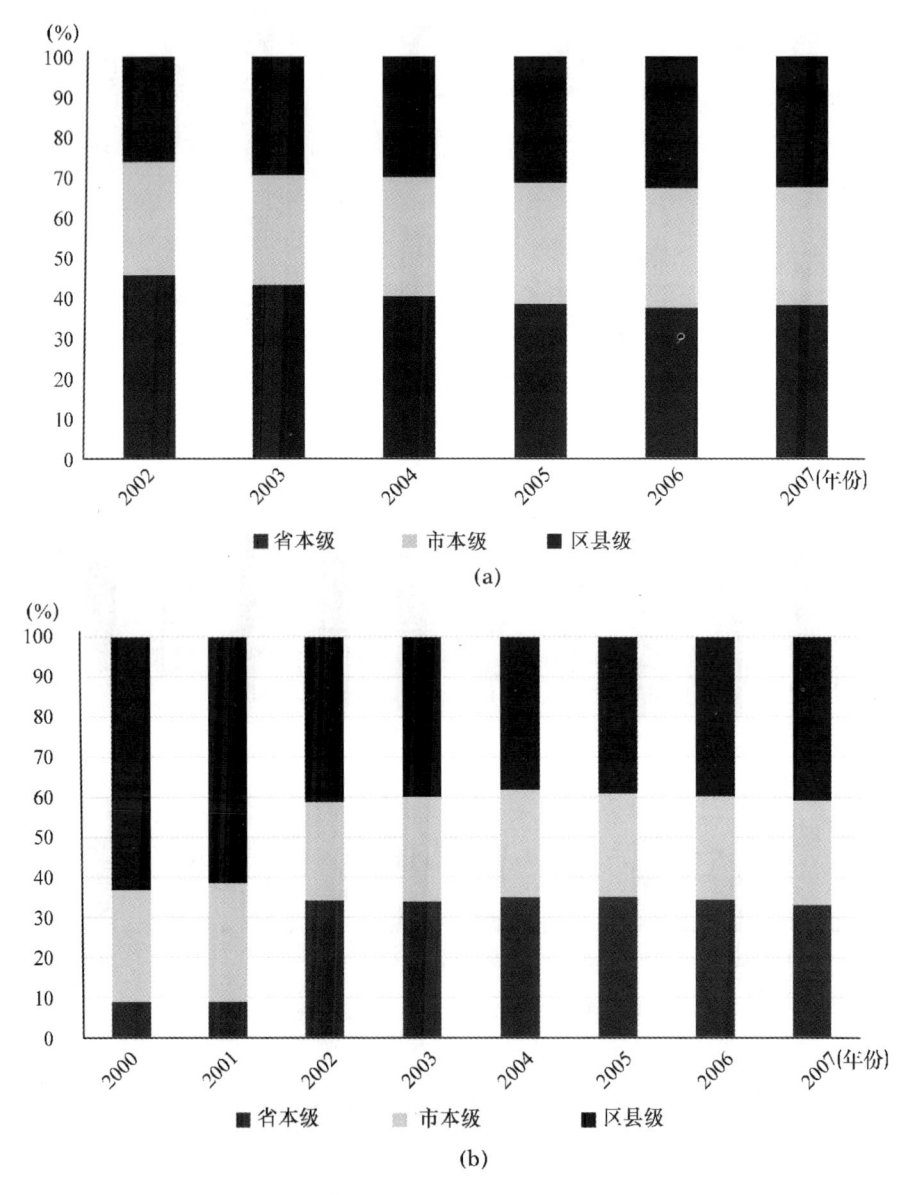

图 3—3 省、市、县本级企业所得税和个人所得税收入集中度均值变动趋势

资料来源：《全国地市县财政统计资料》。

县之间根本没有明确的划分规则。2002 年之后，才形成了比较明确的分税特征。省本级企业所得税税收收入集中度位于 0.4 左右。市本级企业所得税税收收入集中度稳定在 0.3 上下。区县级企业所得税税收收入集中度稳定在 0.3 上下。省、市、县三级形成了比较明确的按比例分成的格局。省本级个人所得税税收收入集中度在 2002 年所得税分享改革之前基本不参与分成，2002 年之后稳定在 0.35 左右。市本级个人所得税税收收入集中度在 2002 年所得税分享改革之前稳定在 0.3 左右，2002 年之后下降到 0.25 左右。区县级个人所得税税收收入集中度在 2002 年所得税分享改革之前保持在 0.6 以上，2002 年之后下降到 0.4 左右。个人所得税经历了从 2002 年所得税分享改革之前的市县 40%：60% 分成转变为省、市、县三级 35%：35%：40% 的比例格局，省本级政府大量参与个人所得税税收收入的分成。

上文清晰地展现了中国省以下各级政府一般公共预算收入和四个主要税种税收收入的历史沿革和分成情况。一般公共预算收入和四个主要税种税收收入的分配情况具有鲜明的分税特征，高度契合前述系统性梳理的各省份省以下财政收入分配关系制度安排，是分税制财政管理体制在省以下各级政府贯彻落实的具体体现。

第三节　收支匹配情况

本章还进一步考察了中国省市两级政府一般公共预算收入集中度以及与其相匹配的支出责任情况。由于缺少省、市两级政府对下转移支付结构数据，本章参照现有代表性文献使用本级一般公共预算支出衡量支出责任。衡量政府支出责任更好的指标应该剔除本级政府从上级政府获得的专项转移支付收入，并包含对下专项转移支付支出。李萍就将支出责任定义为政府负担的运用财政资金履行其事权、满足公共服务需要的财政支出义务。[①] 他们认为，专项转移支付衡量的是上级政府委托下级政府代理某些具体财政事权而进行的补偿，该事项所对应的支出责任应该归属于上级政府。不过，受2002年《通知》中"适当提高省、市级财政收入比重，并将因此而增加的收入用于对县、乡的转移支付"要求的启发，我们采用了一个替代方法来尽力弥补研究中的缺憾。本章对省、市两级政府与区县级政府之间进行区分，将一个省份的省、市两级政府视为整体作为上级政府，将各区县作为其所辖的下级政府。我们将省市与区县进行两级区分的优势在于能够通过间接法准确衡量两级政府的支出责任占比。第一，使用"1-区县级支出责任占比"衡量省、市两级政府支出责任占比，其中区县级支出责任占比=区县级支出责任/全省支出责任。我们使用"区县级一般公共预算支出-（专项转移支付收入-专项上解）"衡量区县级支出责任、"全省一般公共预算支出-（中央专项转移支付收入-专项上解）"衡量全省支出责任。第二，使用"1-区县级一般公共预算收入比重"衡量省、市两级政府财政收入集中度，其中区县级一般公共预算收入比重=区县级一般公共预算收入/全省一般公共预算收入。同样，使用"1-区县级主要税种收入比重"衡量省、市两级政府主要税种收入集中度，其中区县级主要税种收入比重=区县级主要税种收入/全省主要税种收入。

图3—4描述了1994—2009年中国省、市两级政府一般公共预算收入集中度和支出责任占比均值的时间变动趋势。省、市两级一般公共预算收入集中度从1999年之后呈现出倒"U"形变动趋势，2002年之后稳定于[0.5，0.55]。省、市两级支出责任占比从1997年之后呈现"U"形变动趋势，在2007年达到最低值0.43。收支比重从1994—1999年的同向变动趋势转变为2000—2009年相悖的变动趋势，表现出明显的"财力上收、事权下沉"的特点，是对以"以支定收"指导原则的巨大背离。

[①] 李萍主编：《财政体制简明图解》，中国财政经济出版社2010年版。

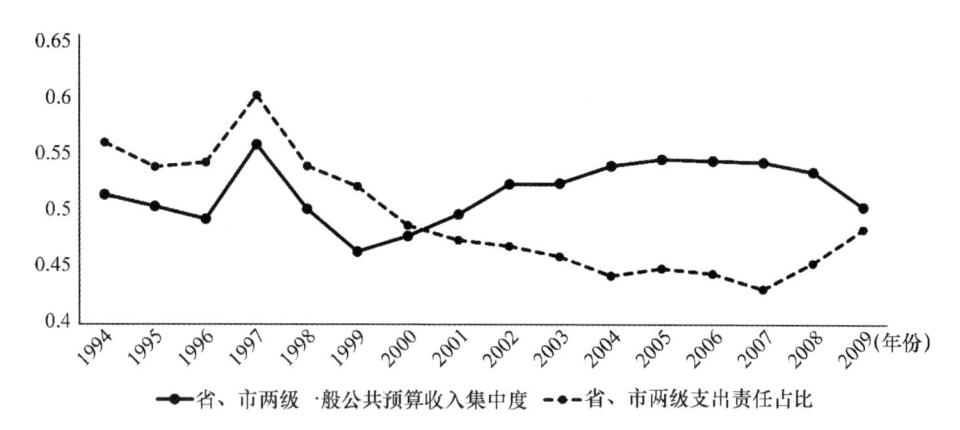

图3—4 省、市两级一般公共预算收入集中度和支出责任占比均值变动趋势

资料来源：《全国地市县财政统计资料》。

本章详细梳理和描述了中国31个省份以下政府间财政收入分配关系的具体制度，并测算了省以下财政收入分配实践的特征事实，研究发现主要存在两个特点：第一，当前各省份政府间财政收入分配关系形式复杂多样，属于弹性分成契约性质，已经形成了"一省一个样"的局面。第二，尽管各地区政府间财政收入分配关系形式复杂多样，而且在各层级政府间呈现出较大的差异性，但总体上还是体现了分税的特征。省、市、县三级政府四个主要税种在2002年所得税分享改革之后都呈现出相对稳定的按比例分成的格局。一般公共预算收入和四个主要税种收入分配中，省级政府占比最小，县级政府占比最大，且省本级政府的财政收入稳定性最强。第三，财政收入集中度和支出责任占比的均值在2000年之后出现了相悖的变动趋势，表现出明显的"财力上收、事权下沉"的特点，是对以"以支定收"指导原则的巨大背离。从上述特征事实的描述和主要特点的总结可以很好地回答了本书绪论中所提出的第一层面的问题。然而，上述特征事实只是建立在平均意义上的直观描述，并不能帮助我们直接回答第二层面的问题。

第 四 章

中国省以下政府间财政收入分配

第一节 问题提出

省以下政府间财政关系是央地财政关系的延伸，是分税制财政管理体制的重要组成部分。党的十九大报告指出"权责清晰、财力协调、区域均衡"的要求，为构建新型的省以下政府间财政关系指明了方向。为了落实"权责清晰"的要求，2016年8月国务院印发《关于推进中央与地方财政事权和支出责任划分改革的指导意见》（国发〔2016〕49号），2018年2月国务院印发《基本公共服务领域中央与地方共同财政事权和支出责任划分改革方案》（国办发〔2018〕6号）。目前，央地之间权责划分逐步清晰，省以下政府间权责划分改革按照央地改革框架也在逐步展开。然而，国务院就后续如何推进省以下政府间财政收入分配改革、切实落实"财力协调、区域均衡"的要求并未提供任何原则性指导意见。毫无疑问，这是亟须研究的重大前瞻性问题。众所周知，自1994年分税制改革以来，各省份的省以下政府间财政收入分配关系都是按照中央对地方的体制框架自行安排，央地之间的财政收入划分关系是省以下政府间财政收入分配关系的实践基础和参考标准。因此，具体规定了央地财政收入分配关系的《国务院关于实行分税制财政管理体制的决定》（国发〔1993〕85号）（以下简称《决定》）就为回答上述重大问题提供了重要线索。具体而言，《决定》指出：第一，"根据事权与财权相结合的原则，按税种划分中央与地方的收入"；第二，"合理调节地区之间财力分配"。政府间财政收入划分要围绕"支出责任与财政收入相匹配""协调地区之间财力分配"两个指导思想展开。然而，1993年《决定》只规定了中央与地方收入划分的具体内容，并未对省以下收入划分做出明确安排。各省结合各地实情，按照《决定》自行安排的省以下财政管理体制并没有完全贯彻两个指导思想，呈现出形式混乱、"一省一个样"的局面。[①] 为了规范省以下政府间财政收入划分的具体内容，2002年国务院批转财政部《关于完善省以下财政管理体制有关问题意见的通知》（国发〔2002〕26号）（以下简称《通知》）直接提出了具体完善意见，"各地要根据各级政府的财政支出责任以及收入分布结构，合理确定各级政府财政收入占全省财政收入的比重。省以下地区间人均财力差距较小的地区，要适当降低省、市级财政收入比重；省以下地区间人均财力差距较大的地区，要适当提高省、市级财政收入比重，并将因此而增加的收入用于对县、乡的转移支付，调节地区间财政收入差距"。上述指导意见清楚地阐明了《决定》的两个指导思想、揭示了两个可落实当前"财力协调、区域均衡"要求的省以下政府间财政收入分配原则，即"上级政府支出责任比重越大，则其财政收入集中度越高"（第一原则）和"上级政府所辖区域人均财政收入不平衡程度越大，则其财政收入集中度越高"（第二原则）。两个原则是决定中国省以下各级政府财政收入集中度的重要标准，第一原则从省以下各级政府自身承担的支出责任角度决定其财政收入集中度，而第二原则从财力协调和区域均衡的角度决定其财政收入集中度。然而，令人遗憾的是，学界并没有对《决定》和《通知》有更多研究。一个重要

[①] 周黎安、吴敏：《省以下多级政府间的税收分成：特征事实与解释》，《金融研究》2015年第10期。

的原因是难以获取省以下各级政府的财政收入分配比例数据，使得学者不能深入全面地从事中国省以下政府间财政收入分配决定的经验研究。周黎安和吴敏是仅有的一篇研究中国省以下政府间财政收入分配决定的最具有代表性的经验研究文章。[①] 虽然这篇文章也提及2002年《通知》，但是并没有提炼出上述两个原则。另外，在考察各地区省本级、市本级税收分成比例的决定因素时，只考虑了所辖区域的经济总量的差异程度而没有考虑上级政府财政支出责任比重。

本章主要贡献有两点：第一，结合《决定》和《通知》的指导思想和完善意见，首次提炼和揭示出两个可落实当前"财力协调、区域均衡"要求的省以下政府间财政收入分配原则。本章还构造了一个包含分税、支出责任划分和转移支付的理论模型为两个原则奠定了坚实的理论基础。第二，首次检验了两个原则在中国省以下政府间财政收入分配实践中的落实情况。周黎安和吴敏详细梳理了各省现行的财政管理体制文件，发现省以下财政收入分配实践大致可分为三类：[②] 一是总额分成制。自2001年起，江苏、福建、浙江、辽宁、湖北5个省份先后采用这一模式。省级政府除了保留少数特殊行业和重点企业税收，对税收收入总额或基数增长部分进行政府间划分。二是分享加分类分成制。有22个省份对同一税种收入既包含了按隶属关系的划分，又规定了一定的分成比例。三是按照企业隶属关系划分。江西、贵州、西藏、新疆4个省份采用这一分配模式。虽然各地区财政收入分配实践不尽相同，但是否总体上落实了这两个原则，是亟须回答的重点问题。如果总体上都落实了这两个原则，各地区有差别化的做法也是合理的。为了回答上述问题，本章采用了省级和地市级两套面板数据，逐级检验了中国省以下各级政府一般公共预算收入和四个主要税种税收收入的分配实践是否总

---

① 周黎安、吴敏：《省以下多级政府间的税收分成：特征事实与解释》，《金融研究》2015年第10期。

② 周黎安、吴敏：《省以下多级政府间的税收分成：特征事实与解释》，《金融研究》2015年第10期。

体上落实了这两个原则。基于处理内生性的 SYS-GMM 和工具变量 GMM 方法的实证结果表明：第一原则在省以下各上级政府的一般公共预算收入分配中都得到了落实，但在 4 个主要税种税收收入分配的落实上存在差异；第二原则在省以下各上级政府的财政收入分配中均未得到落实；两个原则的落实情况在东、中、西部三类地区之间存在差异。上述实证结果具有重要的政策含义。

本章余下的结构安排：第二部分构造一个包含分税、支出责任划分和转移支付的理论模型，为省以下政府间财政收入分配两个原则奠定理论基础。第三部分和第四部分，设定计量模型，基于省级和地市级两套面板数据，运用处理内生性的 SYS-GMM 和工具变量 GMM 方法实证检验两个原则的落实情况。第五部分是结论和政策含义。

第二节 理论模型

一 基本假定

基于 Arzaghi 和 Henderson 的财政分权决定因素研究框架，[1] 借鉴 Cai 和 Treisman 的政府间财政竞争模型[2]和吕冰洋等的政府间转移支付模型，[3] 构建了一个包含分税、支出责任划分和转移支付的理论模型。假设一个国家或省份存在 N 个地区（地级市、地级区域），即存在一个上级政府和 N 个下级政府（每个地区仅有一个下级政府，

---

[1] Arzaghi M., Henderson J. V., "Why Countries are Fiscally Decentralizing", *Journal of Public Economics*, Vol. 89, No. 7, 2005, pp. 1157-1189.

[2] Cai H., Treisman D., "Does Competition for Capital Discipline Governments? Decentralization, Globalization, and Public Policy", *American Economic Review*, Vol. 95, No. 3, 2005, pp. 817-830.

[3] 吕冰洋、毛捷、马光荣：《分税与转移支付结构：专项转移支付为什么越来越多？》，《管理世界》2018 年第 4 期。

标记为 i)。上级政府和下级政府共同承担提供公共服务的支出责任，上级政府还致力于实现基本公共服务均等化，下级政府需要兼顾所辖居民效用水平。政府的公共支出分为生产性和民生性，生产性支出直接进入企业生产函数，民生支出直接增加代表性消费者效用水平。

假设民生性支出比例为 δ，$\delta \in (0, 1)$，则生产性支出比例为 $1-\delta$。假设该国或省份有 k 单位资本，资本完全自由流动。假设每个地区存在一个代表性企业，企业 Cobb-Douglas 生产函数为：

$$y_i = A_i k_i^{\alpha} [(1-\delta) g_i]^{\beta} \quad (4-1)$$

其中，y_i 是人均产出，k_i 是人均资本投入，g_i 是人均公共支出，$(1-\delta) g_i$ 是人均生产性支出，A_i 是每个地区的资源禀赋和技术水平。α 和 β 满足 $1>\alpha>0$、$1>\beta>0$、$\alpha+\beta<1$，其中，$\alpha+\beta<1$ 表明资本投入和生产性公共支出投入存在规模报酬递减，这是因为在生产过程中还需要考虑其他生产要素的投入，如土地、人力资本等固定投入。

假设每个地区存在一个代表性消费者，Cobb-Douglas 效用函数为：

$$u_i = [(1-t) y_i]^{\gamma} (\delta g_i)^{\xi} \quad (4-2)$$

其中，t 是无差异税率，δg_i 是人均民生性支出。γ 和 ξ 满足 $1>\gamma>0$、$1>\xi>0$、$\gamma+\xi=1$。此外，还需要考虑上下级政府间转移支付，则下级政府面临的预算约束为：

$$\varphi_i g_i = s_i t y_i + f_i \quad (4-3)$$

其中，φ_i 是下级政府需要承担人均公共支出的比重，$\varphi_i \in (0, 1)$，则上级政府承担人均公共支出的比重为 $1-\varphi_i$。s_i 是上级政府和下级政府之间的财政收入分配比例，表示下级政府在全部财政收入中所获得的分成比例，$s_i \in (0, 1)$；相应而言，$1-s_i$ 则表示上级政府在全部财政收入中所获得的分成比例。f_i 是下级政府收到上级政府的转移支付净收入，则 $f_i/g_i = \theta_i$，$\theta_i \in (0, \varphi_i)$，表示下级政府收到上级政府转移支付收入占其全部公共支出的比重。因此，下级政府财政收入分成比例 s_i 和转移支付占比 θ_i 为上级政府的决策变量。

二 模型推导

根据上述设定，下级政府在全部财政收入中所占的比重可以表示为：$\sum_{i=1}^{N} s_i t y_i / \sum_{i=1}^{N} t y_i$；下级政府在全部支出责任中所占的比重可以表示为：$\sum_{i=1}^{N} (\varphi_i g_i - f_i) / \sum_{i=1}^{N} g_i$。因此，上级政府的财政收入集中度可以表示为 $con = 1 - (\sum_{i=1}^{N} s_i t y_i / \sum_{i=1}^{N} t y_i)$；上级政府的支出责任占比可以表示为 $ex = 1 - [\sum_{i=1}^{N} (\varphi_i g_i - f_i) / \sum_{i=1}^{N} g_i]$。根据（4—3）式可以发现上级政府的财政收入集中度和支出责任占比之间的关系，表示为 $con = ex \cdot (\sum_{i=1}^{N} g_i / \sum_{i=1}^{N} t y_i) + (1 - \sum_{i=1}^{N} g_i / \sum_{i=1}^{N} t y_i)$。其中 $1 > \sum_{i=1}^{N} g_i / \sum_{i=1}^{N} t y_i > 0$。因此，上级政府支出责任比重 ex 越大，上级政府财政收入集中度 con 也越大。

假说4-1：上级政府支出责任比重越大，则其财政收入集中度越高。（第一原则）

根据 Cai 和 Treisman 以及吕冰洋等，[①] 假设每个地区相对于整个国家或者省而言，都是相对很小的单位，完全竞争条件使不同地区资本回报率相同，满足均衡条件：

$$r = (1-t) \frac{\partial y_i}{\partial k_i} \qquad (4-4)$$

其中，r 是资本回报率。结合（4-1）式和（4-4）式可得资本投入和生产性支出之间的关系：

[①] Cai H., Treisman D., "Does Competition for Capital Discipline Governments? Decentralization, Globalization, and Public Policy", *American Economic Review*, Vol. 95, No. 3, 2005, pp. 817-830；吕冰洋、毛捷、马光荣：《分税与转移支付结构：专项转移支付为什么越来越多?》，《管理世界》2018年第4期。

$$k_i(A_i, r, g_i) = \{\frac{1}{r}(1-t)A_i\alpha[(1-\delta)g_i]^\beta\}^{\frac{1}{1-\alpha}} \quad (4-5)$$

在给定资本投资回报率和预算约束的条件下，政府决定民生性支出以实现各地区代表性消费者效用水平最大化。将（4-3）式代入（4-2）式可得：

$$u_i = [y_i - \frac{(\varphi_i - \theta_i)g_i}{s_i}]^\gamma (\delta g_i)^\xi \quad (4-6)$$

求解一阶条件可得：

$$\frac{\partial y_i}{\partial g_i} + \frac{\partial y_i}{\partial k_i}\frac{\partial k_i}{\partial g_i} = \frac{\varphi_i - \theta_i}{s_i\gamma} - \frac{\xi y_i}{\gamma g_i} \quad (4-7)$$

根据（4-1）式、（4-5）式和（4-7）式可求解代表性消费者效用水平最大化时，最优人均公共支出规模：

$$g_i^* = [(\frac{\beta}{1-\alpha}+\frac{\xi}{\gamma})^{1-\alpha}(\frac{1-t}{r})^\alpha A_i\alpha^\alpha(1-\delta)^\beta(\frac{\gamma s_i}{\varphi_i-\theta_i})^{1-\alpha}]^{\frac{1}{1-\alpha-\beta}} \quad (4-8)$$

结合（4-3）式、（4-8）式可分析地区间人均财政收入不平衡程度与政府间财政收入分配之间的关系。地区间人均财政收入差异和政府间财政收入分配的关系可以表示为：

$$\frac{(\varphi_i-\theta_i)g_i^*}{(\varphi_j-\theta_j)g_j^*} = (\frac{A_i}{A_j})^{\frac{1}{1-\alpha-\beta}}(\frac{s_i}{s_j})^{\frac{1-\alpha}{1-\alpha-\beta}}(\frac{\varphi_j-\theta_j}{\varphi_i-\theta_i})^{\frac{\beta}{1-\alpha-\beta}} \quad (4-9)$$

假设地区 i 比地区 j 经济发展水平更高，人均财政收入也更多，即 $(\varphi_i-\theta_i)g_i^* > (\varphi_j-\theta_j)g_j^*$。在资源禀赋和技术水平不变的前提下，若上下级政府间财政事权和支出责任明确划分，即 φ_i 和 φ_j 保持不变，则当上级政府观察到区域间既有的人均财政收入不平衡时，可采取两种措施：第一种，调整不同地区的分成比例，即同时降低 s_i 和 s_j。根据（4-9）式，同比例降低不同地区财政收入分成比例并不能直接调节地区间人均财政收入不平衡程度。但是相对于欠发达地区，发达地区会有更多的财政收入被上级政府所筹集。上级政府再将所筹集的财政资金通过转移支付的方式，下拨到人均财政收入相对少的地区，即提高 θ_j，从而在三次分配之后实现区域间财力平衡。这种措施可概括为两步走：第一步，财政收入向上集中，s_i 和 s_j 同时降低；第二步，转移支付补助到人均财政收入相对少的地区，提高 θ_j。第二种，保持欠发达地区财政收入分成比例 s_j 不变，直接降低发达地区财政收入分成比例 s_i，进而提高上级政府财政收入集中度。上级政府通过从发达地区筹集财政资金，再通过转移支付的方式，下拨到人均财政收入相对少的地区，即提高 θ_j，从而实现区域间财力均衡。然而，第二种措施可能存在隐忧。由 $\partial y_i/\partial s_i>0$ 可知，直接降低发达地区财政收入分成比例 s_i 会抑制发达地区经济发展。省以下各级地方政府都不想以抑制发达地区经济发展积极性为代价来实现均衡区域间人均财政收入的目标。因此，使用第一种措施来调节区域间人均财政收入不平衡程度，在现实财政实践中更为普遍。然而，无论采用何种措施，在一定条件下降低下级政府财政收入分成比例，都会提高上级政府财政收入集中度。上级政府可以通过转移支付补助，下拨所集中的财政资金，最终实现区域间人均财政收入均衡。

假说4-2：上级政府所辖区域人均财政收入不平衡程度越大，则其财政收入集中度越高。（第二原则）

由上述分析可知，为了实现"财力协调、区域均衡"的要求，省以下各级政府应该根据各级政府支出责任比重和所辖地区人均财政收入不平衡程度，相应地调整上下级政府间财政收入分成比例。通过调整省以下政府间财政收入划分关系，改变省以下政府间财政收入初次分配结果，以期实现与各级政府支出责任占比、所辖地区人均财政收入不平衡程度相匹配的上级政府财政收入集中度。在此基础上，上级政府将所集中的财政资金通过转移支付补助的方式下拨给财力较弱的地区，最终实现区域间财力均等化的目标。

第三节 研究设计

一 基准设定

为了检验上述两个假说,我们构造了如下动态面板计量模型:[①]

$$Con\_FR_{it} = \alpha + \beta_1 Con\_FR_{it-1} + \beta_2 Expense_{it} + \beta_3 Inequal_{it} + \beta X_{it} + u_i + \lambda_t + \varepsilon_{it} \quad (4-10)$$

其中,下标 i 和 t 分别表示第 i 个地区和第 t 年。被解释变量:Con_FR_{it} 是上级政府财政收入集中度。两个核心解释变量:$Expense_{it}$ 是上级政府支出责任占比,$Inequal_{it}$ 是所辖区域人均财政收入不平衡程度。Con_FR_{it-1} 是上级政府财政收入集中度滞后一期;X_{it} 是其他控制变量;u_i 是地区固定效应,λ_t 是时间效应,ε_{it} 是随机扰动项。

首先,采用省级面板数据考察省本级和市本级层面财政收入分配是否总体上落实了两个原则。为了考察省本级层面财政收入分配落实情况,将省本级政府视作上级政府,将其所辖地级市政府作为下级政府。指标衡量如下:第一,参考张光,[②] 使用省本级(市本级)一般公共预算收入与全省一般公共预算收入的比值衡量省本级(市本级)财政收入集中度($Con\_FR_{p/m}$)。为了体现财政收入分配的结构特征,我们也考察了税收收入分配的落实情况。参考周黎安和吴敏,[③] 使用省本级(市本级)主要税种收入与全省主要税种收入的比值来衡量省本级(市本级)主要税种收入集中度(增值税

---

① 为了考察 2002 年《通知》出台前后两个原则的落实情况是否发生显著变化,在 (4-10) 式中增加了两个交互项:$\beta_4 Expense_{it} \times Post + \beta_5 Inequal_{it} \times Post$,哑变量 Post,2002 年及之后等于 1,其他年份等于 0。重新进行回归,结果表明《通知》出台前后两个原则的落实情况没有发生显著变化,这意味着基于 (4-10) 式的基准回归结果具有稳健性。

② 张光:《测量中国的财政分权》,《经济社会体制比较》2011 年第 6 期。

③ 周黎安、吴敏:《省以下多级政府间的税收分成:特征事实与解释》,《金融研究》2015 年第 10 期。

$Con\_VAT_{p/m}$、营业税 $Con\_BUT_{p/m}$、企业所得税 $Con\_CIT_{p/m}$、个人所得税 $Con\_PIT_{p/m}$）。第二，参考李永友和沈玉平，[①] 使用省本级（市本级）一般公共预算支出与全省一般公共预算支出的比值衡量省本级（市本级）支出责任占比（$Expense_{p/m}$）。第三，参考贾晓俊和岳希明，[②] 区分是否含有税收返还，使用所辖地级市或地级区域（所辖区县）一般公共预算收入与总人口比值，以及"所辖地级市或地级区域（所辖区县）一般公共预算收入+税收返还"与总人口比值两种方式分别衡量所辖区域人均财政收入。同时，为了避免财政"省直管县""扩权强县"政策对于实证结果的影响，[③] 在计算所辖地级市人均财政收入不平衡程度时剔除了政策实施县的样本。我们按照各省份《关于实行省直管县财政体制的通知》整理了1994—2009年各省财政"省直管县""扩权强县"名单，并分别计算实行财政"省直管县""扩权强县"政策实施县的一般公共预算收入、税收返还和总人口总计。将这些县的一般公共预算收入、税收返还和总人口总计从地级市合计中减去。[④] 为了考察市本级层面财政收入分配落实情况，则将市本级政府视作上级政府，将其所辖区县级政府作为下级政府。指标衡量均与上述省本级保持一致。同样，在计算所辖区县的人均财政收入不平衡程度时，也全部剔除了财政"省直管县""扩权强县"政策实施县的样本。

其次，由于缺少省、市两级政府对下转移支付结构数据，本章

[①] 李永友、沈玉平：《转移支付与地方财政收支决策：基于省级面板数据的实证研究》，《管理世界》2009年第11期。

[②] 贾晓俊、岳希明：《我国均衡性转移支付资金分配机制研究》，《经济研究》2012年第1期。

[③] 1994—2009年各省份财政省直管县财政改革、"扩权强县"改革名单整理自各省份《关于实行省直管县财政体制的通知》文件，如《河北省人民政府关于实行省直管县财政体制的通知》（冀政〔2009〕51号）、《湖北省关于进一步完善省管县（市）财政体制》（鄂政〔2007〕22号）等。

[④] 本章也逐级对包含财政"省直管县""扩权强县"政策实施县的全样本数据进行了回归分析，无论是否包含财政"省直管县""扩权强县"政策实施县的样本，两个原则在总体上的落实情况依然保持稳健。

参照现有代表性文献使用本级一般公共预算支出衡量支出责任。应该指出，衡量政府支出责任更好的指标应该剔除本级政府从上级政府获得的专项转移支付收入，并包含对下专项转移支付支出。李萍就将支出责任定义为政府负担的运用财政资金履行其事权、满足公共服务需要的财政支出义务。[①] 他们认为，专项转移支付衡量的是上级政府委托下级政府代理某些具体财政事权而进行的补偿，该事项所对应的支出责任应该归属于上级政府。不过，受2002年《通知》中"适当提高省、市级财政收入比重，并将因此而增加的收入用于对县、乡的转移支付"要求的启发，我们采用了一个替代方法来尽力弥补研究中的缺憾。我们对省、市两级政府与区县级政府之间进行区分，将一个省份的省、市两级政府视为整体作为上级政府，将各区县作为其所辖的下级政府。我们将省市与区县进行两级区分的优势在于能够通过间接法准确衡量两级政府的支出责任占比。第一，使用"1-区县级支出责任占比"衡量省、市两级政府支出责任占比（$Expense_s$），其中区县级支出责任占比=区县级支出责任/全省支出责任。我们使用"区县级一般公共预算支出-（专项转移支付收入-专项上解）"衡量区县级支出责任、"全省一般公共预算支出-（中央专项转移支付收入-专项上解）"衡量全省支出责任。第二，使用"1-区县级一般公共预算收入比重"衡量省、市两级政府财政收入集中度（Con_FR_s），其中区县级一般公共预算收入比重=区县级一般公共预算收入/全省一般公共预算收入。同样，使用"1-区县级主要税种收入比重"衡量省、市两级政府主要税种收入集中度（Con_VAT_s、Con_BUT_s、Con_CIT_s、Con_PIT_s），其中区县级主要税种收入比重=区县级主要税种收入/全省主要税种收入。第三，区分是否含有税收返还，使用各区县一般公共预算收入与总人口比值，以及"各区县一般公共预算收入+税收返还"与总人口比值分别衡量所辖区县人均财政收入。在计算所辖各区县人均财政收入不

[①] 李萍主编：《财政体制简明图解》，中国财政经济出版社2010年版。

平衡程度时，也全部剔除了财政"省直管县""扩权强县"政策实施县的样本。

最后，为克服省级面板数据只能从平均意义上检验两个原则在总体上落实情况的缺陷，进一步采用地市级面板数据。采用地市级面板数据的优势在于可以更加细致地检验两个原则在市本级层面财政收入分配的总体落实情况。指标衡量如下所述：第一，使用市本级一般公共预算收入与地级市一般公共预算收入的比值，衡量市本级财政收入集中度（Con_FR_m）。同样，使用市本级主要税种收入与全地级市主要税种收入的比值，衡量市本级主要税种收入集中度（Con_VAT_m、Con_BUT_m、Con_CIT_m、Con_PIT_m）。第二，由于缺乏市本级对下转移支付结构数据，使用市本级一般公共预算支出与全地级市一般公共预算支出的比值，衡量市本级支出责任占比（$Expense_m$）。第三，区分是否考虑税收返还，使用各地级市所辖各区县一般公共预算收入与总人口比值，以及"各地级市所辖各区县一般公共预算收入+税收返还"与总人口比值分别衡量所辖区域人均财政收入。同样，在计算地级市政府所辖区县的人均财政收入不平衡程度时，也全部剔除了财政"省直管县"或"扩权强县"政策实施县的样本。为了区分不同的政府层级，上述核心变量衡量指标的下标 p 表示省本级，m 表示市本级，s 表示省市合计，c 表示区县级。

Theil 指数是最为主流的衡量不平衡程度的指标，相较于其他衡量不平衡程度的指标，如变异系数、Gini 系数等，该指数具有可以有效使用分组数据，并能分别计算组内和组间不平衡程度的优势。现有大量文献在计算不平衡程度或者市场加成比率时都会选择 Theil 指数作为最主要的计算方式。① 因此，选择 Theil 指数计算人均财政收入不平衡程度（$Inequal_{m/c}$ 和 $Inequal\_tax_{m/c}$）。在计算上级政府所

---

① Lu Y., Yu L. H., "Trade Liberalization and Markup Dispersion: Evidence from China's WTO Accession", *American Economic Journal: Applied Economics*, Vol. 7, No. 4, 2015, pp. 221-253.

辖区域人均财政收入不平衡程度时,对所有的地级市或区县的人均财政收入数据逐年逐地区进行了缩尾处理,剔除了上下 1% 的极端值。

遵循现有研究并考虑数据的可得性,① 其他控制变量包括:用人均实际国内生产总值衡量经济发展水平($\ln Prgdp$),通过各省统计年鉴公布的 GDP 指数,以 1978 年为基期计算人均实际国内生产总值,取对数;用工业增加值/GDP 衡量工业化程度($Indus$);用非农业人口/总人口衡量城市化($Urban$);用总人口/行政区划面积的自然对数衡量人口密度($\ln Dop$);用财政供养人口/总人口的自然对数衡量每万人财政供养人口($\ln Fiscalpop$)。

二 内生性问题

潜在的内生性问题会影响上述动态面板数据模型的估计结果。一般而言,潜在的内生性问题主要有三个来源:遗漏变量、解释变量和被解释变量之间存在联立性、度量误差。第一,被解释变量可能存在自相关性,即上一期的财政收入集中度会影响当期财政收入集中度。在解决被解释变量滞后期作为解释变量所导致的内生性问题时,Arellano 和 Bond 动态面板数据模型是通用的计量方法。② 因此,在(4-10)式中控制了财政收入集中度滞后一期 Con_FR_{it-1}。在控制了被解释变量滞后一期遗漏可能造成的内生性问题之后,如果理论假说依然成立,即考察 β_2 和 β_3 仍然是否显著为正。那么还必须关注被解释变量滞后期的估计系数 β_1,该系数如果显著为正,表明被解释变量确实存在自相关性,我们建立动态面板数据的计量模型是有必要的。具体而言,我们使用两步法系统广义矩估计方法,

---

① Bodman, P., A. Hodge, "What Drives Fiscal Decentralization? Further Assessing the Role of Income", *Fiscal Studies*, Vol. 31, No. 3, 2010, pp. 373-404.

② Arellano M., Bond S., "Some Tests of Specification for Panel Data: Monte Carlo Evidence and an Application to Employment Equations", *Review of Economic Studies*, No. 58, 1991, pp. 277-297.

对(4-10)式进行回归估计。第二，其他无法被观察到而没有进入回归估计的遗漏变量也可能导致估计值有偏。解决这种遗漏变量问题的办法之一是收集尽可能多的信息，然而这在任何时候都是难以实现的。面板数据的固定效应在解决由不随时间变化的遗漏变量导致的内生性上起着决定性作用。第三，核心解释变量和被解释变量之间存在联立性问题，即财政收入集中度有可能反过来影响同级政府支出责任占比与所辖地区人均财政收入不平衡程度。上级政府财政收入集中度越高，也意味着该级政府在全部支出责任中承担能力也就越强，就有可能承担更大比重的支出责任。此外，财政收入集中度作为一种衡量财政分权程度的指标，同样会影响所辖地区人均财政收入不平衡程度。上级政府财政收入集中度越高，很可能意味着财政分权程度越低。现有大量研究发现，财政分权程度与当地经济发展、区域不平衡之间有着直接关联。Sacchi 和 Salotti 采用1971—2000 年 23 个 OECD 国家的样本证实了财政分权和人均收入不平衡程度存在互相循环影响的因果关系，在一定程度上证实了内生性问题的存在。[1]

为了解决潜在的内生性问题、保证回归结果的稳健性，还运用了工具变量 GMM 方法对地市级面板数据进行实证检验。我们以 2005 年深化农村义务教育经费保障机制改革作为支出责任占比的工具变量，以各地级市降水量作为人均财政收入不平衡程度的工具变量。

2005 年国务院印发《关于深化农村义务教育经费保障机制改革的通知》(国发〔2005〕43 号)(以下简称《通知》)，要求"按照'明确各级责任、中央地方共担、加大财政投入、提高保障水平、分步组织实施'的基本原则，逐步将农村义务教育全面纳入公共财政

---

[1] Sacchi A., Salotti S., "How Regional Inequality Affects Fiscal Decentralization: Accounting for the Autonomy of Sub-central Governments", *Environment and Planning C: Government and Policy*, Vol. 32, No. 1, 2014, pp. 144-162.

保障范围，建立中央和地方分项目、按比例分担的农村义务教育经费保障机制"。2005年《通知》还要求深化农村义务教育经费保障机制改革，从2006年农村中小学春季学期开学起，分年度、分地区逐步实施。毫无疑问，将农村义务教育全面纳入公共财政保障范围，中央和地方分项目、按比例分担的经费保障机制改革会影响省以下各级政府的事权和支出责任划分。尹振东和汤玉刚的研究为工具变量的选择提供了强力支撑，认为义务教育经费机制设计，可以激励地方政府将资源向基础教育倾斜，引导地方政府合理安排财政支出结构。[①] 我们认为，这一机制改革不会对省以下政府间财政收入分配产生直接影响，原因在于：第一，农村义务教育经费保障机制改革只通过直接影响省以下各级政府支出责任结构而间接影响上级政府财政收入集中度。第二，虽然中央同时增加了对各省的义务教育的转移支付补助，但这只是中央承担了其在农村义务教育经费保障机制改革中相应的支出责任，无法直接影响省以下财政收入初次分配的结果。采用各级政府实际承担农村义务教育阶段学生学杂费和公用经费比例，[②] 与哑变量Policy交乘，衡量农村义务教育经费保障机制改革。其中，Policy设置为政策实际实施年份[③]及之后等于1，其他年份等于0。使用该交乘项作为工具变量的逻辑是，深化农村义务教育经费保障机制改革对不同地级市影响存在巨大差异，承担经费比例越大的地区，机制改革对其支出责任的影响也越大。

[①] 尹振东、汤玉刚：《专项转移支付与地方财政支出行为——以农村义务教育补助为例》，《经济研究》2016年第4期。

[②] 各省《关于印发农村义务教育经费保障机制改革实施方案的通知》，如《河北省财政厅、河北省教育厅关于调整完善农村义务教育经费保障机制改革有关政策的通知》（冀财〔2007〕317号）、《内蒙古自治区人民政府关于印发自治区农村牧区义务教育经费保障机制改革实施方案的通知》（内政字〔2006〕32号）。

[③] 2005年《通知》要求：2006年西部地区农村义务教育阶段中小学生全部免除学杂费；2007年中部地区和东部地区农村义务教育阶段中小学生全部免除学杂费，但是各市会根据实际情况确定具体实施年份。

参考 Miguel 等、Miguel 等以及 William 的研究,① 我们选择各地级市降水量作为人均财政收入不平衡程度的工具变量。Miguel 等、Miguel 等都采用1981—2008年非洲撒哈拉地区部落的样本,研究了干旱导致的区域间经济发展不平衡程度对次撒哈拉地区部落战争次数的影响。他们选择了降水量作为区域间经济发展不平衡程度的工具变量。研究发现,降水量越少越影响经济发展不平衡程度,而经济发展不平衡程度的加剧会增加部落战争发生的次数。William 采用1960—1998年 OECD 跨国数据,研究了区域间经济发展不平衡程度对经济增长的影响。他选择了降水量、适合种植小麦的土地数量与适合种植甘蔗的土地数量的比值作为区域间经济发展不平衡的工具变量。研究发现,自然环境和农业要素会影响区域间经济发展不平衡程度,而区域间经济发展不平衡程度加剧会抑制经济增长,同时也会对良好社会制度形成和教育质量产生抑制作用。他们的研究为工具变量的选择提供了有力支撑。

我们没有针对省级面板数据运用工具变量法有三个方面的考虑:第一,深化农村义务教育经费保障机制改革更适合针对地市级面板数据。2005年《通知》就明确要求东部地区由各省自行承担农村义务教育经费,东部地区各省政府又要求所辖各地级市或各县逐级承担,许多省份的省本级不参与学杂费、公用经费和校舍改造的经费支出。而且,各省各地级市或各县经费承担份额差异极大,在省级面板数据中无法体现各地级市之间的巨大差异。第二,相对于省级面板数据,地市级面板数据样本量更多,更容易规避因为样本量缺少而造成回归结果有偏、工具变量无效等问题。第三,省级面板数

---

① Miguel E., Satyanath S., "Re-examining Economic Shocks and Civil Conflict: Dataset", *American Economic Journal: Applied Economics*, No. 10, 2011, pp. 228–232; Miguel E., Satyanath S., Sergenti E., "Economic Shocks and Civil Conflict: An Instrumental Variables Approach", *Journal of Political Economy*, Vol. 112, No. 4, 2004, pp. 725–753; William E., "Inequality does Cause Underdevelopment: Insights from a New Instrument", *Journal of Development Economics*, No. 84, 2007, pp. 755–776.

据对于地级市、区县（市）之间的财政收入分配回归结果是混合的平均结果，而地级市面板数据更能细致地反映地级市、区县（市）之间的财政收入分配落实情况，有必要使用工具变量法以保证回归结果的稳健性。

三　数据说明

本章采用了省级和地市级两套面板数据，表4—1为省级和地市级两套面板数据的描述性统计。省级面板数据采用1994—2009年中国26个省的样本，剔除了北京、天津、上海、重庆、西藏五个行政区划。26个省的全省一般公共预算收入和支出、中央补助收入和上解中央数据源于1994—2009年《中国财政年鉴》，中央对各地区转移支付结构数据整理收集于《地方财政统计资料》《新中国财政60年》等资料。26个省份的省本级一般公共预算收入和支出、省本级主要税种收入数据来源于1994—2009年各省财政年鉴，空缺省份通过间接法计算获得，即"全省一般公共预算收入（支出）-全省地级市一般公共预算收入（支出）合计"。由于各种原因，计算之后个别省份的省本级数据出现负数，参照预算执行报告、决算报表或财政体制文件进行了调整。26个省的市本级、区县级（2341—2767个市辖区、县、县级市、盟旗、行委等）一般公共预算收入和支出、主要税种收入、税收返还、财政供养人口数据来源于1994—2009年《全国地市县财政统计资料》。26个省的总人口、非农人口、行政区划面积、国内生产总值、工业增加值分别整理于1995—2010年《中国统计年鉴》、2000—2010年《中国区域经济统计年鉴》。地市级面板数据采用1994—2009年中国304个地级市和地级区域的样本。304个地级市和地级区域的全市（市本级）一般公共预算收入和支出、全市（市本级）主要税种税收收入、税收返还、财政供养人口数据来源于1994—2009年《全国地市县财政统计资料》。304个地级市和地级区域的总人口、非农人口、行政区划面积、国内生产总值、工业增加值整理于1994—2009年各省统计年鉴、2000—2010年

《中国区域经济统计年鉴》、1994—2009年《中国城市年鉴》以及2000—2010年《全国分县市人口统计资料》。由于行政区划的调整，历年各地区区县数量不尽相同。

表4—1　　　　　　　　　地市级面板数据描述性统计

变量名	变量定义	观测值	均值	标准差	最小值	最大值
Con_FR_m	市本级一般公共预算收入/全市一般公共预算收入	4864	0.322	0.197	0.001	0.972
Con_VAT_m	市本级增值税收入/全市增值税收入	4050	0.389	0.234	0.001	1.000
Con_BUT_m	市本级营业税收入/全市营业税收入	3986	0.331	0.207	0.001	1.000
Con_CIT_m	市本级企业所得税收入/全市企业所得税收入	1815	0.431	0.234	0.001	1.000
Con_PIT_m	市本级个人所得税收入/全市个人所得税收入	2797	0.305	0.205	0.001	1.000
$Expense_m$	市本级一般公共预算支出/全市一般公共预算支出	4864	0.315	0.158	0.012	1.000
$\ln Prgdp$	ln［实际GDP（以1978年为基期）/总人口］	4864	7.635	0.877	3.919	10.480
$Indus$	工业增加值/GDP	4864	0.345	0.138	0.010	0.960
$Urban$	非农业人口/总人口	4864	0.297	0.168	0.012	1.000
$\ln Dop$	ln（总人口/行政区划面积）	4864	5.268	1.363	-0.464	9.181
$\ln Fiscalpop$	ln（财政供养人口/总人口）	4864	3.973	0.701	0.850	7.166
$Post$	哑变量（是否2002年以后）	4864	0.500	0.500	0.000	1.000
$Inequal\_tax_c$	县级含有税收返还人均财政收入Theil指数（剔除省直管县）	4571	0.134	0.147	0.001	1.151
$Inequal_c$	县级不含税收返还人均财政收入Theil指数（剔除省直管县）	4571	0.137	0.152	0.001	1.251
$Rainy$	ln［各地级市年平均降水量（毫米）］	4864	0.012	0.042	0.001	0.406
$Policy$	2006年农村义务教育经费保障机制改革	4864	0.040	0.128	0.000	0.950

由于1998年之前工商税收统计数据不区分税种，而2008年之后《全国地市县财政统计资料》不再公布分税种收入，以及部分数

据缺失的原因,所以在省级面板数据实证检验中,省本级增值税实际样本为1998—2007年,营业税和个人所得税实际样本为2000—2007年,企业所得税实际样本为2002—2007年。市本级增值税、营业税和个人所得税实际样本为2000—2007年,市本级企业所得税实际样本为2002—2007年。省、市两级增值税、营业税和个人所得税实际样本为1998—2007年,省、市两级企业所得税实际样本为2002—2007年。

此外,深化农村义务教育经费机制改革各市所承担学生学杂费和公用经费比例数据整理于各省份《关于印发农村义务教育经费保障机制改革实施方案的通知》,例如《河北省财政厅、河北省教育厅关于调整完善农村义务教育经费保障机制改革有关政策的通知》(冀财〔2007〕317号);《内蒙古自治区人民政府关于印发自治区农村牧区义务教育经费保障机制改革实施方案的通知》(内政字〔2006〕32号);《辽宁省人民政府关于深化农村义务教育经费保障机制改革的实施意见》(辽政发〔2006〕22号)等,限于篇幅不再赘述。降水量数据来源于各省统计年鉴、中国国家气象台《气候资料统计整编方法(1981—2010)》。

表4—2 省级面板数据描述性统计

变量名	变量定义	观测值	均值	标准差	最小值	最大值
Con_FR_p	省本级一般公共预算收入/全省一般公共预算收入	416	0.202	0.09	0.01	0.448
Con_FR_m	市本级一般公共预算收入/全省一般公共预算收入	416	0.316	0.086	0.157	0.675
Con_FR_s	1-(县级一般公共预算收入/全省一般公共预算收入)	416	0.516	0.113	0.270	0.836
$Expense_p$	省本级一般公共预算支出/全省一般公共预算支出	416	0.267	0.090	0.108	0.571
$Expense_m$	市本级一般公共预算支出/全省一般公共预算支出	416	0.252	0.086	0.094	0.616

续表

变量名	变量定义	观测值	均值	标准差	最小值	最大值
$Expense_s$	1-（县级一般公共预算支出-[专项转移支付收入-专项上解]）/（全省一般公共预算支出-中央专项转移支付收入）	416	0.497	0.098	0.266	0.817
Con_VAT_p	省本级增值税收入/全省增值税收入	229	0.256	0.178	0.001	0.63
Con_VAT_m	市本级增值税收入/全省增值税收入	208	0.330	0.122	0.106	0.647
Con_VAT_s	1-（县级增值税收入/全省增值税收入）	260	0.565	0.145	0.204	0.831
Con_BUT_p	省本级营业税收入/全省营业税收入	220	0.224	0.148	0.011	0.652
Con_BUT_m	市本级营业税收入/全省营业税收入	208	0.291	0.098	0.080	0.483
Con_BUT_s	1-（县级营业税收入/全省营业税收入）	260	0.522	0.150	0.163	0.921
Con_CIT_p	省本级企业所得税收入/全省企业所得税收入	156	0.405	0.148	0.047	0.732
Con_CIT_m	市本级企业所得税收入/全省企业所得税收入	156	0.290	0.086	0.095	0.509
Con_CIT_s	1-（县级企业所得税收入/全省企业所得税收入）	156	0.695	0.143	0.325	0.942
Con_PIT_p	省本级个人所得税收入/全省个人所得税收入	190	0.292	0.190	0.001	0.701
Con_PIT_m	市本级个人所得税收入/全省个人所得税收入	208	0.267	0.114	0.057	0.956
Con_PIT_s	1-（县级个人所得税收入/全省个人所得税收入）	260	0.487	0.212	0.004	0.908
$\ln Prgdp$	ln[实际GDP（以1978年为基期）/总人口]	416	7.784	0.612	6.315	9.462
$Indus$	工业增加值/GDP	416	0.377	0.078	0.122	0.529
$Urban$	非农业人口/总人口	416	0.357	0.119	0.134	0.634
$\ln Dop$	ln（总人口/行政区划面积）	416	5.133	1.153	1.889	6.635
$\ln Fiscalpop$	ln（财政供养人口/总人口）	416	5.837	0.220	5.283	6.396
$Inequal\_tax_m$	市级含有税收返还人均财政收入Theil指数（剔除省直管县）	416	0.329	0.200	0.002	1.133
$Inequal_m$	市级不含税收返还人均财政收入Theil指数（剔除省直管县）	416	0.346	0.212	0.013	1.241

续表

变量名	变量定义	观测值	均值	标准差	最小值	最大值
$Inequal\_tax_c$	县级含有税收返还人均财政收入Theil指数（剔除省直管县）	416	0.256	0.229	0.035	1.894
$Inequal_c$	县级不含税收返还人均财政收入Theil指数（剔除省直管县）	416	0.267	0.241	0.031	1.874

第四节 实证结果分析

一 省级面板回归结果

省以下地方政府层级主要包括省本级、市本级和县级三个级别，县级单位中的市辖区、县（市）作为本章研究的最小行政区划单位。本节将逐级检验两个原则在省以下政府间财政收入分配实践中总体上的落实情况。

（1）省本级回归结果

表4—3是省本级财政收入分配的回归结果，上级政府为省本级，下级政府为所辖地级市。第（1）列和第（6）列为省本级一般公共预算收入集中度的回归结果。回归结果显示，省本级支出责任占比对省本级一般公共预算收入集中度存在显著的正向影响，假说4-1得到验证。所辖地级市人均财政收入不平衡程度的估计系数不显著，假说4-2无法验证。

第（2）—（5）列和第（7）—（10）列表示被解释变量为省本级四个主要税种收入集中度的回归结果。回归结果显示，当被解释变量为省本级增值税收入集中度时，省本级支出责任占比对省本级增值税收入集中度存在显著的正向影响，假说4-1得到验证。所辖地级市人均财政收入不平衡程度的估计系数不显著，假说4-2无法验证。当被解释变量为省本级营业税、企业所得税和个人所得税收入集中度时，假说4-1和假说4-2均无法验证。表4—4是全样本回归结果与表4—3的子样本回归结果高度一致。

表 4—3　省本级财政收入分配回归结果

被解释变量	(1) Con_FR_p	(2) Con_VAT_p	(3) Con_BUT_p	(4) Con_CIT_p	(5) Con_PIT_p	(6) Con_FR_p	(7) Con_VAT_p	(8) Con_BUT_p	(9) Con_CIT_p	(10) Con_PIT_p
L.Con_p	0.57*** (0.12)	0.93*** (0.10)	0.89*** (0.09)	0.94*** (0.17)	0.67*** (0.23)	0.42** (0.17)	0.90*** (0.21)	0.92*** (0.10)	0.94*** (0.18)	0.64** (0.23)
$Expense_p$	0.26** (0.10)	0.28** (0.12)	0.05 (0.61)	0.07 (0.28)	0.36 (0.37)	0.31** (0.15)	0.47* (0.27)	0.04 (0.72)	0.14 (0.26)	0.29 (0.43)
$Inequal\_tax_m$	0.01 (0.02)	−0.01 (0.03)	0.04 (0.04)	−0.04 (0.06)	0.16 (0.13)	—	—	—	—	—
$Inequal_m$	—	—	—	—	—	0.02 (0.03)	0.02 (0.07)	0.02 (0.03)	−0.03 (0.04)	0.18 (0.13)
控制变量	Yes	Yes	Yes	Yes	Yes	Yes	Yes	Yes	Yes	Yes
年份固定效应	Yes	Yes	Yes	Yes	Yes	Yes	Yes	Yes	Yes	Yes
地区固定效应	Yes	Yes	Yes	Yes	Yes	Yes	Yes	Yes	Yes	Yes
样本区间(年)	1994—2009	1998—2007	2000—2007	2002—2007	2000—2007	1994—2009	1998—2007	2000—2007	2002—2007	2000—2007
AR(1)	0.000	0.003	0.006	0.073	0.018	0.006	0.011	0.007	0.066	0.018
AR(2)	0.109	0.921	0.419	0.878	0.272	0.198	0.548	0.420	0.910	0.318
Hansen J	0.759	0.989	0.791	0.304	0.278	0.953	0.966	0.656	0.306	0.326
样本量	390	204	194	130	163	390	204	194	130	163

注：*，**，***分别表示10%、5%、1%的显著性水平，括号内是聚类稳健标准误；控制变量包括人均实际gdp取对数（ln$Prgdp$），工业化程度（$Indus$），城市化（$Urban$），人口密度取对数（lnDop），财政供养人口系数（ln$Fiscalpop$）。

表 4-4　省本级财政收入分配全样本回归结果

被解释变量	(1) Con_FR$_p$	(2) Con_VAT$_p$	(3) Con_BUT$_p$	(4) Con_CIT$_p$	(5) Con_PIT$_p$	(6) Con_FR$_p$	(7) Con_VAT$_p$	(8) Con_BUT$_p$	(9) Con_CIT$_p$	(10) Con_PIT$_p$
L.Con$_p$	0.72*** (0.13)	0.87*** (0.10)	0.91*** (0.21)	0.96*** (0.16)	0.74*** (0.24)	0.54*** (0.16)	0.90*** (0.08)	0.87*** (0.22)	0.97*** (0.18)	0.78*** (0.21)
Expense$_p$	0.49** (0.21)	0.48* (0.26)	0.01 (0.51)	0.07 (0.26)	0.26 (0.36)	0.55*** (0.16)	0.35* (0.20)	0.12 (0.75)	0.05 (0.45)	0.26 (0.31)
Inequal_tax$_m$	0.04 (0.03)	−0.01 (0.04)	0.08 (0.13)	−0.07 (0.07)	0.16 (0.13)	—	—	—	—	—
Inequal$_m$	—	—	—	—	—	−0.01 (0.03)	0.04 (0.04)	0.03 (0.22)	−0.07 (0.08)	0.13 (0.09)
控制变量	Yes	Yes	Yes	Yes	Yes	Yes	Yes	Yes	Yes	Yes
年份固定效应	Yes	Yes	Yes	Yes	Yes	Yes	Yes	Yes	Yes	Yes
地区固定效应	Yes	Yes	Yes	Yes	Yes	Yes	Yes	Yes	Yes	Yes
样本区间(年)	1994—2009	1998—2007	2000—2007	2002—2007	2000—2007	1994—2009	1998—2007	2000—2007	2002—2007	2000—2007
AR(1)	0.000	0.003	0.014	0.054	0.023	0.003	0.002	0.007	0.054	0.014
AR(2)	0.563	0.660	0.412	0.826	0.355	0.088	0.716	0.357	0.812	0.344
Hansen J	0.965	0.968	0.895	0.296	0.340	0.889	0.999	0.843	0.347	0.365
样本量	390	204	194	130	163	390	204	194	130	163

注：*，**，*** 分别表示 10%，5%，1% 的显著性水平，括号内是聚类稳健标准误。

在检验上级政府为省本级、下级政府为所辖地级市的财政收入分配实践中可以发现：一般公共预算收入和增值税收入分配落实了第一原则，而营业税、企业所得税和个人所得税收入分配均没有落实第一原则；无论是一般公共预算收入还是四个主要税种收入分配均没有落实第二原则。营业税、企业所得税和个人所得税收入分配没有落实第一原则可能有三个方面的原因：首先，许多省份将营业税收入直接作为市县收入，省本级不参与分成，或仅参与从固定行业、固定企业取得的营业税的分享；① 其次，企业所得税收入分配存在大量按企业隶属关系或属地原则划分的情况；② 最后，部分省份省本级也不参与个人所得税分享，③ 或仅将部分收入作为省本级固定收入，④ 而将其余部分作为市县收入。

（2）市本级回归结果

表4—5是市本级财政收入分配的回归结果，上级政府为市本级，下级政府为所辖区县。第（1）列和第（6）列为市本级一般公共预算收入集中度的回归结果。回归结果显示，市本级支出责任占比对市本级一般公共预算收入集中度存在显著的正向影响，假说4-1得到验证。所辖区县人均财政收入不平衡程度的估计系数不显著，假说4-2无法验证。

表4—5的第（2）—（5）列和第（7）—（10）列分别为市本级四个主要税种收入集中度的回归结果。回归结果显示：当被解释

---

① 《安徽省人民政府关于实行分税制财政管理体制改革的决定》（皖政发〔1994〕45号）、《河南省人民政府关于调整省与市财政管理体制的通知》（豫政〔2004〕3号）。

② 《贵州省人民政府关于完善省以下财政管理体制有关问题的通知》（黔府发〔2002〕32号）。

③ 《新疆维吾尔自治区人民政府关于进一步完善分税制财政管理体制的通知》（新政发〔2004〕76号）。

④ 安徽省将彩票个人所得税作为省本级固定收入，其他划归市县；江西省将储蓄存款个人所得税作为省本级固定收入，其他划归市县；湖南省省本级于1994—2001年不参与分享，2002年后省本级分享地方部分的30%。

表 4—5　市本级财政收入分配回归结果

被解释变量	(1) Con_FR$_m$	(2) Con_VAT$_m$	(3) Con_BUT$_m$	(4) Con_CIT$_m$	(5) Con_PIT$_m$	(6) Con_FR$_m$	(7) Con_VAT$_m$	(8) Con_BUT$_m$	(9) Con_CIT$_m$	(10) Con_PIT$_m$
L.Con$_m$	0.65*** (0.10)	0.90*** (0.15)	0.87*** (0.16)	0.72*** (0.16)	0.31* (0.15)	0.51*** (0.16)	0.90*** (0.16)	0.91*** (0.10)	0.72*** (0.17)	0.31** (0.15)
Expense$_m$	0.42** (0.20)	0.39* (0.23)	0.51* (0.25)	0.26 (0.37)	0.44* (0.24)	0.68*** (0.22)	0.37* (0.22)	0.33* (0.19)	0.25 (0.34)	0.45* (0.25)
Inequal_tax$_c$	−0.01 (0.02)	−0.02 (0.03)	−0.02 (0.03)	−0.04 (0.13)	0.06* (0.03)	—	—	—	—	—
Inequal$_c$	—	—	—	—	—	−0.00 (0.03)	−0.01 (0.03)	−0.01 (0.03)	−0.03 (0.13)	0.05 (0.03)
控制变量	Yes	Yes	Yes	Yes	Yes	Yes	Yes	Yes	Yes	Yes
年份固定效应	Yes	Yes	Yes	Yes	Yes	Yes	Yes	Yes	Yes	Yes
地区固定效应	Yes	Yes	Yes	Yes	Yes	Yes	Yes	Yes	Yes	Yes
样本区间（年）	1994—2009	2000—2007	2000—2007	2002—2007	2000—2007	1994—2009	2000—2007	2000—2007	2002—2007	2000—2007
AR(1)	0.000	0.000	0.003	0.084	0.023	0.004	0.001	0.002	0.084	0.024
AR(2)	0.553	0.289	0.647	0.617	0.531	0.354	0.273	0.747	0.597	0.521
Hansen J	0.998	0.403	0.719	0.451	0.916	0.873	0.709	0.139	0.498	0.952
样本量	390	182	182	130	182	390	182	182	130	182

注：*、**、***分别表示10%、5%、1%的显著性水平，括号内是聚类稳健标准误。

第四章　中国省以下政府间财政收入分配　101

表 4—6　市本级财政收入分配全样本回归结果

被解释变量	(1) Con_FR$_m$	(2) Con_VAT$_m$	(3) Con_BUT$_m$	(4) Con_CIT$_m$	(5) Con_PIT$_m$	(6) Con_FR$_m$	(7) Con_VAT$_m$	(8) Con_BUT$_m$	(9) Con_CIT$_m$	(10) Con_PIT$_m$
L.Con$_m$	0.64*** (0.11)	0.92*** (0.16)	0.87*** (0.09)	0.70*** (0.16)	0.33** (0.15)	0.66*** (0.08)	0.90*** (0.16)	0.87*** (0.09)	0.73*** (0.16)	0.34** (0.15)
Expense$_m$	0.48** (0.21)	0.45* (0.23)	0.26** (0.11)	0.26 (0.36)	0.46* (0.25)	0.39** (0.18)	0.41* (0.23)	0.29** (0.11)	0.27 (0.34)	0.45* (0.24)
Inequal_tax$_c$	0.01 (0.02)	0.01 (0.03)	−0.03 (0.02)	−0.02 (0.08)	0.09** (0.04)	—	—	—	—	—
Inequal$_c$	—	—	—	—	—	−0.00 (0.02)	0.02 (0.03)	−0.02 (0.02)	0.00 (0.09)	0.08** (0.04)
控制变量	Yes	Yes	Yes	Yes	Yes	Yes	Yes	Yes	Yes	Yes
年份固定效应	Yes	Yes	Yes	Yes	Yes	Yes	Yes	Yes	Yes	Yes
地区固定效应	Yes	Yes	Yes	Yes	Yes	Yes	Yes	Yes	Yes	Yes
样本区间（年）	1994—2009	2000—2007	2000—2007	2002—2007	2000—2007	1994—2009	2000—2007	2000—2007	2002—2007	2000—2007
AR(1)	0.000	0.001	0.003	0.087	0.023	0.000	0.001	0.003	0.083	0.024
AR(2)	0.481	0.298	0.678	0.592	0.603	0.500	0.290	0.713	0.532	0.589
Hansen J	0.984	0.579	0.605	0.440	0.860	0.998	0.634	0.184	0.486	0.849
样本量	390	182	182	130	182	390	182	182	130	182

注：*、**、*** 分别表示 10%、5%、1% 的显著性水平，括号内是聚类稳健标准误。

变量为市本级增值税、营业税和个人所得税收入集中度时，市本级支出责任占比对市本级增值税、营业税和个人所得税收入集中度存在显著的正向影响，假说4-1得到验证。所辖区县人均财政收入不平衡程度的估计系数均不显著，假说4-2无法验证。当被解释变量为市本级企业所得税收入集中度时，假说4-1和假说4-2均无法验证。表4—6是市本级财政收入分配的全样本回归结果与表4—5子样本回归结果高度一致。

在检验上级政府为市本级、下级政府为所辖区县的财政收入分配实践中可以发现，一般公共预算收入、增值税、营业税和个人所得税收入分配均落实了第一原则，而企业所得税收入分配没有落实第一原则；无论是一般公共预算收入还是四个主要税种收入分配均没有落实第二原则。值得注意的是，支出责任占比对营业税、个人所得税收入集中度的影响在省本级和市本级之间存在差异。前述已提及，与省本级不同，市本级参与营业税收入的分成，市本级与区县（市）两级政府之间在进行营业税收入分配时能够落实第一原则。个人所得税收入分配与营业税情况极其类似，也能得到相似的结果。然而，上级政府为市本级、下级政府为所辖区县的企业所得税收入分配同样存在大量按企业隶属关系或属地原则划分的情况，所以其依然没有落实第一原则。

(3) 省、市两级回归结果

表4—7是省、市两级财政收入分配的回归结果，上级政府为省、市两级，下级政府为所辖区县。第（1）列和第（6）列为省、市两级一般公共预算收入集中度的回归结果。回归结果显示：省、市两级支出责任占比对省、市两级一般公共预算收入集中度存在显著的正向影响，假说4-1得到验证。所辖区县人均财政收入不平衡程度的估计系数不显著，假说4-2无法验证。第（2）—（5）列和第（7）—（10）列为省、市两级四个主要税种集中度的回归结果。表4—8是全样本回归结果与表4—7的子样本回归结果高度一致。

表 4-7　省、市两级财政收入分配回归结果

被解释变量	(1) Con_FR$_s$	(2) Con_VAT$_s$	(3) Con_BUT$_s$	(4) Con_CIT$_s$	(5) Con_PIT$_s$	(6) Con_FR$_s$	(7) Con_VAT$_s$	(8) Con_BUT$_s$	(9) Con_CIT$_s$	(10) Con_PIT$_s$
L.Con$_s$	0.51*** (0.16)	0.87*** (0.17)	0.76*** (0.09)	0.67** (0.26)	0.70*** (0.15)	0.52*** (0.16)	0.87*** (0.18)	0.76*** (0.09)	0.75** (0.32)	0.70*** (0.14)
Expense$_s$	0.64* (0.32)	0.58** (0.23)	0.32* (0.17)	0.62 (0.50)	0.89** (0.37)	0.61** (0.29)	0.58** (0.22)	0.32* (0.16)	0.48 (0.70)	0.82** (0.39)
Inequal_tax$_c$	0.11 (0.07)	-0.04 (0.04)	-0.02 (0.03)	0.11 (0.13)	-0.04 (0.09)	—	—	—	—	—
Inequal$_c$	—	—	—	—	—	0.09 (0.07)	-0.02 (0.04)	-0.02 (0.03)	0.19 (0.16)	-0.05 (0.07)
控制变量	Yes	Yes	Yes	Yes	Yes	Yes	Yes	Yes	Yes	Yes
年份固定效应	Yes	Yes	Yes	Yes	Yes	Yes	Yes	Yes	Yes	Yes
地区固定效应	Yes	Yes	Yes	Yes	Yes	Yes	Yes	Yes	Yes	Yes
样本区间(年)	1994—2009	1998—2007	1998—2007	2002—2007	1998—2007	1994—2009	1998—2007	1998—2007	2002—2007	1998—2007
AR(1)	0.002	0.002	0.018	0.087	0.009	0.001	0.003	0.017	0.090	0.008
AR(2)	0.796	0.904	0.740	0.322	0.179	0.638	0.977	0.729	0.662	0.205
Hansen J	0.845	0.556	0.571	0.259	0.155	0.831	0.429	0.521	0.257	0.147
样本量	390	234	234	130	234	390	234	234	130	234

注：*、**、*** 分别表示10%、5%、1%的显著性水平，括号内是聚类稳健标准误。

表 4—8　省、市两级财政收入分配全样本回归结果

被解释变量	(1) Con_FR$_s$	(2) Con_VAT$_s$	(3) Con_BUT$_s$	(4) Con_CIT$_s$	(5) Con_PIT$_s$	(6) Con_FR$_s$	(7) Con_VAT$_s$	(8) Con_BUT$_s$	(9) Con_CIT$_s$	(10) Con_PIT$_s$
L.Con$_s$	0.53*** (0.15)	0.87*** (0.16)	0.75*** (0.09)	0.77*** (0.23)	0.70*** (0.11)	0.54*** (0.15)	0.87*** (0.17)	0.74*** (0.09)	0.79** (0.33)	0.70*** (0.12)
Expense$_s$	0.60* (0.29)	0.55** (0.23)	0.30* (0.15)	0.63 (0.50)	0.87** (0.35)	0.58** (0.28)	0.56** (0.24)	0.29* (0.15)	0.55 (0.52)	0.79* (0.40)
Inequal_tax$_c$	0.14 (0.09)	−0.05 (0.06)	−0.02 (0.04)	0.06 (0.15)	−0.05 (0.09)	—	—	—	—	—
Inequal$_c$	—	—	—	—	—	0.11 (0.08)	−0.03 (0.05)	−0.02 (0.03)	0.16 (0.15)	−0.06 (0.07)
控制变量	Yes	Yes	Yes	Yes	Yes	Yes	Yes	Yes	Yes	Yes
年份固定效应	Yes	Yes	Yes	Yes	Yes	Yes	Yes	Yes	Yes	Yes
地区固定效应	Yes	Yes	Yes	Yes	Yes	Yes	Yes	Yes	Yes	Yes
样本区间（年）	1994—2009	1998—2007	1998—2007	2002—2007	1998—2007	1994—2009	1998—2007	1998—2007	2002—2007	1998—2007
AR(1)	0.001	0.002	0.019	0.099	0.006	0.001	0.002	0.018	0.097	0.006
AR(2)	0.517	0.902	0.744	0.213	0.170	0.416	0.946	0.751	0.330	0.202
Hansen J	0.863	0.573	0.527	0.238	0.276	0.692	0.446	0.478	0.370	0.233
样本量	390	234	234	130	234	390	234	234	130	234

注：*、**、*** 分别表示 10%、5%、1% 的显著性水平，括号内是聚类稳健类稳健标准误。

表4—7和表4—8的回归结果显示，当被解释变量为省、市两级增值税、营业税和个人所得税收入集中度时，省、市两级支出责任占比对省、市两级增值税、营业税和个人所得税收入集中度存在显著的正向影响，假说4-1得到验证。所辖区县人均财政收入不平衡程度的估计系数均不显著，假说4-2无法验证。当被解释变量为省、市两级企业所得税收入集中度时，假说4-1和假说4-2均无法验证。

二 地市级面板回归结果

在自下而上的资金筹集过程中，每个地级市政府在与所辖区县进行财政收入分配时，会更多地关注本辖区内各区县之间的财力不平衡。因此，有必要进一步采用地市级面板数据进行分析，以克服省级面板数据对于考察市县之间财政收入分配的局限。

（1）市本级Ⅳ和SYS-GMM回归结果

表4—9是市本级财政收入分配的工具变量回归结果，上级政府为市本级，下级政府为所辖区县。表4—10是市本级财政收入分配的SYS-GMM回归结果，与表4—9回归结果保持高度一致，上述结论具有很强的稳健性。

表4—9的回归结果显示，市本级支出责任占比对市本级一般公共预算收入集中度存在显著的正向影响，假说4-1得到验证。所辖区县人均财政收入不平衡程度的估计系数不显著，假说4-2无法验证。当被解释变量为市本级增值税、营业税和个人所得税收入集中度时，市本级支出责任占比对市本级增值税、营业税和个人所得税收入集中度存在显著的正向影响，假说4-1得到验证。所辖区县人均财政收入不平衡程度的估计系数均不显著，假说4-2无法验证。当被解释变量为市本级企业所得税收入集中度时，假说4-1和假说4-2均无法验证。表4—9与表4—10的回归结果保持高度一致，证明了上述结论具有很强的稳健性。

表 4—9　市本级财政收入分配工具变量回归结果

被解释变量	(1) Con_FR$_m$	(2) Con_VAT$_m$	(3) Con_BUT$_m$	(4) Con_CIT$_m$	(5) Con_PIT$_m$	(6) Con_FR$_m$	(7) Con_VAT$_m$	(8) Con_BUT$_m$	(9) Con_CIT$_m$	(10) Con_PIT$_m$
Expense$_m$	2.53*** (0.45)	0.72*** (0.18)	0.78*** (0.19)	0.60 (0.24)	0.44* (0.24)	2.36*** (0.45)	0.69*** (0.20)	0.78*** (0.21)	1.00 (0.71)	0.46* (0.28)
Inequal_tax$_c$	0.30 (0.21)	0.09 (0.18)	0.01 (0.15)	−0.71 (0.43)	−0.12 (0.33)	—	—	—	—	—
Inequal$_c$	—	—	—	—	—	0.42 (0.27)	0.13 (0.25)	0.01 (0.21)	−1.38 (1.52)	−0.18 (0.50)
控制变量	Yes	Yes	Yes	Yes	Yes	Yes	Yes	Yes	Yes	Yes
年份固定效应	Yes	Yes	Yes	Yes	Yes	Yes	Yes	Yes	Yes	Yes
地区固定效应	Yes	Yes	Yes	Yes	Yes	Yes	Yes	Yes	Yes	Yes
区间时间趋势	Yes	Yes	Yes	Yes	Yes	Yes	Yes	Yes	Yes	Yes
样本区间(年)	1994—2009	1994—2007	1994—2007	2002—2007	1998—2007	1994—2009	1994—2007	1994—2007	2002—2007	1998—2007
不可识别检验	0.000	0.000	0.000	0.004	0.025	0.001	0.001	0.001	0.021	0.037
Wald F	9.942	9.917	9.752	4.532	2.114	5.059	5.410	5.238	7.700	5.968
弱工具性检验	0.000	0.086	0.095	0.078	0.081	0.000	0.083	0.077	0.099	0.091
内生性检验	4571	3823	3759	1691	2636	4571	3823	3759	1691	2636

注：*、**、*** 分别表示 10%、5%、1% 的显著性水平，括号内是聚类稳健标准误；控制变量包括人均实际 gdp 取对数（ln$Prgdp$），工业化程度（$Indus$），城市化（$Urban$），人口密度取对数（lnDop），财政供养人口系数（ln$Fiscalpop$）；工具变量识别检验、检验工具变量与内生变量之间的相关性。P 值小于等于 0.1，即通过了工具变量与内生变量相关性检验。弱工具变量检验，按照 Stock, F 值大于 15% 的临界值，则通过弱工具变量检验。P 值小于 0.1，则内生变量存在内生性，参见 Stock J. H., *Introduction to Econometrics*, Third Edition, People's University Publication House, 2014。内生性检验，弱工具变量，内生性检验。所有工具变量 GMM 估计结果均通过了相关性、弱工具性、内生性检验。

表 4—10　市本级财政收入分配 SYS-GMM 回归结果

被解释变量	(1) Con_FR$_m$	(2) Con_VAT$_m$	(3) Con_BUT$_m$	(4) Con_CIT$_m$	(5) Con_PIT$_m$	(6) Con_FR$_m$	(7) Con_VAT$_m$	(8) Con_BUT$_m$	(9) Con_CIT$_m$	(10) Con_PIT$_m$
L.Con$_m$	0.74***	0.69***	0.61***	0.79***	0.61***	0.74***	0.69***	0.61***	0.79***	0.61***
	(0.05)	(0.04)	(0.05)	(0.05)	(0.04)	(0.05)	(0.04)	(0.05)	(0.05)	(0.04)
Expense$_m$	0.18***	0.17**	0.25***	0.06	0.18*	0.18***	0.17**	0.25***	0.07	0.18*
	(0.06)	(0.08)	(0.07)	(0.11)	(0.11)	(0.06)	(0.09)	(0.07)	(0.11)	(0.10)
Inequal_tax$_c$	0.03	0.06	0.03	−0.01	−0.04	—	—	—	—	—
	(0.02)	(0.04)	(0.03)	(0.07)	(0.06)					
Inequal$_c$	—	—	—	—	—	0.02	0.04	0.01	−0.02	−0.05
						(0.02)	(0.03)	(0.03)	(0.06)	(0.04)
控制变量	Yes	Yes	Yes	Yes	Yes	Yes	Yes	Yes	Yes	Yes
年份固定效应	Yes	Yes	Yes	Yes	Yes	Yes	Yes	Yes	Yes	Yes
地区固定效应	Yes	Yes	Yes	Yes	Yes	Yes	Yes	Yes	Yes	Yes
样本区间（年）	1994—2009	1994—2007	1994—2007	2002—2007	1998—2007	1994—2009	1994—2007	1994—2007	2002—2007	1998—2007
AR (1)	0.000	0.000	0.000	0.000	0.000	0.000	0.000	0.000	0.000	0.000
AR (2)	0.737	0.191	0.045	0.382	0.254	0.726	0.192	0.430	0.385	0.252
Hansen J	0.158	0.208	0.178	0.209	0.235	0.153	0.205	0.168	0.223	0.214
样本量	4283	3536	3460	1395	2341	4283	3536	3460	1395	2341

注：*、**、*** 分别表示 10%、5%、1% 的显著性水平，括号内是聚类稳健标准误。

表 4—11　市本级财政收入分配工具变量全样本回归结果

被解释变量	(1) Con_FR$_m$	(2) Con_VAT$_m$	(3) Con_BUT$_m$	(4) Con_CIT$_m$	(5) Con_PIT$_m$	(6) Con_FR$_m$	(7) Con_VAT$_m$	(8) Con_BUT$_m$	(9) Con_CIT$_m$	(10) Con_PIT$_m$
Expense$_m$	3.12*** (0.63)	1.07*** (0.24)	1.23*** (0.29)	3.15 (4.19)	1.00** (0.41)	3.04*** (0.62)	1.06*** (0.25)	1.22*** (0.29)	5.13 (11.50)	1.04** (0.47)
Inequal_tax$_c$	0.18 (0.16)	0.05 (0.10)	0.06 (0.09)	−2.87 (4.58)	−0.17 (0.26)	—	—	—	—	—
Inequal$_c$	—	—	—	—	—	0.20 (0.17)	0.06 (0.11)	0.06 (0.10)	−4.03 (10.08)	−0.20 (0.32)
控制变量	Yes	Yes	Yes	Yes	Yes	Yes	Yes	Yes	Yes	Yes
年份固定效应	Yes	Yes	Yes	Yes	Yes	Yes	Yes	Yes	Yes	Yes
地区固定效应	Yes	Yes	Yes	Yes	Yes	Yes	Yes	Yes	Yes	Yes
区间时间趋势	Yes	Yes	Yes	Yes	Yes	Yes	Yes	Yes	Yes	Yes
样本区间（年）	1994—2009	1994—2007	1994—2007	2002—2007	1998—2007	1994—2009	1994—2007	1994—2007	2002—2007	1998—2007
不可识别检验	0.000	0.000	0.000	0.072	0.009	0.000	0.000	0.000	0.066	0.036
Wald F	10.500	12.920	13.060	5.250	2.804	9.045	10.330	10.300	9.080	7.799
内生性检验	0.000	0.067	0.021	0.021	0.026	0.000	0.060	0.018	0.016	0.025
样本量	4864	4050	3985	1814	2796	4864	4050	3985	1814	2796

注：*、**、***分别表示10%、5%、1%的显著性水平，括号内是聚类稳健标准误。

(2) 市本级 IV 和 SYS-GMM 全样本回归结果

表 4—11 和表 4—12 分别是市本级财政收入分配的 IV 和 SYS-GMM 全样本回归结果，上级政府为市本级，下级政府为所辖区县。表 4—11 和表 4—12 回归结果与前述子样本回归结果高度一致，表明结论具有极强的稳健性。

采用地市级面板数据，在检验上级政府为市本级、下级政府为所辖区县的财政收入分配实践中发现：一般公共预算收入、增值税、营业税和个人所得税收入分配均落实了第一原则，而企业所得税收入分配没有落实第一原则；无论是一般公共预算收入还是四个主要税种收入分配均没有落实第二原则。上述结果与省级面板回归结果保持一致，基准结果依然成立。

(3) 分地区回归结果

为了考察三类地区之间的政府间财政收入分配实践差异，我们还将地市级面板数据分为东部、中部、西部三类地区，[①] 进行分样本回归。表 4—13 是采用地市级面板数据的三类地区分样本工具变量回归结果。表 4—14 是采用地市级面板数据的全样本的三类地区分样本 IV 回归结果。表 4—13 和表 4—14 的回归结果显示：在东部地区，市本级支出责任占比的估计系数显著为正，假说 4-1 得到验证。所辖区县人均财政收入不平衡程度的估计系数不显著，假说 4-2 无法验证。在中部地区，假说 4-1 和假说 4-2 均无法验证。在西部地区，假说 4-1 和假说 4-2 均得到验证。

对三类地区进行分样本检验政府间一般公共预算收入分配情况可以发现：东部地区落实了第一原则，却没有落实第二原则；中部地区，两个原则均没有落实；西部地区两个原则均得到了落实。只有西部地区切实落实了第二原则。

[①] 东部：河北、辽宁、江苏、浙江、福建、山东、广东和海南；中部：山西、吉林、黑龙江、安徽、江西、河南、湖北、湖南；西部：四川、贵州、云南、陕西、甘肃、青海、宁夏、新疆、广西、内蒙古。

表 4-12　市本级财政收入分配 SYS-GMM 全样本回归结果

被解释变量	(1) Con_FR$_m$	(2) Con_VAT$_m$	(3) Con_BUT$_m$	(4) Con_CIT$_m$	(5) Con_PIT$_m$	(6) Con_FR$_m$	(7) Con_VAT$_m$	(8) Con_BUT$_m$	(9) Con_CIT$_m$	(10) Con_PIT$_m$
L.Con$_m$	0.79*** (0.04)	0.67*** (0.04)	0.57*** (0.07)	0.75*** (0.06)	0.60*** (0.04)	0.79*** (0.04)	0.67*** (0.04)	0.57*** (0.07)	0.75*** (0.06)	0.60*** (0.04)
Expense$_m$	0.20*** (0.05)	0.24*** (0.09)	0.68*** (0.21)	0.15 (0.12)	0.18* (0.09)	0.20*** (0.05)	0.24*** (0.09)	0.69*** (0.22)	0.15 (0.12)	0.18* (0.09)
Inequal_tax$_c$	−0.01 (0.02)	0.02 (0.04)	−0.04 (0.10)	−0.01 (0.05)	0.03 (0.05)	—	—	—	—	—
Inequal$_c$	—	—	—	—	—	−0.01 (0.02)	0.02 (0.04)	−0.04 (0.12)	−0.01 (0.05)	0.01 (0.04)
控制变量	Yes	Yes	Yes	Yes	Yes	Yes	Yes	Yes	Yes	Yes
年份固定效应	Yes	Yes	Yes	Yes	Yes	Yes	Yes	Yes	Yes	Yes
地区固定效应	Yes	Yes	Yes	Yes	Yes	Yes	Yes	Yes	Yes	Yes
样本区间（年）	1994—2009	1994—2007	1994—2007	2002—2007	1998—2007	1994—2009	1994—2007	1994—2007	2002—2007	1998—2007
AR(1)	0.000	0.000	0.000	0.000	0.000	0.000	0.000	0.000	0.000	0.000
AR(2)	0.521	0.136	0.139	0.450	0.194	0.516	0.132	0.143	0.450	0.206
Hansen J	0.166	0.169	0.929	0.186	0.433	0.168	0.166	0.935	0.206	0.421
样本量	4560	3746	3668	1510	2483	4560	3746	3668	1510	2483

注：*、**、*** 分别表示 10%、5%、1% 的显著性水平；括号内是聚类稳健标准误。

表4—13 三类地区市本级财政收入分配工具变量回归结果

被解释变量 Con_ FR_m	(1) Eastern	(2) Middle	(3) Western	(4) Eastern	(5) Middle	(6) Western
$Expense_m$	1.13*** (0.23)	-2.58 (5.84)	2.71*** (0.50)	1.13*** (0.20)	-0.80 (0.96)	2.90*** (0.55)
$Inequal\_tax_c$	0.02 (0.14)	1.41 (3.55)	0.46** (0.20)	—	—	—
$Inequal_c$	—	—	—	0.02 (0.13)	0.38 (0.55)	0.59** (0.25)
控制变量	Yes	Yes	Yes	Yes	Yes	Yes
年份固定效应	Yes	Yes	Yes	Yes	Yes	Yes
地区固定效应	Yes	Yes	Yes	Yes	Yes	Yes
区间时间趋势	Yes	Yes	Yes	Yes	Yes	Yes
样本区间（年）	1994—2009	1994—2009	1994—2009	1994—2009	1994—2009	1994—2009
不可识别检验	0.000	0.052	0.001	0.017	0.051	0.001
Wald F	9.795	2.171	7.433	4.029	1.983	7.071
内生性检验	0.000	0.013	0.000	0.000	0.012	0.000
样本量	1275	1475	1821	1275	1475	1821

注：*、**、***分别表示10%、5%、1%的显著性水平，括号内是聚类稳健标准误。

表4—14　三类地区市本级财政收入分配工具变量全样本回归结果

被解释变量 Con_FR$_m$	(1) Eastern	(2) Middle	(3) Western	(4) Eastern	(5) Middle	(6) Western
Expense$_m$	1.44*** (0.35)	-0.13 (1.30)	2.90*** (0.73)	1.41*** (0.33)	-0.10 (1.45)	3.15*** (0.94)
Inequal_tax$_c$	0.12 (0.11)	-0.06 (0.34)	0.53* (0.29)	—	—	—
Inequal$_c$	—	—	—	0.12 (0.10)	-0.07 (0.40)	0.62* (0.36)
控制变量	Yes	Yes	Yes	Yes	Yes	Yes
年份固定效应	Yes	Yes	Yes	Yes	Yes	Yes
地区固定效应	Yes	Yes	Yes	Yes	Yes	Yes
区间时间趋势	Yes	Yes	Yes	Yes	Yes	Yes
样本区间（年）	1994—2009	1994—2009	1994—2009	1994—2009	1994—2009	1994—2009
不可识别检验	0.001	0.091	0.097	0.001	0.092	0.097
Wald F	5.957	2.784	1.434	5.795	2.484	1.430
内生性检验	0.005	0.062	0.017	0.005	0.056	0.017
样本量	1440	1568	1856	1440	1568	1856

注：*、**、*** 分别表示10%、5%、1%的显著性水平，括号内是聚类稳健标准误。

可能的原因是：如图4—1所示，在样本区间1994—2009年，东、中、西部三类地区地级市所辖区县的人均财政收入不平衡程度均值的时间变动趋势都呈现出逐渐上升的趋势，三类地区所辖区县的人均财政收入不平衡程度都有加剧的趋势。西部地区地级市所辖区县的人均财政收入不平衡程度均值，无论是否包含税收返还，始终高于东部和中部地区。因此，相对东部和中部地区，西部地区地市级政府由于面临更严峻的人均财政收入不平衡，根据第二原则可

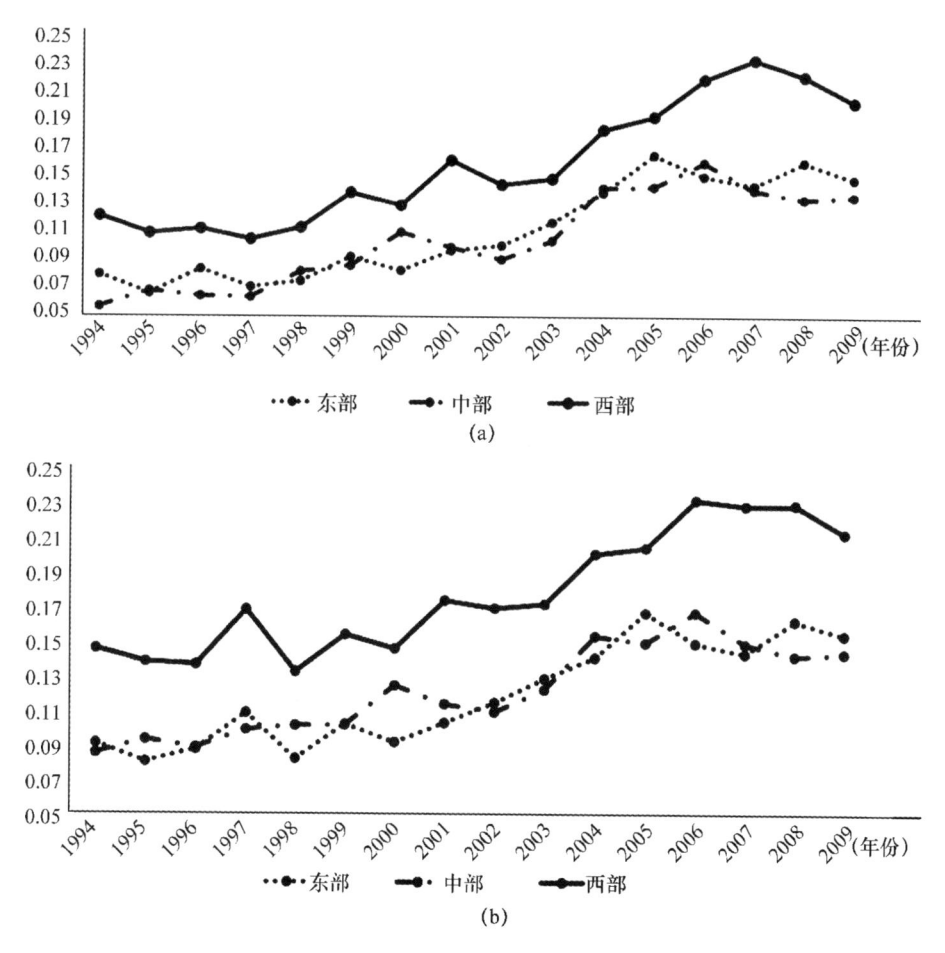

图4—1 三类地区所辖区县人均财政收入（含税收返还与不含税收返还）Theil指数均值的变动趋势

能更迫切地倾向于提高该级政府财政收入集中度,以期通过转移支付实现区域均衡的目标。

第五节 本章小结与启示

央地财政关系是中央和地方关系链条的重要组成,也是财税体制改革中最为迫切和艰难的部分。[①] 省以下政府间财政收入分配作为新时代央地财政关系改革进程的下一个聚焦点是政府和学者共同关注的重要问题。本章从《关于实行分税制财政管理体制的决定》(国发〔1993〕85号)的指导思想出发,结合《关于完善省以下财政管理体制有关问题意见的通知》(国发〔2002〕26号)提出的具体完善意见,首次提炼和揭示了两个可落实党的十九大报告对财税体制改革所提出的"财力协调、区域均衡"要求的省以下政府间财政收入分配原则,分别为"上级政府支出责任比重越大,则其财政收入集中度越高"(第一原则)和"上级政府所辖区域人均财政收入不平衡程度越大,则其财政收入集中度越高"(第二原则)。基于 Arzaghi 和 Henderson 的财政分权决定因素研究框架,[②] 借鉴 Cai 和 Treisman 的政府间财政竞争模型[③]和吕冰洋等的政府间转移支付模型,[④] 本章构建了一个包含分税、支出责任划分和转移支付的理论模型,为上述两个原则的合理性奠定了坚实的理论基础。为了检验两

[①] 高培勇:《将分税制进行到底——我国中央和地方财政关系格局的现状与走向分析》,《财贸经济》2023年第1期。

[②] Arzaghi M., Henderson J. V., "Why Countries are Fiscally Decentralizing", *Journal of Public Economics*, 2005, 89 (7): 1157–1189.

[③] Cai H., Treisman D., "Does Competition for Capital Discipline Governments? Decentralization, Globalization, and Public Policy", *American Economic Review*, Vol. 95, No. 3, 2005, pp. 817–830.

[④] 吕冰洋、毛捷、马光荣:《分税与转移支付结构:专项转移支付为什么越来越多?》,《管理世界》2018年第4期。

个原则在省以下政府间财政收入分配实践中总体上的落实情况,我们采用省级和地市级两套面板数据,逐级检验了省本级与地级市、市本级与县级、省市两级与县级政府之间一般公共预算收入和四个主要税种收入分配的落实情况。运用处理内生性的 SYS-GMM 和工具变量 GMM 方法进行回归分析,估计结果表明:第一原则在省本级、市本级一般公共预算收入分配中都得到了落实,但是在四个主要税种收入分配的落实上存在差异。增值税收入分配在省本级、市本级层面都落实了第一原则;营业税、个人所得税收入分配在市本级层面落实了第一原则,没有在省本级层面落实;企业所得税收入分配在省本级、市本级层面都没有落实第一原则。可能的原因有两个方面:其一,部分省份的省本级不参与营业税、个人所得税收入的分配,将这两个税种的收入全部划归市县政府;其二,企业所得税收入分配存在按照企业隶属关系或属地原则划分等复杂、多样的划分方式。第二原则在省本级、市本级层面一般公共预算收入、四个主要税种收入分配中都没有得到落实。一般公共预算收入分配落实情况在东、中、西部三类地区之间存在差异。东部地区市本级层面落实第一原则,却没有落实第二原则;中部地区,市本级层面两个原则均没有落实;西部地区市本级层面两个原则均得到了落实。通过对比三类地区人均财政收入不平衡程度均值的时间变动趋势,发现西部地区相对东部、中部地区面临着更为严峻的区域之间人均财力不平衡程度,这可能会迫使西部地区省、市级政府在进行财政收入分配时更多地考虑区域间人均财力不平衡程度,进而更倾向于适当集中财力,以期通过转移支付调节区域差异。

基于上述研究结果,本章认为,在明确省以下政府间事权和支出责任划分的前提下,新时代省以下政府间财政收入分配改革应该做到以下三点:第一,进一步遵循两个分配原则。省以下各级政府财政收入分配实践在确保落实第一原则的基础上,应该更加重视"均衡区域间财力差距"的第二原则的落实。第二,省级政府应该进一步明确是否参与省以下各项税收收入分成、分成比例或分成模式。

如果参与分成，应该确保省本级企业所得税、个人所得税收入分配实践切实落实两个原则。地市级政府应该致力于打破各地区现存的大量按照企业隶属关系或属地原则划分的收入分配模式，促使市本级企业所得税收入分配实践切实落实第一原则。地市级政府一般公共预算收入和主要税种收入分配实践在落实第一原则的基础上，都必须更加重视第二原则的落实。县政府同样需要打破按照企业隶属关系或属地原则划分的收入分配模式，使得县级层面企业所得税收入分配实践切实落实第一原则。第三，中部地区在进行财政收入分配时应进一步落实第一原则；东部和中部地区都应该更充分地考虑所辖区域的人均财政收入不平衡程度，适当调整省、市级政府财政收入集中度，为进一步通过转移支付补助制度实现区域财力均衡奠定坚实基础。

尽管本章已经提出了中国省以下政府间财政收入分配的"两大原则"，并逐级检验了两大原则在各省区市一般公共预算收入和四个主要税种收入分配实践中的总体落实情况。但是，我们并没有对现行中国省以下政府间财政收入分配会对经济社会各方面的影响进行深入考察，只有当我们回过头去详细考察清楚现行制度安排会对经济社会各方面产生什么样的影响，怎样产生影响，才能研究清楚如果现行中国省以下政府间财政收入分配按照两大原则改革调整以后的变动情况。"以铜为镜，可以正衣冠；以史为镜，可以知兴替；以人为镜，可以明得失"，了解清楚现行中国省以下政府间财政收入分配的影响效应，才能准确把握未来可能的财政收入分配改革后的变动效应。同样，只有在剖析清楚现行制度安排会对经济社会各方面会产生什么样影响的基础上，才能就现行中国省以下政府间财政收入分配与符合两个分配原则的标准分配情况之间的偏离情况进行测算和比对。这些都是未来研究可能的方向，但首要的前提是我们必须扎实地回答绪论中第三层面的问题，后续第五章至第七章致力于回答绪论中第三层面的问题。

第 五 章

中国省以下税收分成、转移支付与县域经济增长

第一节 问题提出

政府间财政关系是国家治理体系的基本制度安排，是中央政府宏观经济治理体系的重要支柱，对社会稳定和经济发展具有重大影响。[1] 党的二十大报告指出，"健全现代预算制度，优化税制结构，完善财政转移支付体系"。[2] 省以下政府间财政关系是中央和地方财政关系的延伸，是政府间财政关系制度的重要组成部分，对于完善财政转移支付体系、推动高质量发展具有重要作用。2022 年 6 月，《国务院办公厅关于进一步推进省以下财政体制改革工作的指导意见》（国办发〔2022〕20 号）（以下简称《指导意见》）对健全省以下财政体制提出了明确要求，"进一步理顺省以下政府间财政关系，建立健全权责配置更为合理、收入划分更加规范、财力分布相

---

[1] 詹新宇、刘文彬：《中国式财政分权与地方经济增长目标管理——来自省、市政府工作报告的经验证据》，《管理世界》2020 年第 3 期。

[2] 习近平：《高举中国特色社会主义伟大旗帜 为全面建设社会主义现代化国家而团结奋斗——在中国共产党第二十次全国代表大会上的报告》，人民出版社 2022 年版，第 29 页。

对均衡、基层保障更加有力的省以下财政体制"。毋庸置疑，详细探讨如何理顺省以下政府间收入关系、如何完善省以下转移支付制度以促进中国县域经济高质量发展，具有重大的理论价值和现实意义。

现有大量研究都将改革开放之后中国经济持续高速增长归功于政府间财政关系制度的重构。[1] 以 Weingast、Qian 等为代表的第二代财政分权理论认为，[2] 财政分权能够促使中国地方政府承担经济发展的责任，激发地区间横向竞争，并约束地方政府的行为，形成了"中国式财政联邦主义"。尽管许多文献重新检验了中国式财政分权的激励效应，发现了可能存在的抑制效应[3]与异质性特征，[4] 但是"中国式财政联邦主义"的理论观点依然影响深远。省以下财政体制是分税制财政管理体制的重要组成部分，是促进中国经济持续高速增长的制度保障。詹新宇和刘文彬利用省市两级政府工作报告，研究发现财政分权能够显著促进省、市实际经济增长，且主要体现在对经济增长目标的拉动作用。[5] 吕冰洋等考察了市县财政收入分成率和转移支付均等化力度对地区经济增长的促进作用。[6]

然而，"市场保护型"的联邦财政主义难以解释 1994 年的分税

---

[1] Zhang T., Zou H. F., "Fiscal Decentralization, Public Spending and Economic Growth in China", *Journal of Public Economics*, Vol. 67, No. 2, 1998, pp. 221-240.

[2] Qian Y., Roland G., "Federalism and the Soft Budget Constraint", *American Economic Review*, Vol. 88, No. 5, 1998, pp. 1143-1162; Qian Y., Weingast B. R., "Federalism as a Commitment to Preserving Market Incentives", *Journal of Economic Perspectives*, Vol. 11, No. 4, 1997, pp. 83-92; Weingast B. R., "The Economic Role of Political Institutions: Market-Preserving Federalism and Economic Development", *Journal of Law Economics and Organization*, Vol. 11, No. 1, 1995, pp. 1-31.

[3] 李涛、周业安：《财政分权视角下的支出竞争和中国经济增长：基于中国省级面板数据的经验研究》，《世界经济》2008年第11期。

[4] 周业安、章泉：《财政分权、经济增长和波动》，《管理世界》2008年第3期。

[5] 詹新宇、刘文彬：《中国式财政分权与地方经济增长目标管理——来自省、市政府工作报告的经验证据》，《管理世界》2020年第3期。

[6] 吕冰洋、李钊、马光荣：《激励与平衡：中国经济增长的财政动因》，《世界经济》2021年第9期。

制改革之后中国经济依然保持高速增长的现象。1994年的分税制改革本质上是以动态变化的税收再集权为特征的改革,[①] 旨在解决"两个比重"过低的问题。分税制改革极大地增强了中央政府的宏观调控能力和收入再分配能力,有利于区域间公共服务均等化和经济增长。[②] 然而,一些文献认为分税制导致地方政府面临着巨大的财政压力,迫使地方政府伸出"攫取之手"[③] 和发展土地财政。[④] 方红生和张军[⑤]对此进行了反驳,认为陈抗等[⑥]所使用的财政收入集中度指标存在偏误,并重新评估了税收集权的激励效应。不仅如此,前述中国式财政分权激励效应的研究都存在一些值得注意的问题:其一,即便没有数据限制,既有文献仍将视角停留在省、市级层面,而没有涉及县级层面。张五常认为,县级竞争制度是中国经济增长的制度推动力。[⑦] 其二,使用传统的财政分权人均指标衡量财政分权。毛捷等和吕冰洋等认为,传统的财政分权人均指标只反映各地的人均财力差距,不一定是财政分权的差异,为此,其分别重新测算了一系列的税收分成指标,以期更准确地度量中国财政分权程度。[⑧] 吕冰

[①] 方红生、张军:《攫取之手、援助之手与中国税收超GDP增长》,《经济研究》2013年第3期;方红生、张军:《财政集权的激励效应再评估:攫取之手还是援助之手?》,《管理世界》2014年第2期。

[②] 李永友、沈玉平:《转移支付与地方财政收支决策:基于省级面板数据的实证研究》,《经济研究》2009年第11期。

[③] 陈抗、Hillman A. L.、顾清扬:《财政集权与地方政府行为变化:从援助之手到攫取之手》,《经济学(季刊)》2002年第4期。

[④] Han L., Kung J. K.-S., "Fiscal Incentives and Policy Choices of Local Governments: Evidence from China", *Journal of Development Economics*, No. 116, 2015, pp. 89-104.

[⑤] 方红生、张军:《财政集权的激励效应再评估:攫取之手还是援助之手?》,《管理世界》2014年第2期。

[⑥] 陈抗、Hillman A. L.、顾清扬:《财政集权与地方政府行为变化:从援助之手到攫取之手》,《经济学(季刊)》2002年第4期。

[⑦] 张五常:《经济解释卷4:制度的选择》,中信出版社2014年版。

[⑧] 毛捷、吕冰洋、陈佩霞:《分税的事实:度量中国县级财政分权的数据基础》,《经济学(季刊)》2018年第2期;吕冰洋、马光荣、胡深:《蛋糕怎么分:度量中国财政分权的核心指标》,《财贸经济》2021年第8期。

洋等在考察市县财政收入分成率时，使用"市县获得的一般公共预算收入/该省一般公共预算收入"，[①] 对于该省所属的每个地级市而言，分母都一样，存在与传统财政分权总额指标一样的问题，实质上是使用市县获得的一般公共预算收入的绝对数额来度量市县税收分成程度。其三，尚无文献在考虑税收分成作用的同时考察省对下转移支付规模的作用。只有准确衡量县级税收分成情况，并同时考察"攫取之手"和"援助之手"共同对县域经济增长的影响，才能准确揭示省市级政府对县域经济增长的宏观治理。

有些文献将分税制改革对中国经济增长的正向激励效应概括为"新税收集权假说"，[②] 强调中央财政收入集中度仍处于可接受的范围内，以动态变化为特征的税收再集权能够正向激励地方政府去招商引资、提高税收征管效率和发展高税行业。1994年分税制改革以来，中央政府明确倾向于集中地方税收资源。在"政治上集权、经济上分权"的体制下，各级政府之间的财政关系不是一成不变的，而是不断动态博弈所形成的一系列"契约"。[③] 当上级政府倾向于集中辖区内税收资源、致力于税收再集权时，完全有能力、有意愿利用其政治控制力主导政府间财政关系的调整，不断形成对上级政府有利的游戏规则，而下级政府只能被动地接受规则。首先，税收再集权给地方政府造成巨大的财政压力，迫使地方政府不得不在日益增强的要素流动性下参与到"竞次"式的投资争夺中，

[①] 吕冰洋、李钊、马光荣：《激励与平衡：中国经济增长的财政动因》，《世界经济》2021年第9期。

[②] Su F.B., Tao R., Lu X., et al., "Local Officials' Incentives and China's Economic Growth: Tournament Thesis Re-examined and Alternative Explanatory Framework", *China & World Economy*, Vol. 20, No. 4, 2012, pp. 1-18；曹广忠、袁飞、陶然：《土地财政、产业结构演变与税收超常规增长——中国"税收增长之谜"的一个分析视角》，《中国工业经济》2007年第12期；陶然、陆曦、苏福兵等：《地区竞争格局演变下的中国转轨：财政激励和发展模式反思》，《经济研究》2009年第7期。

[③] 吕冰洋、聂辉华：《弹性分成：分税制的契约与影响》，《经济理论与经济管理》2014年第7期。

以便大力发展制造业。制造业的发展不仅带来了稳定持久的增值税和企业所得税等直接收益，还带来大量的营业税和高额的土地出让收入等间接收益。其次，税收再集权迫使地方政府致力于推动高税行业的发展，如房地产业。最后，即便只能获得更低的税收分成，税收再集权迫使地方政府不得不努力提高税收征管效率。实际上，税收再集权不仅提高了地方政府的税收征管效率，也极大地提高了中央政府的税收征管效率。[①] 然而，"新税收集权假说"并没有考虑上级政府所伸出的"援助之手"的影响。省对下转移支付是省市级政府将税收收入"初次分配"所筹集到的大量财政资金在县域之间进行"三次分配"的过程。[②] 如果上级政府的"攫取之手"会导致地方政府面临巨大财政压力的话，那么省对下转移支付所代表的"援助之手"会缓解"攫取之手"所造成的财政压力。这意味着税收再集权的正向激励效应会受到省对下转移支付制度的抑制。

基于新税收集权假说，本章将研究对象从央地之间、省市之间推进到省市与县之间，同时考察省以下税收分成、省对下转移支付规模对县域经济增长的影响及其异质性特征。本章的研究进一步丰富了如何理解中国经济持续高速增长的财政动因，对探索有利于推动县域经济高质量发展的省以下政府间财政关系具有借鉴价值。本章可能的创新主要有两点：其一，理论上，本章构造一个包含分税、转移支付和经济增长的政府间竞争模型，引入多重目标偏好差异分析框架。现有文献通常采用单维目标偏好设定刻画地方政府目标和行为，从而推导出财政分权对于经济增长的激励效应。然而，单维的目标偏好设定既不能准确地刻画地方政府不同改革阶段的行为逻辑，也不能准确地反映政府间不断变化的动态博弈。引入多重目标

[①] 汤玉刚、苑程浩：《不完全税权、政府竞争与税收增长》，《经济学（季刊）》2010年第1期。

[②] 李永友、沈玉平：《转移支付与地方财政收支决策：基于省级面板数据的实证研究》，《经济研究》2009年第11期；方红生、鲁玮骏、苏云晴：《中国省以下政府间财政收入分配：理论与证据》，《经济研究》2020年第4期。

偏好差异，既准确刻画了不同层级政府间目标的复杂——兼容或矛盾，又反映了上级政府对于下级政府的控制支配能力，进而反映了上级政府通过调整税收分成和转移支付调动下级政府实现不同目标偏好设定的积极性，以及下级政府政策偏好"与上级保持一致"的典型特征。① 其二，实证上，本章采用1999—2009年中国1930个县域面板数据和26个省份面板数据，运用工具变量法和SYS-GMM方法进行回归分析。尽管受到数据限制，本章的研究结论依然有两个方面的重要意义。学理层面，本章为"新税收集权假说"提供了全新的经验证据。近十年的研究都缺乏对"新税收集权假说"的模型构建和证据提供。本章对"新税收集权假说"的再探讨在一定程度上能够解释改革开放之后中国经济持续高速增长的财政动因，也解释了分税制改革以后出现的"税收超GDP增长之谜"，丰富了对于中国经济增长财政动因是税收分权激励效应的单维度理解。现实层面，厘清两种效应都是中国经济增长的财政动因，有助于动态调整省以下税收分成比例、优化省对下转移支付结构和规模，因地制宜地逐步调整优化省以下政府间财政关系。

第二节 理论模型

借鉴Cai和Treisman的地方政府竞争模型，② 以及吕冰洋等关于中央与地方政府目标与行为差异性分析框架，③ 本章在构建包含分税、转移支付和经济增长的政府间竞争模型时引入了多重目标偏好

---

① 吕冰洋、台航：《从财政包干到分税制：发挥两个积极性》，《财贸经济》2018年第10期。

② Cai H., Treisman D., "Does Competition for Capital Discipline Governments? Decentralization, Globalization and Public Policy", *American Economic Review*, Vol. 95, No. 3, 2005, pp. 817–830.

③ 吕冰洋、台航：《从财政包干到分税制：发挥两个积极性》，《财贸经济》2018年第10期。

差异分析框架。

一 基本假定

假设一个省份或地级市（地级区域）存在 N 个县（市），即存在一个上级政府（省市级政府）和 N 个县级政府（标记为 i）。县级政府承担提供公共服务和公共产品的支出责任。各级政府的公共支出分为生产性支出和民生性支出，生产性支出进入企业生产函数，民生性支出提高代表性消费者效用水平。假设民生性支出比例为 1-δ，则生产性支出比例为 δ。整个经济体共有 K 单位资本，资本可以跨地区自由流动。

（1）企业生产函数

假设每个县级政府地区存在一个代表性企业，企业 Cobb-Douglas 生产函数为：

$$y_i = A_i k_i^{\alpha} (\delta g_i)^{\beta} \quad (5-1)$$

其中，y_i 是人均产出；k_i 是人均资本投入；g_i 是人均公共支出，δg_i 是人均生产性支出；A_i 是每个地区的资源禀赋和技术水平，禀赋差异会影响当地企业的生产率；产出弹性 α 和 β 满足 α>0、β>0、α+β<1，其中，α+β<1 表明资本投入和生产性公共支出投入存在规模报酬递减，且还需要考虑其他生产要素的投入，诸如土地、人力资本等固定投入。

根据 Cai 和 Treisman 的假设，每个县相对于整个省份或者地级市（地级区域）而言，都是相对很小的单位，完全竞争条件使不同地区资本回报率相同，满足均衡条件：

$$r = (1-t) \partial y_i / \partial k_i \quad (5-2)$$

其中，r 是税后资本回报率。

（2）地方政府目标函数

既有研究通常将地方政府的目标偏好设定为两个[①]——辖区内总

[①] 吕冰洋、李钊、马光荣：《激励与平衡：中国经济增长的财政动因》，《世界经济》2021 年第 9 期；吕冰洋、毛捷、马光荣：《分税与转移支付结构：专项转移支付为什么越来越多?》，《管理世界》2018 年第 4 期。

产出最大化和辖区内社会福利的改善，从而推导出财政分权对于经济增长的激励效应。然而，陶然等所提及的新税收集权假说，对"中国式财政联邦主义"和"官员晋升锦标赛模型"进行的反思最具有代表性。① 其详细剖析了不同改革阶段县级政府对于土地出让、吸引投资、推动高税行业发展的行为逻辑，发现地方政府是在不断变化的博弈规则下，追求自身财政剩余最大化。杨其静和聂辉华认为，分税制改革之前、当年以及之后的多次财政关系调整证明中央政府有意愿、有能力去集中地方税收资源。② 吕冰洋和聂辉华则将中国式分税制在省以下的分配模式概括为动态博弈后的一系列"契约"。③ 这些都证明了在"政治上集权、经济上分权"的体制下，④ 上级政府完全有能力、有意愿利用其政治控制力主导政府间财政关系的调整，不断形成对上级政府有利的游戏规则。而下级政府只能被动地接受规则，并在既有规则下选择最优策略。换言之，当上级政府倾向于税收再集权时，面对巨大财政压力的下级政府，即使只能获得更低的税收分成，也不得不在日益增强的要素流动性下参与到"竞次"式的投资争夺中，因为如果不这样做的话，税基流失后下级政府将一无所得。因此，为了反映县级政府由于省市级政府的税收再集权倾向而不得不被动接受这一目标，将上级政府追求税收资源再集中和上级政府追求对下级政府的控制能力两个目标设定引入地方政府效用函数：

$$u_i = \lambda_1 (1-t) y_i + \lambda_2 (1-\delta) g_i + \lambda_3 (1-s_i) ty_i + \lambda_4 (1-s_i) \quad (5-3)$$

其中，t 是无差异税率；$(1-\delta) g_i$ 是人均民生性支出；s_i 是税收

---

① 陶然、陆曦、苏福兵等：《地区竞争格局演变下的中国转轨：财政激励和发展模式反思》，《经济研究》2009 年第 7 期。

② 杨其静、聂辉华：《保护市场的联邦主义及其批判》，《经济研究》2008 年第 3 期。

③ 吕冰洋、聂辉华：《弹性分成：分税制的契约与影响》，《经济理论与经济管理》2014 年第 7 期。

④ 吴敬琏、刘吉瑞：《论竞争性市场体制》，广东经济出版社 1998 年版。

分成比例，表示下级政府在全部税收收入中所获得的分成比例；相应而言，$1-s_i$ 则表示上级政府在全部税收收入中所获得的分成比例，分成比例越大表示上级政府对下级政府的控制能力越强。λ_1 表示上级政府对下级政府辖区内总产出最大化目标的偏好程度、λ_2 表示上级政府对下级政府辖区内社会福利改善的偏好程度、λ_3 表示上级政府对自身财政剩余最大化目标的偏好程度、λ_4 表示上级政府对下级政府控制能力的偏好程度，偏好程度的取值范围均为 $(0, +\infty)$。

下级政府的财政收入来自自身税收收入和上级政府的转移支付补助，其预算约束为：

$$g_i = s_i t y_i + (f_i^0 - \sigma_i y_i) + m_i \delta g_i + n_i (1-\delta) g_i \quad (5-4)$$

假定上下级政府间转移支付补助包括两类：一是财力性转移支付。f_i^0 表示财力性转移支付基数，σ_i 表示财力性转移支付系数，反映了转移支付的均等化力度。对于任意一个地区，给定 σ_i，其经济发展水平 y_i 越高，该地区得到的财力性转移支付越少；给定 y_i，其财力性转移支付系数 σ_i 越高，该地区得到的财力性转移支付越少。二是专项转移支付。配套于生产性支出的收入为 $m_i \delta g_i$，配套于民生性支出的收入为 $n_i (1-\delta) g_i$。

二 模型推导

结合 (5-1) 式和 (5-2) 式，可得到企业最优资本投入和生产性支出之间的关系：

$$k_i (A_i, r, \delta, g_i) = \left\{ \frac{1}{r} (1-t) A_i \alpha (\delta g_i)^\beta \right\}^{\frac{1}{1-\alpha}} \quad (5-5)$$

在给定资本投资回报率和预算约束的条件下，地方政府决定公共支出水平以实现地方政府目标函数最大化。将 (5-4) 式代入 (5-3) 式，可得：

$$u_i = \lambda_1 (1-t) y_i + \lambda_2 (1-\delta) \left(\frac{s_i t - \sigma_i}{1-n_i} y_i + \frac{m_i - 1}{1-n_i} \delta g_i + \frac{f_i^0}{1-n_i} \right)$$
$$+ \lambda_3 (1-s_i) t y_i + \lambda_4 (1-s_i) \quad (5-6)$$

求解可得到如下一阶条件：

$$\frac{\partial y_i}{\partial g_i} + \frac{\partial y_i}{\partial k_i}\frac{\partial k_i}{\partial g_i} = \frac{\lambda_2(1-m_i)\delta}{\lambda_1(1-t)(1-n_i) + \lambda_2(1-\delta)(s_i t - \sigma_i) + \lambda_3 t(1-s_i)(1-n_i)}$$

(5-7)

结合（5-1）式、（5-5）式和（5-7）式，可求解得到最优人均公共支出规模：

$$g_i^* = \left\{\left(\frac{\beta}{1-\alpha}\right)^{1-\alpha} A_i \left(\frac{1-t}{r}\right)^\alpha \alpha^\alpha \delta^{\beta-1} \times \left[\frac{\lambda_1(1-t)(1-n_i) + \lambda_2(1-\delta)(s_i t - \sigma_i) + \lambda_3 t(1-s_i)(1-n_i)}{\lambda_2(1-m_i)}\right]^{1-\alpha}\right\}^{\frac{1}{1-\beta}}$$

(5-8)

结合（5-1）式、（5-8）式，可得最优人均公共支出水平下的人均产出水平：①

$$y_i^* = C \times \left[\frac{\lambda_1(1-t)(1-n_i) + \lambda_2(1-\delta)(s_i t - \sigma_i) + \lambda_3 t(1-s_i)(1-n_i)}{\lambda_2(1-m_i)}\right]^{\frac{\beta}{1-\alpha-\beta}}$$

(5-9)

利用（5-9）式对下级政府税收分成求导，可得：

$$\frac{\partial y_i^*}{\partial s_i} = C \cdot \frac{\beta}{1-\alpha-\beta}$$

$$\left[\frac{\lambda_1(1-t)(1-n_i) + \lambda_2(1-\delta)(s_i t - \sigma_i) + \lambda_3 t(1-s_i)(1-n_i)}{\lambda_2(1-m_i)}\right]^{\frac{\alpha+2\beta-1}{1-\alpha-\beta}} \times$$

$$\frac{\lambda_2(1-\delta)t - \lambda_3 t(1-n_i)}{\lambda_2(1-m_i)}$$

(5-10)

（5-10）式反映了下级政府税收分成对辖区内经济增长的影响。

---

① $C = A_i^{\frac{1}{1-\alpha-\beta}} \delta^{\frac{\beta}{1-\beta}} \left(\frac{1-t}{r}\right)^{\frac{\alpha}{1-\alpha-\beta}} \alpha^{\frac{\alpha}{1-\alpha-\beta}} \left(\frac{\beta}{1-\alpha}\right)^{\frac{\beta}{1-\alpha-\beta}} > 0$

其他部分符号为正，因此只需要考察分子 $\lambda_2(1-\delta)t-\lambda_3 t(1-n_i)$ 的情况。当上级政府偏好发生变动时，税收分成变动会如何影响辖区内经济增长，分三种情况来讨论。

(1) 偏好一：辖区内经济发展和社会福利改善

当上级政府更加关注下级政府辖区内总产出水平增加和社会福利改善时，偏好系数为 $\lambda_2>\lambda_1\gg\lambda_3>\lambda_4$，此时 $\partial y_i^*/\partial s_i>0$，即在追求经济增长和社会福利改善的目标下，下级政府税收分成提高会促进辖区内经济增长和社会福利改善。若 n_i 变大，即民生性专项转移支付增加，则 $|\partial y_i^*/\partial s_i|$ 会变大，即增加民生性专项转移支付会促进下级政府税收分成提高的激励效应。相反，若 n_i 变小，即民生性专项转移支付减少，则 $|\partial y_i^*/\partial s_i|$ 会变小，即降低民生性专项转移支付会削弱下级政府税收分成提高的激励效应。

(2) 偏好二：上级政府税收再集权

当上级政府倾向于集中辖区内税收资源、致力于税收再集权时，下级政府不得不被动接受这一目标设定。此时，偏好系数为 $\lambda_3\gg\lambda_1>\lambda_2>\lambda_4$，此时 $\partial y_i^*/\partial s_i<0$，即上级政府税收分成提高也会促进辖区内经济增长。若 n_i 变大，即民生性专项转移支付增加，则 $|\partial y_i^*/\partial s_i|$ 会变小，即增加民生性专项转移支付会削弱上级政府税收分成提高对辖区内经济增长的激励效应。相反，若 n_i 变小，即民生性专项转移支付减少，则 $|\partial y_i^*/\partial s_i|$ 会变大，即降低民生性专项转移支付会促进上级政府税收分成提高对辖区内经济增长的激励效应。

(3) 偏好三：上级政府控制能力

当上级政府考虑增强对下级政府的控制能力时，偏好系数为 $\lambda_4\gg\lambda_1>\lambda_2>\lambda_3$，此时 $\partial u_i^*/\partial s_i<0$。显而易见，即上级政府税收分成提高会导致下级政府的效用提高。

尽管有文献认为政府间动态博弈可能导致上级政府的偏好与下

级政府的偏好发生偏离，① 但是张军发现，无论是新税收集权假说还是晋升锦标赛模型，其实地方官员的策略性选择都是一致的，"与上级保持一致"。② 这确保了上级政府的偏好能够完整、准确、全面地贯彻到下级政府。上述理论分析在一定程度上解释了改革开放以来中国经济持续高速增长的财政动因，也解释了分税制改革以后出现的"税收超 GDP 增长之谜"。改革开放以来，党和政府坚持以经济建设为中心不动摇，牢记发展是第一要务。因此，各级政府都强调辖区内的经济发展和社会福利改善。以第二代财政分权理论为基础所形成的"中国式财政联邦主义"发挥了基层政府的信息优势，激发了地区间横向竞争和地方政府追求经济发展的积极性。在追求经济增长和社会福利改善的目标下，县级税收分成提高能够增强县级政府财政自给能力和财政支出能力，促进扩张偏向的财政行为，增加偏向基础设施建设的生产性公共支出，③ 拉动了辖区内经济增长目标，④ 进而实现辖区内经济增长。1994 年分税制改革以来，中央政府明确倾向于集中地方税收资源。在"政治上集权、经济上分权"的体制下，各级政府之间的财政关系不再一成不变，而是不断动态博弈所形成的一系列"契约"。⑤ 当上级政府倾向于集中辖区内税收资源，致力于税收再集权时，完全有能力、有意愿利用其政治控制力主导政府间财政关系的调整，不断形成对上级政府有利的游戏规则，而下级政府只能被动地接受规则。在中国省以下政府间财政收

---

① 吕冰洋、台航：《从财政包干到分税制：发挥两个积极性》，《财贸经济》2018 年第 10 期。

② 张军：《理解中国经济快速发展的机制：朱镕基可能是对的》，《比较》2012 年第 6 期。

③ 方红生、张军：《中国地方政府扩张偏向的财政行为：观察与解释》，《经济学（季刊）》2009 年第 3 期。

④ 詹新宇、刘文彬：《中国式财政分权与地方经济增长目标管理——来自省、市政府工作报告的经验证据》，《管理世界》2020 年第 3 期。

⑤ 吕冰洋：《政府间税收分权的配置选择和财政影响》，《经济研究》2009 年第 6 期。

入分配实践中，省市级政府也明确拥有随时调整省市与县级之间税收分成比例的控制能力。① 即使面对巨大的财政压力，即便只能获得更低的税收分成，县级政府也不得不努力提高税收征管效率，不得不在日益增强的要素流动性下参与到"竞次"式的投资争夺中，不得不致力于推动高税行业的发展。否则，税基流失后县级政府将一无所得。方红生和张军对新税收集权假说在这三个方面的影响以及如何促进经济增长的机理已有更加完整的分析。②

综上可知，以动态变化为特征的税收再集权激励效应与"中国式财政联邦主义"税收分权激励效应在中国可能是同时存在并产生影响的，两种效应可能都是中国经济增长的财政动因。在不同的目标设定下、在不同的经济发展阶段，两种效应都可能存在强烈的异质性特征。这一结论也与现有文献关于中国式财政分权对经济增长影响的强烈异质性特征完全一致。③

然而，新税收集权假说并没有考虑上级政府所伸出的"援助之手"的影响。省对下转移支付是省市级政府将税收收入"初次分配"所筹集到的大量财政资金在县域之间进行"三次分配"的过程。如果上级政府的"攫取之手"会导致县级政府面临巨大的财政压力，那么省对下转移支付所代表的"援助之手"则能缓解"攫取之手"所造成的财政压力。由理论分析可知，民生性专项转移支付或用于民生性公共支出的财力性转移支付能够缓解税收再集权所造成的财政压力。吕冰洋等的研究证明上级政府确实会更多地使用专项转移支付，尤其是与民生性配套的专项转移支付。④

---

① 甘政发〔2003〕41号、豫政〔2004〕3号、黔府发〔2002〕32号等文件的相关规定。
② 方红生、张军：《攫取之手、援助之手与中国税收超GDP增长》，《经济研究》2013年第3期。
③ 周业安、章泉：《财政分权、经济增长和波动》，《管理世界》2008年第3期。
④ 吕冰洋、毛捷、马光荣：《分税与转移支付结构：专项转移支付为什么越来越多?》，《管理世界》2018年第4期。

第三节 研究设计

一 基准设定

为了详细考察税收分成、转移支付对县域经济增长的影响，本章构造了如下计量模型：

$$Growth_{it} = \alpha + \beta_1 Vat\_share_{it} + \beta_2 Vat\_share_{it} \times Rhh_{it} \quad (5-11)$$
$$+ \beta_3 Rhh_{it} + \beta Z_{it} + u_i + \lambda_t + \varepsilon_{it}$$

其中，下标 i 和 t 分别表示第 i 个县级单位和第 t 年；被解释变量 $Growth_{it}$ 是县域实际经济增长；两个核心解释变量 Vat_share_{it} 是县级税收分成比例，Rhh_{it} 是县级政府所收到的省对下转移支付收入规模；Z_{it} 是影响县域经济增长的其他控制变量；u_i 是不可观察的县级固定效应，λ_t 是时间固定效应，ε_{it} 是随机扰动项。参考 Persson 和 Zhuravskaya 的做法，[1] 增加控制了中国六大区域的时间趋势。[2]

采用三种统计口径来衡量被解释变量 $Growth_{it}$：县级人均实际 GDP 及其增长率、县级实际 GDP 及其增长率和各县人均 DMPS/OLS 灯光强度及其增长率。利用各省份统计年鉴公布的 GDP 指数平减名义 GDP，以 1978 年为基期，获得实际 GDP 数据。

核心解释变量之一：Vat_share_{it} 为第 i 个县第 t 年的县级收入分成比例。参考现有文献做法，[3] 采用县级增值税分成比例，作为县级税收分成的衡量指标。相较于传统的财政分权总额指标和人均指标，

---

[1] Persson P., Zhuravskaya E., "The Limits of Career Concerns in Federalism: Evidence from China", *Journal of the European Economic Association*, Vol. 14, No. 2, 2016, pp. 338-374.

[2] 东部沿海三省市、南部沿海三省、北部沿海五省市、中部五省、内陆十省市、西部五省区。

[3] 毛捷、吕冰洋、陈佩霞：《分税的事实：度量中国县级财政分权的数据基础》，《经济学（季刊）》2018 年第 2 期；吕冰洋、马光荣、胡深：《蛋糕怎么分：度量中国财政分权的核心指标》，《财贸经济》2021 年第 8 期。

使用税收分成比例能够更加准确地度量县级税收分权程度。相较于吕冰洋等衡量税收分成时，[①] 各市县的分母完全相同，本章使用各县当年创造的全部增值税数额作为分母可以修正其在指标衡量上的偏误问题。之所以选择增值税作为衡量税收分成的代理指标是因为：一方面，增值税是央地分享税，是中国第一大税种，该税种的分成比例能够较好地反映各级政府间税收分成；另一方面，利用现有数据，可以较准确地计算县级政府的增值税收入分成比例。具体计算公式为：县级增值税分成比例＝县级政府自有的增值税收入／（县级地区实际缴纳的增值税总额×25%）。由于数据限制，无法得到各县创造的全部财政收入的情况，因而也无法直接衡量每个县的一般公共预算收入分成情况。为此，还使用了省级面板数据进行稳健性检验。

核心解释变量之二：Rhh_{it} 为第 i 个县第 t 年的转移支付规模。参考范子英和张军的做法，[②] 使用县级政府所收到的转移支付收入减去税收返还的差额，与各县一般公共预算支出的比值来衡量。税收返还本身就体现了在中国式分税制改革中，上级政府对下级政府的妥协。具体计算公式为：省对下转移支付规模（Rhh_{it}）＝（县级政府转移支付收入－税收返还）／县级一般公共预算支出。

其他控制变量有：经济发展水平，人均实际 GDP（ln$prgdp$），取对数；工业化程度（$indus$），采用第二产业增加值/GDP；第三产业占比（$serve$），采用第三产业增加值/GDP；城市化（$urban$），采用非农业人口/总人口；人口密度（dop），取对数；财政自主度（$fisauto$），采用县级一般公共预算收入/一般公共预算支出，取对数；城镇固定资产投资（fai），采用城镇固定资产投资/GDP；财政收入占 GDP 比重（$fisgdp$），取对数；每万人在校中学生人数（$student$），

[①] 吕冰洋、李钊、马光荣：《激励与平衡：中国经济增长的财政动因》，《世界经济》2021 年第 9 期。

[②] 范子英、张军：《财政分权、转移支付与国内市场整合》，《经济研究》2010 年第 3 期。

取对数；每万人医院、卫生床位数（*medical*），取对数；每万人财政供养人口（*fiscalpop*），取对数；乡镇数（*town*），取对数。

二 内生性问题

潜在的内生性问题会影响上述双向固定效应模型的估计结果。一般而言，潜在的内生性问题主要有三个来源：遗漏变量、度量误差及解释变量和被解释变量之间存在循环因果关系。双向固定效应模型是解决不可观测的遗漏变量的通用方法，但是依然可能存在另外两个方面的内生性问题：其一，被解释变量与核心解释变量之间可能存在循环因果关系，即县域经济增长有可能反过来影响县级税收分成比例。前述已提及，政府间财政关系是不断动态博弈所形成的"契约"。省市级政府完全有能力、有意愿随时调整省市与县级之间税收分成比例。但是省市级政府也会考虑县级政府经济发展的积极性，县域经济发展越好，该县所创造的税收越多，其拥有的与省市级政府博弈的谈判能力也就越强。在财政实践中，省市级政府一般不会直接降低发达地区财政收入分成比例，各级地方政府都不想以抑制发达地区经济发展积极性为代价来实现均衡的目标。[①] 因此，县域经济增长会反过来增强该县在与省市级政府税收分成博弈中的谈判能力，进而影响其税收分成比例。其二，被解释变量可能存在自相关性，即上一期的经济增长会影响当期经济增长。

本章采用工具变量法解决上述两个因素所导致的内生性问题。为此，构造县级增值税收入分成和省对下转移支付规模工具变量。选择工具变量的基本要求是：与内生变量存在较强的相关性、与残差项无关的外生性。首先，参考现有文献的通行做法，[②] 采用同一省

[①] 方红生、鲁玮骏、苏云晴：《中国省以下政府间财政收入分配：理论与证据》，《经济研究》2020年第4期。

[②] 吕冰洋、李钊、马光荣：《激励与平衡：中国经济增长的财政动因》，《世界经济》2021年第9期；詹新宇、刘文彬：《中国式财政分权与地方经济增长目标管理——来自省、市政府工作报告的经验证据》，《管理世界》2020年第3期。

份内其他县增值税分成的加权平均值作为工具变量 $iv\_Vatshare_{it}$，权数为同一省份内其他县的总人口。其次，对于省对下转移支付规模，采用同一省份内其他县省对下转移支付规模的加权平均值作为工具变量 iv_Rhh_{it}，权数为同一省份内其他县的总人口。工具变量的选择有两个方面的理由：第一，在同一省份内，省以下政府间财政管理体制具有一定的相似度，省以下财政体制具有统一性；第二，该指标是其他县的加权值，不会直接影响该县经济增长的情况，而且该县的经济增长对其他县的增值税收入分成比例和省对下转移支付规模的影响也不大。为了增强实证结果的可信度，本章还运用了 Arellano 和 Bond 动态面板数据模型进行稳健性检验。[1]

除了变换计量策略，参考詹新宇和刘文彬的做法，[2] 还采用外生政策冲击——省直管县财政管理体制改革作为县级税收分成变动的代理变量进行稳健性检验。为了缓解县乡基层政府财政困难，防止地市级政府将自身事权与支出责任向下转移，省直管县财政改革在全国范围内逐步试点展开。《财政部关于推进省直接管理县财政改革的意见》（财预〔2009〕78 号）明确揭示了省直管县财政管理体制改革所导致的省、市、县三级政府财政治理方式的变动：其一，省以下政府间收支划分、转移支付、资金往来、预决算、年终结算等方面，省级财政与市、县级财政直接联系。市、县级之间不得要求对方分担应属自身事权范围内的支出责任。其二，转移支付、税收返还、所得税返还等由省直接核定并补助到市、县。这意味着县级政府税收分成比例的提高和省对下转移支付规模增加。2022 年《指导意见》更明确要求"因地制宜逐步调整优化省直管县财政改革实施范围和方式"。刘勇政等实证检验了省直管县财政改革使县级税收

---

[1] Arellano M., Bond S., "Some Tests of Specification for Panel Data: Monte Carlo Evidence and an Application to Employment Equations", *Review of Economic Studies*, No. 58, 1991, pp. 277-297.

[2] 詹新宇、刘文彬：《中国式财政分权与地方经济增长目标管理——来自省、市政府工作报告的经验证据》，《管理世界》2020 年第 3 期。

分成比例和转移支付规模增加的事实。① 计量方程如下所示：

$$y_{it}=\alpha+\beta_1 \cdot PMC\_Post_{it}+\gamma X_{it}+\mu_i+\delta_t+\varepsilon_{it} \quad (5-12)$$

其中，下标 i 和 t 分别表示第 i 个县级单位城市和第 t 年。解释变量 PMC_Post_{it} 是衡量"省直管县"改革的双重差分估计量。如果该县级单位城市 i 在第 t 年参与实施了"省直管县"改革，那么该县级单位城市 i 在第 t 年及之后的年份中 $PMC\_Post_{it}=1$，否则为 $PMC\_Post_{it}=0$。u_i 是县级单位城市虚拟变量，δ_t 是时间虚拟变量，ε_{it} 是随机扰动项，X_{it} 为控制变量集。

三 机制分析

本节进一步考察省以下税收分成、省对下转移支付规模对县域经济增长影响的机制渠道。现有文献和理论研究都揭示省市级政府税收再集权使县级政府面临巨大的财政压力。由于省市级政府强大的政治控制力，即使面对巨大的财政压力，即便只能获得更低的税收分成，县级政府也不得不努力提高税收征管效率、不得不在日益增强的要素流动性下参与到"竞次"式的投资争夺中，不得不致力于推动高税行业的发展。第三产业是营业税的主要税基之一，为独享更多的营业税收入，地方政府必然会倾向于扩大营业税税基。而且相较于其他两个产业，地方政府在第三产业中能够获得的税收分成要远高于其他两个产业。② 因此，省以下税收分成影响县域经济增长可能的机制渠道是县级政府会主动增加偏向基础设施建设的生产性公共支出和选择偏向高税特征的第三产业结构转型。为了验证这两条机制渠道，选择基础设施建设公共支出占比衡量前一条机制渠道。③

---

① 刘勇政、贾俊雪、丁思莹：《地方财政治理：授人以鱼还是授人以渔——基于省直管县财政体制改革的研究》，《中国社会科学》2019 年第 7 期。

② Fang H. S., Shuai W. J., Yu L. H., et al., "Is Fiscal Revenue Concentration Ratio in China too High?", World Economy, Vol. 42, No. 7, 2019, pp. 1932–1960.

③ 方红生、张军：《中国地方政府扩张偏向的财政行为：观察与解释》，《经济学（季刊）》2009 年第 3 期。

采用第三产业增加值/第二产业增加值（TS）和产业结构升级指数（IS）两个指标衡量后一条机制渠道。① 其中，IS 指数的计算方式如下：

$$IS = \sum_{i=1}^{3} y_i \times i, \quad 1 \leq IS \leq 3 \quad (5-13)$$

其中，y_i 表示第 i 产业增加值占 GDP 的比重，IS 表示产业结构升级指数，取值范围为 [1, 3]，越接近于 3，表示产业结构层次越高。通过构造产业结构升级指数可以直接反映县域政府是否选择了偏向高税特征的第三产业结构转型的财政资金投入发展战略。借鉴 Acemoglu 以及 Baron 和 Kenny 的机制检验方法，② 设定验证步骤：核心解释变量与公共支出偏向或产业结构偏向分别回归，如果估计系数显著，说明核心解释变量对两条机制渠道有显著的影响；公共支出偏向或产业结构偏向分别与县域经济增长回归，如果估计系数显著，说明两者对县域经济增长有显著的影响；再将核心解释变量、公共支出偏向或产业结构偏向与县域经济增长进行回归，如果核心解释变量的估计系数显著性下降或者不再显著，则说明核心解释变量对于县域经济增长的影响部分或者全部来自渠道变量的传导。

四　数据说明

本章采用 1999—2009 年中国 1930 个县域非平衡面板数据和 26 个省份面板数据。由于数据缺失严重，剔除西藏自治区所辖县域样

---

① 王立勇、高玉胭：《财政分权与产业结构升级：来自"省直管县"准自然实验的经验证据》，《财贸经济》2018 年第 11 期；汪伟、刘玉飞、彭冬冬：《人口老龄化的产业结构升级效应研究》，《中国工业经济》2015 年第 11 期。

② Acemoglu D., Robinson J. A., Thaicharoen Y. Y., et al., "Institutional Causes, Macroeconomic Symptoms: Volatility, Crises and Growth", *Journal of Monetary Economics*, Vol. 50, No. 1, 2003, pp. 49-123; Baron R. M., Kenny D. A., "The Moderator-mediator Variable Distinction in Social Psychological Research: Conceptual, Strategic and Statistical Considerations", *Journal of Personality and Social Psychology*, Vol. 51, No. 6, 1986, pp. 1173-1198.

本及其他省份部分数据缺失严重的县域样本。各县（市）经济增长数据来源于历年的《全国地市县财政统计资料》《中国区域统计年鉴》《县域经济统计资料》。我们还采用人均灯光强度来衡量实际经济增长，实际数据区间为2000—2007年1837个县的DMPS/OLS人均灯光强度。各县（市）财政收入与支出、转移支付收入、增值税收入、增值税上缴（75%）、财政供养人口数据来源于《全国地市县财政统计资料》。第二产业增加值、第三产业增加值、行政区划面积、总人口、乡村人口、乡镇数、城镇居民固定资产投资、在校中学生人数、医院卫生院床位数来源于历年的《县域经济统计资料》《中国区域统计年鉴》《全国分县市人口统计资料》。

为了考察省以下税收分成、省对下转移支付规模对县域经济增长的异质性特征，还选择多种地区间特征差异的区分方式进行异质性分析。其中，民族县、贫困县、双百强县、主要粮食产区来源于《县域经济统计资料》和国务院扶贫开发领导小组办公室信息公开目录。税收净流出和净流入地区参考方红生和张军[1]关于1995—2007年净流出和净流入地区分类。[2] 国家重点生态功能区来源于《国务院关于印发全国主体功能区规划的通知》（国发〔2010〕46号）。为了避免极端值残留在样本中造成影响，使用Winsor命令剔除上下1%的极端值。

表5—1 主要变量描述性统计

变量名	变量定义	观测值	均值	标准差	最小值	最大值
Vat_share	自有的增值税收入/地区实际缴纳的增值税总额×25%	20810	0.88	0.20	0.2	1.26

---

[1] 方红生、张军：《攫取之手、援助之手与中国税收超GDP增长》，《经济研究》2013年第3期。

[2] 净流出地区：北京、天津、辽宁、上海、江苏、浙江、福建、山东、广东、河北、山西、黑龙江、云南；净流入地区：内蒙古、江西、广西、贵州、甘肃、青海、宁夏、新疆、吉林、安徽、河南、湖北、湖南、陕西。

续表

变量名	变量定义	观测值	均值	标准差	最小值	最大值
Rhh	(转移支付收入-税收返还)/一般公共预算支出	24507	0.47	0.30	-0.30	1.05
PerGDP Growth	县域人均实际GDP增长率	18724	0.09	0.12	-0.39	0.54
GDP Growth	县域实际GDP增长率	18726	0.10	0.11	-0.36	0.53
PerLight	ln(县域DMPS/OLS灯光强度)	32771	8.53	1.16	1.15	11.81
ln(prgdp)	ln(人均实际GDP)	40512	7.86	0.93	4.11	11.66
indus	第二产业增加值/GDP	40512	0.41	0.17	0	1
serve	第三产业增加值/GDP	40512	0.32	0.13	0	0.98
urban	非农人口/总人口	40512	0.19	0.14	0.01	0.99
ln(dop)	ln(总人口/行政区划面积)	40512	5.11	1.41	-12.58	12.14
fisauto	ln(县域一般公共预算收入/县域一般公共预算支出)	40511	-1.22	0.76	-5.03	2.74
fai	城镇居民固定资产投资/GDP	36657	0.55	0.53	0.01	20.19
fisgdp	ln(县级一般公共预算收入/县级GDP)	40511	-3.13	0.55	-7.44	0.63
student	ln(每万人在校中学生人数)	36657	6.24	0.37	0.47	9.11
medical	ln(每万人医院卫生院床位数)	36657	3.12	0.53	-1.00	5.88
fiscalpop	ln(每万人均财政供养人口)	17370	5.72	0.37	1.19	8.53
town	ln(乡镇数)	40512	2.63	0.52	0	5.03
HC	地区间横向竞争程度加权指数	40530	0.04	0.13	-0.45	2.24
Prgdpcity	ln(相应地市级人均实际GDP)	23920	0.29	0.27	0.01	3.55
iv_Vatshare	同省内其他县级城市增值税收入分成加权平均	40530	0.45	0.45	0	1.03
iv_Rhh	同省内其他县级城市省对下转移支付加权平均	40530	0.27	0.28	-0.03	0.90
IS	产业结构技术指标	40512	2.062	0.22	1.03	2.97

第四节 实证结果分析

一 基准回归结果

表5—2是运用双向固定效应模型对（5-11）式进行回归的估

计结果。在双向固定效应模型中增加了被解释变量滞后期作为解释变量，以保持前后经验策略的统一。其中，第（1）—（2）列被解释变量为县域人均实际 GDP 和实际 GDP，第（3）—（4）列被解释变量为县级人均实际 GDP 增长率和实际 GDP 增长率，第（5）列被解释变量为县级人均灯光强度。

表 5—2 的回归结果显示：第一，无论采用何种被解释变量，县级增值税分成提高对县域经济增长均有显著的负向影响。根据第（3）列的估计结果，县级增值税分成每提高 1%，县域经济增长率就会降低 0.058%。这表明，省市级政府税收再集权对县域经济增长的激励效应确实存在，"新税收集权假说"在一定程度上得到了证实。第二，无论采用何种被解释变量，县级增值税分成与省对下转移支付规模的交乘项均对县域经济增长具有显著的正向影响。这意味着省对下转移支付规模提高会削弱省市级政府税收再集权对县域经济增长的激励效应。

表 5—2　　　　　　　　　　基准回归结果

被解释变量	（1） PerGDP	（2） GDP	（3） PerGDP Growth	（4） GDP Growth	（5） PerLight
L. Dependent	0.279 *** (0.024)	0.331 *** (0.025)	−0.353 *** (0.018)	−0.315 *** (0.023)	0.681 *** (0.097)
Vat_Share	−0.096 *** (0.023)	−0.095 *** (0.021)	−0.058 *** (0.021)	−0.059 *** (0.019)	−0.299 *** (0.105)
Vat_Share× Rhh	0.078 * (0.041)	0.077 ** (0.038)	0.162 *** (0.047)	0.147 *** (0.045)	0.331 *** (0.122)
Rhh	−0.301 *** (0.050)	−0.311 *** (0.048)	−0.047 (0.047)	−0.073 (0.045)	−0.143 *** (0.030)
控制变量	Yes	Yes	Yes	Yes	Yes
时间固定效应	Yes	Yes	Yes	Yes	Yes
地区固定效应	Yes	Yes	Yes	Yes	Yes
区域时间趋势	Yes	Yes	Yes	Yes	Yes

续表

被解释变量	（1）	（2）	（3）	（4）	（5）
	PerGDP	GDP	PerGDP Growth	GDP Growth	PerLight
样本区间（年）	1999—2007	1999—2007	1999—2007	1999—2007	2000—2007
调整后 R^2	0.978	0.992	0.384	0.319	0.877
样本量	16712	16712	16709	16709	15519

注：*、**、*** 分别表示 10%、5%、1% 的显著性水平；括号内是聚类稳健标准误。

二 稳健性检验

（1）工具变量法

表 5—3 是工具变量 GMM 估计方法一阶段估计结果。其中第（1）列、第（2）列是工具变量相关性检验。回归结果显示：县级增值税分成工具变量的估计系数在 1% 的水平上显著为正，省对下转移支付规模的工具变量估计系数在 1% 的水平上显著为正。这表明两个工具变量的构造与核心解释变量具有高度的相关性，且如工具变量二阶段回归结果所示，工具变量也通过了弱工具变量检验。第（3）—（6）列是工具变量外生性检验。回归结果显示：无论采用何种被解释变量，工具变量对县域经济增长都没有显著的影响，这表明工具变量的构造满足了外生性假定。

表 5—3　　　　　　　　工具变量一阶段回归结果

被解释变量	（1）	（2）	（3）	（4）	（5）	（6）
	Vat_Share	Rhh	PerGDP Growth	GDP Growth	PerLight	Light Growth
iv_Vatshare	0.934***	0.060***	−0.040	−0.026	−0.001	−0.028
	(0.015)	(0.009)	(0.051)	(0.050)	(0.047)	(0.021)
iv_Rhh	0.006	0.638***	0.086	0.092	0.016	0.040
	(0.020)	(0.020)	(0.091)	(0.091)	(0.118)	(0.032)
控制变量	Yes	Yes	Yes	Yes	Yes	Yes
时间固定效应	Yes	Yes	Yes	Yes	Yes	Yes
地区固定效应	Yes	Yes	Yes	Yes	Yes	Yes

续表

被解释变量	(1) Vat_Share	(2) Rhh	(3) PerGDP Growth	(4) GDP Growth	(5) PerLight	(6) Light Growth
区域时间趋势	Yes	Yes	Yes	Yes	Yes	Yes
调整后 R^2	0.825	0.919	0.117	0.121	0.964	0.264
样本量	16941	17071	17306	17306	17355	17284

注：*、**、*** 分别表示 10%、5%、1% 的显著性水平；括号内是聚类稳健标准误。

表5—4是工具变量GMM估计方法二阶段估计结果。可以看到：第一，县级增值税分成提高对县域经济增长有显著的负向影响。根据表5—4第（3）列的估计结果，县级增值税分成每提高1%，县域经济增长率就会降低0.302%。第二，县级增值税分成与省对下转移支付规模的交乘项对县域经济增长具有显著的正向影响。这意味着省对下转移支付规模提高会削弱省市级政府税收再集权对县域经济增长的激励效应。

表5—4　　　　　　　　工具变量二阶段回归结果

被解释变量	(1) PerGDP	(2) GDP	(3) PerGDP Growth	(4) GDP Growth	(5) PerLight	(6) Light Growth
Vat_Share	-0.873*** (0.065)	-0.721*** (0.062)	-0.302*** (0.032)	-0.287*** (0.031)	-0.179* (0.095)	-0.264*** (0.043)
Vat_Share×Rhh	1.369*** (0.118)	1.055*** (0.112)	0.598*** (0.059)	0.550*** (0.055)	0.433** (0.174)	0.465*** (0.084)
Rhh	-1.556*** (0.114)	-1.304*** (0.107)	-0.433*** (0.067)	-0.391*** (0.064)	-0.567*** (0.159)	-0.374*** (0.074)
控制变量	Yes	Yes	Yes	Yes	Yes	Yes
时间固定效应	Yes	Yes	Yes	Yes	Yes	Yes
地区固定效应	Yes	Yes	Yes	Yes	Yes	Yes
区域时间趋势	Yes	Yes	Yes	Yes	Yes	Yes
不可识别检验	0.000	0.000	0.000	0.000	0.000	0.000
Wald F	330.6	330.6	695.7	695.7	347.3	350.4

续表

被解释变量	(1) PerGDP	(2) GDP	(3) PerGDP Growth	(4) GDP Growth	(5) PerLight	(6) Light Growth
内生性检验	0.000	0.000	0.000	0.000	0.000	0.000
调整后 R^2	0.815	0.850	0.144	0.0893	0.545	0.141
样本量	16712	16712	16712	16712	16646	16638

注：*、**、*** 分别表示 10%、5%、1% 的显著性水平；括号内是聚类稳健标准误。

(2) 引入横向竞争效应和纵向策略互动机制

参考詹新宇和刘文彬的做法，[1] 引入横向竞争效应（HC）和纵向策略互动机制（$Gdpgrowth\_city$）作为控制变量。詹新宇和刘文彬详细论述了引入横向竞争效应和纵向策略互动机制的重要意义：第一，地区间横向竞争是在"政治上集权、经济上分权"的体制下，地方主政官员为了应对省市级政府税收再集权所造成的巨大财政压力而必然采取的竞争策略。地方政府在经济发展过程中，必然会承受来自同层级政府的竞争压力，因此在考察税收分成的影响时，有必要控制这种横向竞争效应。具体而言，"横向竞争指标"是一省份之内除该县级单位之外其他县级单位实际 GDP 增长率的加权平均值，加权系数为该县级单位人均实际 GDP 与省内其他县级单位平均人均实际 GDP 之差绝对值的倒数。[2] 第二，纵向策略互动是指不同层级政府之间的博弈互动。因此在考察税收分成的影响时，有必要增加控制这种纵向策略互动机制。具体而言，"纵向竞争指标"是在回归方程里加入了相应的地级市人均实际 GDP 增长率作为控制变量。表5—5增加控制了横向竞争效应和纵向策略互动机制，回归结果显示：第一，无论采用何种被解释变量，县级增值税分成提高对县域经济增长均有显著的负向影响。根据估计结果，县级增值税分

---

[1] 詹新宇、刘文彬：《中国式财政分权与地方经济增长目标管理——来自省、市政府工作报告的经验证据》，《管理世界》2020年第3期。

[2] 陈思霞、卢洪友：《辖区间竞争与策略性环境公共支出》，《财贸研究》2014年第1期。

成每提高1%，县域经济增长率就会降低 0.311%。表明省市级政府税收再集权对县域经济增长的激励效应确实存在，"新税收集权假说"得到了证实。第二，县级增值税分成与省对下转移支付规模的交乘项均对县域经济增长具有显著的正向影响。这意味着省对下转移支付规模提高会削弱省市级政府税收再集权对县域经济增长的激励效应。上述结果与基准结果保持高度一致。此外，上述结果中地区间横向竞争指标和纵向策略互动机制指标的估计系数均显著为正，这表明地区间横向"竞次"争夺加剧能够促进县域经济增长；而所在地级市政府的经济增长情况会成为一种目标压力，迫使县级政府接受。

表5—5　　　　　　引入横向和纵向机制工具变量估计结果

被解释变量	(1) GDP_Per Capita	(2) GDP	(3) GDP_Per Capita Growth	(4) GDP Growth	(5) Light_Per Capita	(6) Light_Growth
Vat_Share	-0.904***	-0.771***	-0.311***	-0.277***	-0.166*	-0.260***
	(0.067)	(0.064)	(0.032)	(0.030)	(0.097)	(0.045)
Vat_Share×Rhh	1.383***	1.106***	0.593***	0.515***	0.393**	0.450***
	(0.119)	(0.114)	(0.059)	(0.055)	(0.177)	(0.086)
Rhh	-1.561***	-1.344***	-0.446***	-0.354***	-0.528***	-0.364***
	(0.115)	(0.109)	(0.068)	(0.063)	(0.162)	(0.076)
HC	0.023***	0.021***	0.012*	0.014**	0.049***	0.027***
	(0.007)	(0.006)	(0.006)	(0.006)	(0.009)	(0.004)
Gdpgrowth_city	0.024***	0.021***	0.037***	0.045***	0.015*	0.007**
	(0.006)	(0.006)	(0.007)	(0.007)	(0.008)	(0.003)
控制变量	Yes	Yes	Yes	Yes	Yes	Yes
时间固定效应	Yes	Yes	Yes	Yes	Yes	Yes
地区固定效应	Yes	Yes	Yes	Yes	Yes	Yes
区域时间趋势	Yes	Yes	Yes	Yes	Yes	Yes
不可识别检验	0.000	0.000	0.000	0.000	0.000	0.000

续表

被解释变量	（1）GDP_Per Capita	（2）GDP	（3）GDP_Per Capita Growth	（4）GDP Growth	（5）Light_Per Capita	（6）Light_Growth
Wald F	303.6	303.6	654.2	654.2	325.3	328.0
内生性检验	0.000	0.000	0.000	0.000	0.001	0.000
调整后 R^2	0.818	0.850	0.133	0.085	0.544	0.139
样本量	15938	15938	15938	15938	15925	15917

注：*、**、*** 分别表示 10%、5%、1% 的显著性水平；括号内是聚类稳健标准误。

（3）SYS-GMM 估计

进一步采用 SYS-GMM 方法进行稳健性检验，被解释变量分别为县级人均实际 GDP 增长率、县级实际 GDP 增长率、县级人均灯光强度、县级灯光强度增长率。表 5—6 回归结果显示：第一，过度识别检验的 Hansen 检验值不显著，说明工具变量的选择具有有效性，且 AR（2）接受原假设，说明扰动项无二阶自相关，模型设定和估计方法具有合理性。第二，被解释变量滞后一期的估计系数均为显著，表明在解释变量中增加被解释变量滞后一期的系统广义矩估计方程是完全有必要的。SYS-GMM 估计结果表明：第一，无论采用何种被解释变量，县级增值税分成提高对县域经济增长均有显著的负向影响。根据估计结果，县级增值税分成每提高 1%，县域经济增长率就会降低 0.167%。这表明，省市级政府税收再集权对县域经济增长的激励效应确实存在，"新税收集权假说"再次得到了证实。第二，无论采用何种被解释变量，县级增值税分成与省对下转移支付规模的交乘项均对县域经济增长具有显著的正向影响。这意味着省对下转移支付规模提高会削弱省市级政府税收再集权对县域经济增长的激励效应。上述估计结果与表 5—2 高度一致，证明基准结果具有极强的可信度和稳健性。

表 5—6　　　　　　　　　　SYS-GMM 估计结果

被解释变量	(1) GDP_PerCapita Growth	(2) GDP Growth	(3) Light_PerCapita	(4) Light_Growth
L.Dependent	−0.208***	−0.177***	0.317***	−0.353***
	(0.019)	(0.024)	(0.034)	(0.024)
Vat_Share	−0.167***	−0.166***	−0.408***	−0.182***
	(0.050)	(0.045)	(0.098)	(0.062)
Vat_Share×Rhh	0.210*	0.241**	1.248***	0.498***
	(0.116)	(0.099)	(0.224)	(0.153)
Rhh	−0.241**	−0.318***	−1.552***	−0.615***
	(0.118)	(0.110)	(0.245)	(0.127)
控制变量	Yes	Yes	Yes	Yes
时间固定效应	Yes	Yes	Yes	Yes
地区固定效应	Yes	Yes	Yes	Yes
样本区间（年）	1999—2007	1999—2007	2000—2007	2000—2007
AR（1）	0.000	0.000	0.000	0.000
AR（2）	0.209	0.492	0.691	0.334
Hansen J	0.181	0.118	0.660	0.455
样本量	16709	16709	16691	16675

注：*、**、*** 分别表示 10%、5%、1% 的显著性水平；括号内是聚类稳健标准误。

(4) 变换衡量指标

前述已提及，由于数据的限制，无法得到县级创造的全部一般公共预算收入的情况，因而无法直接衡量每个县的一般公共预算收入分成情况。只能利用省级面板数据，选择县级一般公共预算收入分成 $Fiscal\_share_{it}$、增值税分成 VAT_share_{it}、营业税分成 BUT_share_{it} 和企业所得税分成 CIT_share_{it} 进行稳健性检验。

表 5—7 为省级面板数据 SYS-GMM 回归结果：第一，无论采用何种被解释变量，县级一般公共预算收入分成、增值税分成、营业税分成和所得税分成提高对县域经济增长均有显著的负向影响。这表明，省市级政府税收再集权对县域经济增长的激励效应确实存在，

表 5—7　变换衡量指标

被解释变量	(1)	(2)	(3)	(4)	(5)	(6)	(7)	(8)
	\multicolumn{4}{c}{PerGDP}	\multicolumn{4}{c}{PerGDP Growth}
	Fiscal	VAT	BUT	CIT	Fiscal	VAT	BUT	CIT
L. Dependent	1.013***	1.054***	1.041***	1.001***	0.438***	0.484***	0.492***	0.506**
	(0.029)	(0.034)	(0.032)	(0.010)	(0.123)	(0.060)	(0.062)	(0.241)
Tax_Share	-0.114*	-0.111**	-0.079*	-0.066*	-0.087**	-0.047**	-0.038**	-0.129*
	(0.064)	(0.045)	(0.043)	(0.036)	(0.038)	(0.017)	(0.015)	(0.069)
Tax_Share× Rhh	0.289*	0.300*	0.239*	0.362***	0.236***	0.126***	0.096***	0.352*
	(0.165)	(0.153)	(0.136)	(0.069)	(0.086)	(0.035)	(0.032)	(0.187)
Rhh	-0.117*	-0.102**	-0.077	-0.120***	-0.084**	-0.020	-0.015	-0.153**
	(0.060)	(0.048)	(0.056)	(0.037)	(0.038)	(0.018)	(0.014)	(0.074)
控制变量	Yes	Yes	Yes	Yes	Yes	Yes	Yes	Yes
时间固定效应	Yes	Yes	Yes	Yes	Yes	Yes	Yes	Yes
地区固定效应	Yes	Yes	Yes	Yes	Yes	Yes	Yes	Yes
样本区间（年）	1994—2009	1998—2009	1998—2009	2002—2009	1994—2009	1998—2009	1998—2009	2002—2009
AR (1)	0.023	0.015	0.041	0.028	0.044	0.000	0.001	0.025
AR (2)	0.580	0.140	0.127	0.489	0.738	0.210	0.286	0.435
Hansen J	0.999	1.000	0.996	0.958	0.997	0.999	0.875	0.981
样本量	344	226	226	138	319	226	226	138

注：*、**、***分别表示10%、5%、1%的显著性水平；括号内是聚类稳健标准误。

"新税收集权假说"再次得到了证实。第二，无论采用何种被解释变量，县级一般公共预算收入分成、县级增值税分成、营业税分成和所得税分成与省对下转移支付规模的交乘项均对县域经济增长具有显著的正向影响。这表明，省对下转移支付规模提高会削弱省市级政府税收再集权对县域经济增长的激励效应。这意味着使用省级面板数据从平均意义上同样可以发现，在县级层面，省市级政府税收再集权对县域经济增长的激励效应确实存在。省对下转移支付规模提高会削弱省市级政府税收再集权对县域经济增长的激励效应。

（5）省直管县财政改革

表5—8是省直管县财政改革、省对下转移支付规模对县级增值税税收分成和县域经济增长的回归结果。参考刘勇政等的做法，[①] 重新检验了省直管县财政改革对县级增值税分成的影响。第（1）列使用TWFE方法进行回归，第（2）列运用解决"坏对照组"问题的插补法进行回归，并使用工具变量法进行稳健性检验。

表5—8 省直管县财政改革

被解释变量	(1) Vat_Share	(2) Vat_Share	(3) PerGDP	(4) GDP	(5) PerGDP	(6) GDP Growth
PMC_Post	0.060*** (0.008)	0.067*** (0.007)	−0.026** (0.012)	−0.058*** (0.011)	−0.026** (0.012)	−0.031*** (0.010)
$PMC\_Post \times Rhh$	—	—	0.051*** (0.016)	0.076*** (0.016)	0.051*** (0.016)	0.060*** (0.014)
Rhh	—	—	−0.249*** (0.020)	−0.306*** (0.020)	−0.249*** (0.020)	−0.211*** (0.019)
控制变量	Yes	Yes	Yes	Yes	Yes	Yes
时间固定效应	Yes	Yes	Yes	Yes	Yes	Yes

---

① 刘勇政、贾俊雪、丁思莹：《地方财政治理：授人以鱼还是授人以渔——基于省直管县财政体制改革的研究》，《中国社会科学》2019年第7期。

续表

被解释变量	(1) Vat_Share	(2) Vat_Share	(3) PerGDP	(4) GDP	(5) PerGDP	(6) GDP Growth
地区固定效应	Yes	Yes	Yes	Yes	Yes	Yes
区域时间趋势	Yes	Yes	Yes	Yes	Yes	Yes
CPE 虚拟变量	Yes	Yes	Yes	Yes	Yes	Yes
调整后 R^2	0.616	0.626	0.977	0.992	0.531	0.434
样本量	16502	16493	20805	20805	20805	20805

注：*、**、*** 分别表示 10%、5%、1% 的显著性水平；括号内是聚类稳健标准误。

表5—8第（1）—（2）列的回归结果显示：省直管县财政改革显著提高了县级政府税收分成比例。第（3）—（6）列的回归结果显示：改革显著抑制了县域经济增长，省对下转移支付规模提高可以缓解省直管县财政改革对县域经济增长的负面影响。上述估计结果既与基准结果保持高度一致，也与现有文献结论相互印证。Li 等研究发现，省直管县财政改革所导致的财权下放会对县域经济增长产生显著的负向影响。[1] 相较于省市级政府，基层政府的短视、腐败和资源错配导致的扭曲更加严重，抑制了县域经济增长。林细细等也发现，省直管县财政改革会导致县级政府公共治理效率显著下降。[2] 表5—8的估计结果与现有文献结论都表明，省直管县财政改革会显著提高县级税收分成比例和省对下转移支付规模并抑制县域经济增长。外生政策冲击证明县级税收分成提高确实会抑制县域经济增长，省对下转移支付规模提高会削弱省市级政府税收再集权对县域经济增长的激励效应。

---

[1] Li P., Lu Y., Wang J., "Does Flattening Government Improve Economic Performance? Evidence from China", *Journal of Development Economics*, No. 123, 2016, pp. 18–37.

[2] 林细细、赵海、张海峰等：《政府层级关系简化与公共治理效能》，《财贸经济》2022年第5期。

三 异质性分析

中国幅员辽阔、国情复杂,各地区资源禀赋和文化习俗差异巨大,导致税收分权和税收再集权对经济增长激励效应的研究充满争议。前述理论分析已提及,在不同的目标设定下、在不同的经济发展阶段,两种效应都可能存在强烈的异质性特征。2022年《指导意见》明确提出,对区位优势、经济发展潜力和财力困难等不同特征差异地区,"因地制宜地逐步调整优化省以下政府间收入划分"。这对进一步完善省以下财政体制改革提出了更高的要求。东、中、西部三类地区是区位优势、经济发展和地方财力差异巨大的特征地区划分方式,也是现有文献通常的异质性区分方式。除了这三类地区划分,根据区位优势标准可以区分为少数民族县、主要产粮地区、生态功能区;按照经济发展潜力标准可以区分为国家级贫困县、经济百强县、经济发达县;按照地方财力标准可以区分为财力富裕县、税收净流出净流入地区。不同区域特征的区分方法与三个核心解释变量交乘进行异质性分析。

表5—9第(1)—(3)列为东、中、西部三类地区分样本估计结果。在东部地区,县级增值税分成提高对县域经济增长有显著的正向效应。这表明在东部地区存在税收分权激励效应。交乘项对县域经济增长具有显著的负向效应。这意味着在东部地区省对下转移支付规模提高会削弱税收分权激励效应。在中部地区,县级税收分成和交乘项对县域经济增长均没有显著的影响。在西部地区,县级增值税分成提高对县域经济增长有显著的负向效应。这表明在西部地区存在省市级政府税收再集权激励效应。交乘项对县域经济增长具有显著的正向效应。这意味着在西部地区省对下转移支付规模提高会削弱省市级政府税收再集权激励效应。

表5—9第(4)—(11)列是各类特征地区估计结果:国家级贫困县($Poverty$);经济发达县(GDP),以每年县级人均实际GDP大于中位数为1,否则为0;财力富裕县($Revenue$),以每年县级人

表 5-9　各类地区异质性分析

被解释变量	(1) 东部	(2) 中部	(3) 西部	(4) Poverty	(5) GDP	(6) Revenue	(7) Top200	(8) Minority	(9) Food	(10) Flow	(11) EFA
Vat_Share	0.098**	0.183	-0.244***	-0.208***	-0.774***	-0.439***	-0.468***	-0.295***	-0.384***	-0.547***	-0.272***
	(0.045)	(0.118)	(0.076)	(0.032)	(0.088)	(0.058)	(0.042)	(0.036)	(0.043)	(0.068)	(0.035)
$Vat\_Share \times Rhh$	-0.727***	-0.370	0.350***	0.518***	1.116***	0.642***	0.901***	0.582***	0.713***	1.032***	0.599***
	(0.095)	(0.234)	(0.117)	(0.071)	(0.122)	(0.083)	(0.073)	(0.068)	(0.076)	(0.104)	(0.071)
Rhh	0.564***	-0.296	0.288**	-0.396***	-0.911***	-0.507***	-0.998***	-0.460***	-0.597***	-0.918***	-0.458***
	(0.111)	(0.242)	(0.128)	(0.077)	(0.129)	(0.082)	(0.082)	(0.073)	(0.087)	(0.117)	(0.075)
$Vat\_Share \times Feature$	—	—	—	-0.741***	0.612***	0.128*	0.460***	-0.374**	0.235***	0.407***	-0.497***
				(0.139)	(0.102)	(0.074)	(0.054)	(0.146)	(0.059)	(0.080)	(0.150)
$Vat\_Share \times Rhh \times Feature$	—	—	—	0.800***	-0.660***	0.262*	-0.732***	0.579***	-0.293***	-0.864***	0.556***
				(0.190)	(0.180)	(0.151)	(0.232)	(0.223)	(0.109)	(0.140)	(0.212)
$Rhh \times Feature$	—	—	—	-0.792***	0.515***	-0.292**	0.463**	-0.485**	0.349***	0.614***	-0.560***
				(0.178)	(0.169)	(0.140)	(0.208)	(0.211)	(0.097)	(0.129)	(0.201)
控制变量	Yes	Yes	Yes	Yes	Yes	Yes	Yes	Yes	Yes	Yes	Yes
时间固定效应	Yes	Yes	Yes	Yes	Yes	Yes	Yes	Yes	Yes	Yes	Yes
地区固定效应	Yes	Yes	Yes	Yes	Yes	Yes	Yes	Yes	Yes	Yes	Yes
区域时间趋势	Yes	Yes	Yes	Yes	Yes	Yes	Yes	Yes	Yes	Yes	Yes
不可识别检验	0.000	0.000	0.000	0.000	0.000	0.000	0.000	0.000	0.000	0.000	0.000
Wald F	131.4	15.63	148.9	122.9	163.4	77.41	129.8	46.24	187.8	128.6	28.11

续表

被解释变量	(1) 东部	(2) 中部	(3) 西部	(4) Poverty	(5) GDP	(6) Revenue	(7) Top200	(8) Minority	(9) Food	(10) Flow	(11) EFA
内生性检验	0.000	0.047	0.000	0.000	0.000	0.000	0.000	0.000	0.000	0.000	0.000
调整后 R^2	0.479	0.619	0.377	0.140	0.148	0.103	0.076	0.141	0.143	0.144	0.138
样本量	4472	5260	6927	16659	16659	18531	16712	16659	16659	16659	16659

注：*、**、*** 分别表示 10%、5%、1% 的显著性水平；括号内是聚类稳健标准误。

均实际一般公共预算收入大于中位数为 1，否则为 0；双百强县（Top200）；少数民族县（Minority）；主要产粮县（Food）；税收净流出净流入地区（Flow）；国家重点生态功能区（EFA）。估计结果显示，县级税收分成、省对下转移支付规模对县域经济增长的影响有显著的异质性特征。国家级贫困县、民族县和国家重点生态功能区的哑变量分别与三个核心解释变量的交乘项估计系数均显著，县级增值税分成交乘项的估计系数显著为负、三者交乘项的估计系数显著为正。这表明在国家级贫困县、民族县和国家重点生态功能区，县级税收分成提高会显著降低县域经济增长，省对下转移支付规模提高会削弱这种效应。与之相反，经济发达县、财力富裕县、双百强县、主要产粮县、税收净流出地区的哑变量分别与三个核心解释变量的交乘项估计系数均显著，县级增值税分成交乘项的估计系数显著为正、三者交乘项的估计系数显著为负。这意味着在经济发达地区、财力富裕地区，县级税收分成提高会显著促进县域经济增长，省对下转移支付规模提高会削弱这种效应。

综上所述，县级税收分成、省对下转移支付规模对县域经济增长的影响确实存在强烈的异质性特征。在东部地区、经济发达地区、财力富裕地区，县级政府税收分成提高会显著促进县域经济增长，存在着税收分权激励效应，而省对下转移支付规模提高会削弱税收分权激励效应。在西部地区、国家级贫困县、民族地区和国家重点生态功能区，县级政府税收分成提高对县域经济增长有显著的负向效应，存在着省市级政府税收再集权激励效应，而省对下转移支付规模提高会削弱税收再集权激励效应。在中部地区，省以下税收分成和省对下转移支付规模对县域经济增长没有显著的影响。这充分证明了以动态变化为特征的税收再集权激励效应与"中国式财政联邦主义"税收分权激励效应在中国是同时存在并产生影响的，两种效应都是中国经济增长的财政动因。在市场化程度高、经济发展潜力大、财政自给能力强、制度建设相对完善的东部地区，经济发达地区，财力富裕地区，省市级政府更应该选择"税收分权"为导向的省以下政府间财政关系，积极调动市场因素在经济发展中的决定性作用，有助于调动县级政府发展经济的积极性。同时，省市级政府应该注意省对下转移支付规模在其中的影响，在完善财政收入"初次分配"的同时，通过省对下转移支付制度增强财力协调、区域均衡的调节能力和控制能力。在市场化程度低、经济发展潜力小、财政自给能力弱、制度建设相对落后、民族成分相对复杂的贫困地区，民族地区，中西部地区，省市级政府应该选择"税收再集权"为导向的省以下政府间财政关系，运用强大的控制力迫使县级政府不得不提高税收征管效应，参与地区间"竞次"争夺，推动制造业、房地产业等高税行业发展。同时，省市级政府还应该运用省对下转移支付制度适当缓解县级政府的财政压力。

四 机制检验

如前所述，省以下税收分成影响县域经济增长可能的机制渠道是县级政府会主动提高偏向基础设施建设的生产性公共支出占比和选择偏向高税特征的第三产业结构转型。表5—10是机制分析估计结果，其中第（1）列为基准结果。第（2）列、第（4）列、第（6）列的估计结果显示：县级增值税分成提高对三产/二产比值（TS）、产业结构升级指数（IS）和基础设施建设公共支出占比均有显著的负向效应，交乘项对三者均有显著的正向效应。这表明，省市级政府税收再集权会导致县级政府主动提高偏向基础设施建设的生产性公共支出占比和选择偏向高税特征的第三产业结构转型。然而，省对下转移支付规模提高会削弱税收再集权激励效应。第（3）列、第（5）列、第（7）列的估计结果显示：三产/二产比值提高、产业结构升级指数上升和基础设施建设公共支出占比提高均会显著促进县域经济增长。但是，当解释变量和渠道变量同时加入回归方程时，解释变量的估计系数大小和显著性相较于第（1）列，均呈现出明显下降。

表5—10 机制检验

被解释变量	(1) PerGDP Growth	(2) IS	(3) PerGDP Growth	(4) TS	(5) PerGDP Growth	(6) Infra/Exp	(7) PerGDP Growth
Vat_share	-0.302*** (0.032)	-0.007** (0.004)	-0.135*** (0.033)	-0.422* (0.241)	-0.120*** (0.033)	-0.145*** (0.036)	-0.079** (0.035)
Vat_share×Rhh	0.598*** (0.059)	0.016** (0.007)	-0.002 (0.065)	0.994** (0.460)	-0.008 (0.065)	0.132** (0.059)	0.040 (0.074)
Rhh	-0.433*** (0.067)	-0.021*** (0.008)	0.223*** (0.079)	-0.621 (0.571)	0.214*** (0.078)	-0.074 (0.064)	0.251*** (0.085)
IS	—	—	0.292*** (0.044)	—	—	—	—
TS	—	—	—	—	0.004*** (0.001)	—	—
Infra/Exp	—	—	—	—	—	—	0.139*** (0.032)
控制变量	Yes	Yes	Yes	Yes	Yes	Yes	Yes
时间固定效应	Yes	Yes	Yes	Yes	Yes	Yes	Yes
地区固定效应	Yes	Yes	Yes	Yes	Yes	Yes	Yes
区域时间趋势	Yes	Yes	Yes	Yes	Yes	Yes	Yes
不可识别检验	0.000	0.000	0.000	0.000	0.000	0.000	0.000
Wald F	695.7	213.0	293.8	638.0	295.3	307.1	148.3

续表

被解释变量	（1）	（2）	（3）	（4）	（5）	（6）	（7）
	PerGDP Growth	IS	PerGDP Growth	TS	PerGDP Growth	Infra/Exp	PerGDP Growth
内生性检验	0.000	0.000	0.000	0.012	0.000	0.000	0.000
调整后 R^2	0.144	0.975	0.471	0.276	0.469	0.115	0.388
样本量	16712	16712	16659	16712	16659	9982	9936

注：*、**、*** 分别表示 10%、5%、1% 的显著性水平；括号内是聚类稳健标准误。

综上所述,"新税收集权假说"在一定程度上得到了证实,省市级政府税收再集权会使县级政府面临巨大的财政压力,但是在"政治上集权、经济上分权"的体制下,由于省市级政府强大的政治控制力,即便只能获得更低的税收分成,县级政府也不得不努力提高税收征管效率、不得不在日益增强的要素流动性下参与到"竞次"式的投资争夺中、不得不致力于推动高税行业的发展。因此,省市级政府税收再集权会导致县级政府主动提高偏向基础设施建设的生产性公共支出占比和选择偏向高税特征的第三产业结构转型,进而促进县域经济增长。省对下转移支付规模提高则会削弱通过这两条机制渠道实现的税收再集权激励效应。

第五节 本章小结与启示

"郡县治,天下安。"省以下政府间财政关系是政府间财政关系制度的基础制度安排,是国家治理体系的基础和支柱,对促进县域经济高质量发展具有重要作用。2022年《指导意见》高度重视省以下财政体制的改革完善。进一步理顺省以下政府间收入关系、完善省以下转移支付制度是改革工作中最重要的两个核心内容。本章紧扣这两个核心改革内容,同时考察了省以下税收分成、省对下转移支付规模对县域经济增长的影响及其异质性特征。理论上,本章构造一个包含分税、转移支付和经济增长的政府间竞争模型,引入多重目标偏好差异分析框架,刻画不同层级政府目标差异和动态博弈过程。理论研究发现,税收再集权激励效应与税收分权激励效应可能都是中国经济增长的财政动因。在不同的目标设定下、在不同的经济发展阶段,这两种效应都可能存在强烈的异质性特征。当上级政府致力于税收再集权时,县级政府税收分成降低,县级政府财政压力增大,也会促进县域经济增长,省对下转移支付规模提高能够缓解上级政府伸出的"攫取之手"。本章对于"新税收集权假说"

的再探讨在一定程度上能够解释改革开放之后中国经济持续高速增长的财政动因,也解释了分税制改革以后出现的"税收超 GDP 增长之谜",丰富了关于中国经济增长财政动因是税收分权激励效应的单维度理解。

实证上,本章采用 1999—2009 年中国 1930 个县域面板数据和 26 个省份面板数据,运用工具变量法和 SYS-GMM 方法进行回归分析,实证检验发现:第一,县级增值税分成提高对县域经济增长有显著的负向影响。县级增值税分成每提高 1%,县域经济增长率就会降低 0.167%—0.311%。这表明税收再集权对县域经济增长的激励效应确实存在,"新税收集权假说"在一定程度上得到了证实。第二,省对下转移支付规模提高会削弱县级增值税分成提高对县域经济增长的负向影响。这表明,省对下转移支付规模提高会削弱税收再集权激励效应。第三,这两种效应都存在强烈的异质性特征。东部地区、经济发达地区、财力富裕地区存在税收分权激励效应,而省对下转移支付规模提高会削弱税收分权激励效应。西部地区、国家级贫困县、民族地区和国家重点生态功能区存在省市级政府税收再集权激励效应,而省对下转移支付规模提高会削弱税收再集权激励效应。第四,税收再集权对县域经济增长激励效应的主要机制渠道是县级政府提高偏向基础设施建设的生产性公共支出占比和选择偏向高税特征的第三产业结构转型。

本章的启示:第一,建设和完善分税制是现代财税体制建设的实践路径。研究结论表明,以动态变化为特征的税收再集权激励效应与税收分权激励效应在中国是同时存在的并同时产生影响的,这两种效应都是中国经济增长的财政动因。自 1994 年确立分税制财政管理体制框架以来,30 年的财政实践证明,以动态变化为特征的分税制最为契合中国各级政府间财政关系,最有利于"发挥中央与地方两个积极性"。因此,无论是央地之间还是省以下政府间,必须始终坚持与不断完善分税制,使之彻底贯彻到位。第二,进一步理顺省以下政府间收入关系是促进县域经济高质量的关键支撑。因此,有必要因地制宜地调整优化省以下政府间财政收入关系，在东部地区、经济发达地区、财力富裕地区，应该采取"分权"为导向的省以下政府间财政收入关系，有助于调动县级政府经济发展积极性；在中西部地区、贫困地区、民族地区和生态功能区，应该采取"再集权"为导向的省以下政府间财政收入关系，适度提高省级调控能力。第三，建立健全省以下转移支付体系。厘清各类转移支付功能定位，调整省以下转移支付结构，增加一般性转移支付力度，在推动财力下沉、提高基层公共服务保障能力的同时，强化上级政府实现辖区内财力协调、区域均衡目标的调控能力。

第六章

中国省以下收入分成、转移支付和县域环境质量

第一节 问题提出

自1980年以来，中国经济发展保持了长期稳定强劲的增长势头，取得了举世瞩目的成就，也付出了沉重的资源环境代价。根据生态环境部发布的《2018年中国生态环境状况公报》中的相关数据可知，2018年中国地表水监测的1935个水质断面（点位），Ⅳ—劣Ⅴ类比例为29%，长江、黄河、珠江、松花江、淮河、海河、辽河七大流域与浙闽片河流、西北诸河、西南诸河监测的1613个水质断面中，Ⅳ—劣Ⅴ类比例达到25.8%，其中黄河、松花江、淮河、海河、辽河五大流域水质断面为污染级。环境质量下降会降低居民幸福感，[1] 严重阻碍中国经济高质量发展。[2] 生态文明建设是关乎民生国计的重大战略。党的十九届四中全会明确要求"必须践行绿水青

---

[1] Letelier L. S., "Explaining Fiscal Decentralization", *Public Finance Review*, No. 33, 2005, pp. 155-183.

[2] 陈诗一、陈登科：《雾霾污染、政府治理与经济高质量发展》，《经济研究》2008年第2期。

山就是金山银山的理念，坚持节约资源和保护环境的基本国策"，并提出了建立生态文明建设目标评价考核制度。① 中国环境污染加剧、环境质量下降不是一蹴而就的，资源高消耗、环境高污染与经济持续高速增长并存的现象为寻找环境污染问题的形成机制提供了重要思路。现有的众多研究认为，中国经济持续高速增长的两个重要机制是财政分权②和地方官员"晋升锦标赛"。③ 这意味着省以下财政分权提高所加剧的地区间横向竞争可能会严重降低环境质量。1994 年分税制改革后，中央政府赋予了地方政府相对独立的财政资金支配权力。地方政府为了获得更多的财政资金以实现自身利益的最大化，会致力于推动地方经济发展。以经济增长绩效考核为主要内容的地方官员选拔体系，则会强化地方政府经济发展的职能。然而，在财政分权与以经济增长绩效考核为主要内容的官员升迁治理模式下，地方政府不仅参与"经济竞争"，也参与"晋升竞争"，致使地方政府公共政策发生严重扭曲。地方政府以放任污染、浪费能源为代价的粗放型经济发展模式，造成了严重的环境污染问题。

目前，学术界关于财政分权对环境污染影响的研究数量虽多，结论却莫衷一是。一方面，很多研究认为财政分权会促使地方政府追求经济增长而加剧环境污染。Lipscom 和 Mobarak 利用巴西郡县边界重新划分的自然实验研究发现，财政分权会导致地方政府改变对于贫困人群定居位置的设定，从而导致河流水质的恶化。④ 张克中等

---

① 《中国共产党第十九届中央委员会第四次全体会议公报》，人民出版社 2019 年版，第 14 页。
② Lin J. Y., Liu Z., "Fiscal Decentralization and Economic Growth in China", *Economic Development and Cultural Change*, No. 49, 2000, pp. 1–21.
③ 周黎安：《中国地方官员的晋升锦标赛模式研究》，《经济研究》2007 年第 7 期。
④ Lipscom M., Mobarak A. M., "Decentralization and Pollution Spillovers: Evidence from the Re-drawing of County Borders in Brazil", *Review of Economic Studies*, No. 84, 2017, pp. 464–502.

从碳排放的视角，发现财政分权会导致碳排放加剧。① 然而，一些研究也认为污染物排放的外溢性特征会造成财政分权对环境质量的影响产生异质性。闫文娟和钟茂初研究发现，财政分权会增加工业废水和工业二氧化硫排放，但没有增加固体废弃物的排放。② 李香菊和刘浩发现，财政分权会增加工业废水排放，但会降低固体废弃物和工业二氧化硫的排放。③ 另一方面，也有学者认为财政分权在一定程度上会降低污染物排放。He 利用 1995—2010 年中国省级面板数据发现财政分权对环境污染没有显著影响，反而会增加地方政府环境保护支出和环境监管力度。④ 郭志仪和郑周胜与韩国高和张超是目前为数不多的同时考虑财政分权、地方官员晋升竞争两个机制对环境质量影响的文献。⑤ 研究发现，财政分权、晋升激励会加剧环境污染、降低地区环境质量。现有文献数量虽多，但是研究结论却莫衷一是，同时也存在几个方面的问题：第一，指标衡量问题。在衡量财政分权时，或采用收入分权，或采用支出分权，衡量方式大相径庭。在衡量环境质量时，或采用废水、二氧化硫和固体污染物排放，或采用合成指标，度量方法各不相同。差异化的衡量指标选择是造成估计结果差异化的重要原因。第二，数据问题。现有研究大多采用省级面板数据，不仅样本数量少，而且各地区公布的污染物排放数据具有潜在的内生性问题。第三，政府层级问题。现有研究大多

---

① 张克中、王娟、崔小勇：《财政分权与环境污染：碳排放的视角》，《中国工业经济》2011 年第 10 期。

② 闫文娟、钟茂初：《中国式财政分权会增加环境污染吗?》，《财经论丛》2012 年第 3 期。

③ 李香菊、刘浩：《区域差异视角下财政分权与地方环境污染治理的困境研究——基于污染物外溢性属性分析》，《财贸经济》2016 年第 2 期。

④ He Q., "Fiscal Decentralization and Environmental Pollution: Evidence from Chinese Panel Data", *China Economic Review*, No. 36, 2015, pp. 86-100.

⑤ 郭志仪、郑周胜：《财政分权、晋升激励与环境污染：基于 1997—2010 年省级面板数据分析》，《西南民族大学学报》（人文社会科学版）2013 年第 3 期；韩国高、张超：《财政分权和晋升激励对城市环境污染的影响——兼论绿色考核对我国环境治理的重要性》，《城市问题》2018 年第 2 期。

只停留在央地财政关系，只考察央地财政分权，而没有深入省以下政府间财政关系。然而，地方政府对资源与环境的公共决策往往是更低层级的地级市、县（市）政府所决定的，而不是省级政府。因此，有必要深入省以下来研究收入分配的影响。第四，现有文献都没有同时考察省以下收入分成和省对下转移支付"两只手"共同影响环境污染的效应。

本章有以下两点贡献：第一，建立了省以下收入分成、省对下转移支付规模对环境质量影响的理论机制。在分税、转移支付的治理模式下，引入环境质量因素，构建了一个包含分税、转移支付和环境污染的政府间竞争模型，揭示了财政收入分配和转移支付规模对环境质量的影响机制。第二，本章基于1999—2009年中国26个省份和1930个县级单位空气质量PM2.5和二氧化碳排放量面板数据，实证考察省以下收入分成、省对下转移支付规模对环境质量的影响。基于处理内生性的SYS-GMM方法和工具变量GMM的实证结果表明：第一，县级收入分成程度提高会增加县级污染物排放，降低县域环境质量。第二，县级收入分成程度提高对县域环境质量的恶化效应会随着省对下转移支付规模提高而削弱。第三，省以下收入分成对县域环境质量的恶化效应存在强烈的异质性特征。县级收入分成程度提高对县域环境质量的恶化效应在贫困地区、西部地区更为显著。在经济发达地区、税收净流出地区、主要粮食产区、东部地区，县级收入分成程度提高能够显著提升县域环境质量。在民族县、国家重点生态功能区、中部地区则没有明显效应。第四，县级收入分成程度提高会恶化县域环境质量的主要渠道是地方政府环境保护公共支出比重降低和偏向第二产业的产业结构转型。

第二节　理论模型

借鉴Cai和Treisman以及吕冰洋等的政府间财政竞争和转移支

付模型,① 基于 Zodrow-Mieszkowski-Hoyt 税收竞争分析框架,② 在分税、转移支付的治理模式下,引入环境质量因素。

一 基本假定

假设一个省份或地级市(地级区域)存在 N 个县(市),即存在一个上级政府(省市两级政府)和 N 个县级政府(每个地区仅有一个县级政府,标记为 i)。上级政府和下级政府共同承担提供公共服务的支出责任,上级政府还致力于实现基本公共服务均等化,下级政府需要兼顾所辖居民效用水平。政府的公共支出分为生产性支出和民生性支出,生产性支出进入企业生产函数,民生性支出增加代表性消费者效用水平。假设民生性支出比例为 δ, $\delta \in (0,1)$,则生产性支出比例为 $1-\delta$。全省或地级区域共有 K 单位资本,资本可以跨地区完全自由流动。

(1)企业生产函数

假设每个县级地区存在一个代表性企业,企业生产函数形式为 Cobb-Douglas 型,借鉴 Davoodi 和 Zou 的做法,③ 将环境质量因素引入企业生产函数:

$$y_i = A_i k_i^{\alpha} [(1-\delta) g_i]^{\beta} e_i^{\mu} \tag{6-1}$$

其中,y_i 是人均产出,k_i 是人均资本投入,g_i 是人均公共支出,$(1-\delta) g_i$ 是人均生产性支出,e_i 是下级政府允许的人均污染物排放,A_i 是每个地区的资源禀赋和技术水平,禀赋差异会影响当地企业的生产率。α、β 和 μ 分别表示人均资本投入、人均生产性支出和人均

---

① Cai H., Treisman D., "Does Competition for Capital Discipline Governments? Decentralization, Globalization, and Public Policy", *American Economic Review*, Vol. 95, No. 3, 2005, pp. 817-830; 吕冰洋、毛捷、马光荣:《分税与转移支付结构:专项转移支付为什么越来越多?》,《管理世界》2018 年第 4 期。

② Zodrow G. R., Mieszkowski P., "Property Taxation and the Under Provision of Local Public Goods", *Journal of Urban Economics*, No. 19, 1986, pp. 356-370.

③ Davoodi H., Zou H. F., "Fiscal Decentralization and Economic Growth: A Cross-Country Study", *Journal of Urban Economic*, Vol. 43, No. 2, 1998, pp. 244-257.

污染物排放的产出弹性,满足 1>α>0、1>β>0、1>μ>0、0<α+β+μ<1,表明资本投入和生产性公共支出和人均污染物排放存在规模报酬递减,这是因为在生产过程中还需要考虑其他生产要素的投入,诸如土地、人力资本等固定投入。

根据现有文献假设,每个地区相对于整个省份或者地级市(地级区域)而言,都是相对很小的单位,完全竞争条件使不同地区资本回报率相同,满足均衡条件:

$$r = (1-t)\frac{\partial y_i}{\partial k_i} \tag{6-2}$$

其中,r 是税后资本回报率。

(2)地方政府偏好

现有研究都认为,改革开放以来中国经济持续高速增长的原因之一就是政府间财政关系的重新调整。① 财政分权和地区间横向竞争有力地调动了地方政府促进经济增长的积极性,但也导致地方政府采取粗放型的经济发展模式,造成了严重的环境污染问题。因此,除了辖区内总产出最大化,或者是辖区内税后总产出最大化,以及辖区内社会福利改善两个地方政府的偏好设定之外,环境质量同样是地方政府关注的重点。假设每个地区存在一个代表性消费者,为了简化计算过程,效用函数形式为线性模型:

$$u_i = (1-t)y_i + \delta g_i + f(e_i) \tag{6-3}$$

其中,t 是无差异税率,δg_i 是人均民生性支出,$f(e_i)$ 是环境质量函数,满足 $f'(e_i)<0$,即人均污染物排放越多,则环境质量越低。此外,下级政府的财政收入来自自身税收收入和上级政府的转移支付补助,则下级政府面临的预算约束为:

$$\varphi_i g_i = s_i t y_i + f_i^0 g_i - \theta_i y_i \tag{6-4}$$

---

① 吕冰洋、李钊、马光荣:《激励与平衡:中国经济增长的财政动因》,《世界经济》2021 年第 9 期;詹新宇、刘文彬:《中国式财政分权与地方经济增长目标管理——来自省、市政府工作报告的经验证据》,《管理世界》2020 年第 3 期。

其中，φ_i 是下级政府需要承担人均公共支出的比重，$\varphi_i \in (0, 1)$，则上级政府承担人均公共支出的比重为 $1-\varphi_i$。s_i 是上级政府和下级政府之间的财政收入分配比例，表示下级政府在全部财政收入中所获得的分成比例，$s_i \in (0, 1)$；相应而言，$1-s_i$ 则表示上级政府在全部财政收入中所获得的分成比例。f_i^0 表示省对下转移支付基数，且 $f_i^0 \ll \varphi_i$。θ_i 表示省对下转移支付系数，反映了转移支付实现公共服务均等化目标的力度。对于任意一个地区，给定 θ_i，其经济发展水平 y_i 越高，该地区得到的省对下转移支付越少；给定 y_i，其省对下转移支付系数 θ_i 越高，该地区得到的省对下转移支付越少。

二 模型推导

结合（6-1）式和（6-2）式可得到企业最优资本投入和生产性支出之间的关系：

$$k_i(A_i, r, \delta, g_i) = \left\{ \frac{1-t}{r} A_i \alpha [(1-\delta) g_i]^\beta \right\}^{\frac{1}{1-\alpha}} \quad (6-5)$$

在给定资本投资回报率和预算约束的条件下，政府决定民生性支出以实现各地区代表性消费者效用水平最大化。将（6-3）式代入（6-2）式可得：

$$u_i = \left(1 - \frac{\theta_i}{s_i}\right) y_i - \frac{(\varphi_i - f_i^0) - \delta s_i}{s_i} g_i + f(e_i) \quad (6-6)$$

求解可得到如下一阶条件：

$$\frac{\partial u_i}{\partial e_i} = \left(1 - \frac{\theta_i}{s_i}\right) \left(\frac{\partial y_i}{\partial e_i} + \frac{\partial y_i}{\partial k_i} \frac{\partial k_i}{\partial e_i} \right) + f(e_i);$$

$$\frac{\partial u_i}{\partial g_i} = \left(1 - \frac{\theta_i}{s_i}\right) \left(\frac{\partial y_i}{\partial g_i} + \frac{\partial y_i}{\partial k_i} \frac{\partial k_i}{\partial g_i} \right) - \frac{(\varphi_i - f_i^0) - \delta s_i}{s_i} \quad (6-7)$$

利用逆向求解的方法，通过求解企业最优投资决策，可求解地方政府允许的人均最优污染物排放水平与地方政府最优公共支出之间的关系：

$$g_i = \frac{\beta}{\mu} \frac{-s_i f'(e_i)}{(\varphi_i - f_i^0) - \delta \cdot s_i} e_i \qquad (6-8)$$

进而可求解地方政府允许的人均最优污染物排放水平：

$$e_i^* = \frac{\mu}{1-\alpha} \left(\frac{1-t}{r}\right)^{\frac{\alpha}{1-\alpha}} A_i^{\frac{1}{1-\alpha}} \alpha^{\frac{\alpha}{1-\alpha}} (1-\delta)^{\frac{\beta}{1-\alpha}} \left(\frac{\beta}{\mu}\right)^{\frac{\beta}{1-\alpha}} \left[\frac{-s_i f'(e_i)}{(\varphi_i - f_i^0) - \delta \cdot s_i}\right]^{\frac{\beta}{1-\alpha-\beta-\mu}}$$

$$\left[\frac{s_i - \theta_i}{-s_i f'(e_i)}\right]^{\frac{1-\alpha}{1-\alpha-\beta-\mu}}$$

(6-9)

利用（6-9）式对下级政府财政收入分成比例求导可得①：

$$\frac{\partial e_i^*}{\partial s_i} = D \cdot \frac{\beta}{1-\alpha-\beta-\mu} \left[\frac{-s_i f'(e_i)}{(\varphi_i - f_i^0) - \delta \cdot s_i}\right]^{\frac{\alpha+2\beta+\mu-1}{1-\alpha-\beta-\mu}}$$

$$\frac{-f'(e_i)[(\varphi_i - f_i^0) - \delta \cdot s_i] - \delta \cdot s_i f'(e_i)}{[(\varphi_i - f_i^0) - \delta \cdot s_i]^2} \left[\frac{s_i - \theta_i}{-s_i f'(e_i)}\right]^{\frac{1-\alpha}{1-\alpha-\beta-\mu}}$$

(6-10)

（6-10）式即反映了下级政府财政分成比例对人均污染物排放的影响。此时 $\partial e_i^* / \partial s_i > 0$，即下级政府收入分成程度提高会增加人均污染物排放，降低环境质量。

利用（6-10）式再对省对下政府间转移支付系数求偏导可得 $\partial^2 e_i^* / \partial s_i \partial \theta_i < 0$，即反映了下级政府财政分成比例对县域人均污染物排放的影响会随着省对下转移支付系数的变动而变动。若 θ_i 变大，则省对下转移支付增加会削弱下级政府收入分成程度对辖区内人均污染物排放的加剧效应。在资源禀赋和技术水平不变的前提下，若上下级政府间财政事权和支出责任明确划分，则下级政府在全省财政收入中获得的分成比例越高，为了追求辖区内经济发展水平和社会福利最大化，会更有激励允许更多的人均污染物排放，从而导致

---

① $D = \frac{\mu}{1-\alpha} \left(\frac{1-t}{r}\right)^{\frac{\alpha}{1-\alpha}} A_i^{\frac{1}{1-\alpha}} \alpha^{\frac{\alpha}{1-\alpha}} (1-\delta)^{\frac{\beta}{1-\alpha}} \left(\frac{\beta}{\mu}\right)^{\frac{\beta}{1-\alpha}} > 0$

环境质量下降。

假说 6-1：县级收入分成程度提高会增加污染物排放，降低辖区内环境质量。

省对下转移支付系数反映的是上级政府在财政收入筹集再分配过程中的财政收入集中程度，省对下转移支付系数越高表示上级政府在全部财政收入中获得的分成比例也越高。只有更高的财政收入集中度才能支撑上级政府将所集中的财政资金通过转移支付补助的方式下拨给财力较弱的地区，最终实现区域间财力均等化的目标。因此，省对下转移支付系数越高，上级政府财政收入集中度越高，下级政府收入分成越低，会降低县级收入分成提高对县域内环境质量恶化的加剧效应。

假说 6-2：县级收入分成程度提高对环境质量的恶化效应会随着省对下转移支付规模提高而削弱。

第三节 研究设计

一 基准设定

为了检验上述两个理论假说，考察省以下收入分成程度、省对下转移支付对县域环境质量的影响，我们构造了如下计量模型：

$$Pollution_{it} = \alpha + \beta_1 \times Vat\_share_{it} + \beta_2 \times Vat\_share_{it} \times Rhh_{it} + \beta_3 \times Rhh_{it} + \beta \times Z_{it} + u_i + \lambda_t + \varepsilon_{it}$$

(6-11)

其中，下标 i 和 t 分别表示第 i 个县（市）和第 t 年。被解释变量 $Pollution_{it}$ 是污染物排放；两个核心解释变量：Vat_share_{it} 是县级增值税分成程度；Rhh_{it} 是县级政府所收到的省对下转移支付收入规模。Z_{it} 是影响县域环境质量的其他控制变量，u_i 是不可观察的县级固定效应，λ_t 是时间固定效应，ε_{it} 是随机扰动项。参考 Persson 和

Zhuravskaya 的做法,① 我们还控制了省份固定效应和中国六大区域的时间趋势。

参考既有文献的做法,本章采用两种统计口径来衡量被解释变量 $Pollution_{it}$:县级人均 PM2.5 排放量,取自然对数;县级人均二氧化碳排放量,取自然对数。

核心解释变量之一:Vat_share_{it} 为第 i 个县(市)第 t 年的县级收入分成程度。参考现有文献的通行做法,② 采用省以下县级政府的增值税分成情况,来作为县级收入分成的衡量指标。一方面,增值税是央地分享税,是中国第一大税种,该税种的分成率能够较好地反映各级政府间税收分成。另一方面,利用现有数据,可以较准确地计算县级政府的增值税收入分成率。计算公式可以表示为:县级增值税分成程度=县级政府自有的增值税收入/(县级地区实际缴纳的增值税总额×25%)。由于数据的限制,无法得到县级创造的全部财政收入的情况,无法直接衡量每个县的一般公共预算收入分成情况。因此,本节还利用省级面板数据,县级一般公共预算收入分成 $Fiscal\_share_{it}$ 和增值税分成 Vat_share_{it} 来进行稳健性检验。

核心解释变量之二:Rhh_{it} 为第 i 个县(市)第 t 年的转移支付规模。参考范子英和张军的做法,③ 使用县级政府所收到的转移支付收入减去税收返还的余额与各县(市)一般公共预算支出的比值来衡量省对下转移支付规模。税收返还本身就体现了在中国式分税制改革中上级政府对下级政府的妥协。计算公式可以表示为:省对下转移支付规模(Rhh_{it})= [各县(市)政府转移支付收入-税收返

---

① Persson P., Zhuravskaya E., "The Limits of Career Concerns in Federalism: Evidence from China", *Journal of the European Economic Association*, Vol. 14, No. 2, 2016, pp. 338-374.

② 吕冰洋、李钊、马光荣:《激励与平衡:中国经济增长的财政动因》,《世界经济》2021 年第 9 期;詹新宇、刘文彬:《中国式财政分权与地方经济增长目标管理——来自省、市政府工作报告的经验证据》,《管理世界》2020 年第 3 期。

③ 范子英、张军:《财政分权、转移支付与国内市场整合》,《经济研究》2010 年第 3 期。

还]/各县（市）一般公共预算支出。

控制变量包括：经济发展水平（lprgdp），人均实际 gdp，取对数；工业化程度（indus），采用第二产业值/GDP；第三产业程度（serve），采用第三产业值/GDP；城市化（urban），采用非农业人口/总人口；人口密度（dop），取对数；县级财政自主度（fisauto），采用县级一般公共预算收入/一般公共预算支出，取对数；城镇固定资产投资（fai），采用城镇固定资产投资/GDP；县级财政收入占 GDP 比重（fisgdp），取对数；每万人在校中学生人数（student），取对数；每万人医院、卫生床位数（medical），取对数；每万人财政供养人口（fiscalpop），取对数；县（市）乡镇数（town），取对数。

二　内生性问题

然而，上述双向固定效应模型的估计结果可能存在潜在的内生性问题，存在偏误。一般而言，潜在的内生性问题主要有三个来源：遗漏变量、解释变量和被解释变量之间存在联立性、度量误差。其一，为了避免联立性问题的出现，我们已经将两个核心解释变量均设置为滞后一期。其二，无法被观察到而没有进入回归估计的遗漏变量也有可能导致估计值有偏。解决这种遗漏变量问题的办法之一是收集尽可能多的信息，然而这在任何时候都是难以实现的。面板数据的双向固定效应在解决由不随时间变化的遗漏变量导致的内生性上起着决定性作用。其三，被解释变量可能存在自相关性，即滞后一期污染物排放会影响当期污染物排放。在解决被解释变量滞后期作为解释变量时导致的内生性问题，Arellano 和 Bond 动态面板数据模型是通用的计量方法。[①] 因此，参考现有文献做法，[②] 在（6-12）

[①] Arellano M., Bond S., "Some Tests of Specification for Panel Data: Monte Carlo Evidence and an Application to Employment Equations", *Review of Economic Studies*, No. 58, 1991, pp. 277-297.

[②] 张平淡：《地方政府环保真作为吗？——基于财政分权背景的实证检验》，《经济管理》2018 年第 8 期。

式中增加了被解释变量滞后期：

$$Pollution_{it} = \alpha + \sum_{j=1}^{M}(\beta_1 \times Pollution_{it-j}) + \sum_{j=0}^{N}(\beta_2 \times Vat\_share_{it-j})$$
$$+ \sum_{j=0}^{L}(\beta_3 \times Vat\_share_{it-j} \times Rhh_{it-j}) + \sum_{j=0}^{K}(\beta_4 \times Rhh_{it-j})$$
$$+ \beta \times Z_{it} + u_i + \lambda_t + \varepsilon_{it} \qquad (6-12)$$

其中，(6-12) 式在控制了被解释变量滞后一期遗漏可能造成的内生性问题之后，如果理论假说依然成立，即考察 β_2 依然是否显著为正，β_3 依然是否显著为负。那么我们还必须关注被解释变量滞后期的估计系数 β_1，该系数如果显著，表明被解释变量确实存在自相关性，我们建立动态面板数据的计量模型是有必要的。具体而言，我们使用 SYS-GMM 估计方法，对 (6-12) 式进行回归估计。此外，其他无法被观察到而没有进入回归估计的遗漏变量也可能导致估计值有偏。解决这种遗漏变量问题的办法之一是收集尽可能多的信息，然而这在任何时候都是难以实现的。动态面板数据模型中使用固定效应能够有效地解决由不随时间变化的遗漏变量导致的内生性问题。

为了增强实证结果的可信度，本章还运用工具变量 GMM 方法对上述动态面板数据模型进行稳健性检验。我们进一步构造了县级增值税收入分成和省对下转移支付规模的工具变量。选择工具变量的基本要求是：相关性和外生性。其一，参考现有文献的通行做法，[①] 采用同一省份内其他县级城市增值税分成的加权平均值作为其工具变量 $iv\_Vatshare_{it}$，权数为同一省份内其他县级城市的总人口数量。其二，对于省对下转移支付规模，采用同一省份内其他县级城市省对下转移支付规模的加权平均值 iv_Rhh_{it} 作为其工具变量，权数为同一省份内其他县级城市的总人口数量。有两个方面：第一，同一省内，省以下各级政府间财政管理体制具有一定的相似度；第二，

[①] 余泳泽、潘妍：《中国经济高速增长与服务业结构升级滞后并存之谜——基于地方经济增长目标约束视角的解释》，《经济研究》2019 年第 3 期。

该指标是其他县级城市的加权值，不会直接影响该县环境质量的情况。该县的环境质量情况也对其他县级城市的上级政府增值税收入分配和省对下转移支付影响不大，不存在明显的循环因果关系。

三　数据说明

本章采用1999—2009年中国1930个县（市）空气质量的非平衡面板数据。由于数据缺失严重，剔除了西藏自治区所辖所有县（市）的样本。各县（市）历年PM2.5和二氧化碳排放量数据来源于达尔豪斯大学大气成分分析组（Atmospheric Composition Analysis Group）并与县级单位矢量地图进行匹配。经济增长数据来源《全国地市县财政统计资料》《中国区域统计年鉴》《县域经济统计资料》。财政收入、财政支出、转移支付收入、增值税收入、增值税上缴（75%）、财政供养人口数据来源于《全国地市县财政统计资料》。第二产业增加值、第三产业增加值、行政区划面积、总人口、乡村人口、乡镇数、城镇居民固定资产投资、在校中学生人数、医院卫生院床位数来源于历年《县域经济统计资料》《中国区域统计年鉴》《全国分县市人口统计资料》。为了避免极端值残留在样本中对估计造成影响，使用winsor命令剔除所有变量上下1%的极端值。我们还选择了多种地区间差异的区分方式进行异质性分析：民族县、贫困县、双百强县、主要粮食产区、税收净流出和净流入地区、国家重点生态功能区，以及东、中、西部三类地区。

表6—1　　　　　　　　　　主要变量描述性统计

变量名	变量定义	观测值	均值	标准差	最小值	最大值
Vat_share	县级自有的增值税收入/县级地区实际缴纳的增值税总额	20810	0.88	0.203	0.2	1.264
Rhh	（县级转移支付收入-税收返还）/县级一般公共预算支出	24507	0.472	0.296	-0.301	1.053
GT	县级财力性转移支付收入/县级一般公共预算支出	23622	0.3	0.234	-0.326	0.838

续表

变量名	变量定义	观测值	均值	标准差	最小值	最大值
ST	县级专项转移支付收入/县级一般公共预算支出	24533	0.183	0.124	-0.129	0.585
Pergrowth	县级人均实际GDP增长率	18724	0.091	0.117	-0.387	0.543
Growth	县级实际GDP增长率	18726	0.097	0.110	-0.360	0.527
Light_PerCapita	ln（县级DMPS/OLS灯光强度）	32771	8.533	1.161	1.153	11.805
ln（PM2.5）	ln（县级人均PM2.5排放量）	33375	7.598	1.092	1.938	14.924
ln（co2）	ln（县级人均二氧化碳排放量）	39714	-3.536	1.241	-20.370	0.665
Gap	县域内城乡收入差距	23436	5.256	2.931	0.269	77.382
ln（prgdp）	ln［实际GDP（以1978年为基期）/总人口］	40512	7.858	0.931	4.110	11.657
indus	第二产业增加值/GDP	40512	0.405	0.173	0.001	1
serve	第三产业增加值/GDP	40512	0.324	0.130	0	0.976
urban	非农人口/总人口	40512	0.192	0.141	0.001	0.998
ln（dop）	ln（总人口/行政区划面积）	40512	5.108	1.408	-12.580	12.142
fisauto	县级一般公共预算收入/县级一般公共预算支出	40511	-1.217	0.763	-5.026	2.735
invest	城镇居民固定资产投资/GDP	36657	0.547	0.531	0.001	20.187
fisgdp	县级一般公共预算收入/县级GDP	40511	-3.130	0.545	-7.436	0.625
student	ln（每万人在校中学生人数）	36657	6.242	0.369	0.474	9.110
medical	ln（每万人医院卫生院床位数）	36657	3.123	0.534	-0.996	5.882
fiscalpop	ln（每万人均财政供养人口）	17370	5.720	0.367	1.191	8.529
town	ln（乡镇数）	40512	2.628	0.520	0	5.031
HC	地区间横向竞争程度加权指数	40530	0.041	0.128	-0.448	2.239
Prgdpcity	ln（相应地市级人均实际GDP）	23920	0.288	0.272	0.007	3.547
poverty	贫困县	40530	0.299	0.458	0	1
minority	少数民族县	40530	0.288	0.453	0	1
Top200	双百强县	17370	0.104	0.305	0	1
Develop	经济发达县	40530	0.472	0.500	0	1
Rich	财政富裕县	40530	0.469	0.500	0	1
Food	主要粮食产区	40530	0.262	0.440	0	1
EFA	国家重点生态功能区	17370	0.424	0.495	0	1
CPE	扩权强县改革	40530	0.080	0.270	0	1

续表

变量名	变量定义	观测值	均值	标准差	最小值	最大值
PMC	省直管县改革	40512	0.140	0.347	0	1
AR	取消农业税改革	40512	0.298	0.458	0	1
EIT	所得税分享改革	40530	0.032	0.772	-5.386	9.886
iv_Vatshare	同省内其他县级城市增值税收入分成加权平均值	40530	0.450	0.448	0	1.032
iv_Rhh	同省内其他县级城市省对下转移支付加权平均值	40530	0.271	0.278	-0.031	0.895
FD	县级一般公共预算收入分权程度	23436	0.497	0.182	0.118	0.903
IS	产业结构技术指标	40512	2.062	0.222	1.034	2.974
Eco_Expense	环境保护公共支出占比	5848	0.425	0.703	-47.380	0.944

第四节 实证结果分析

一 基准回归结果

表6—2是运用SYS-GMM方法对(6-12)式进行估计的回归结果。回归结果显示：第一，过度识别检验的Hansen检验值不显著，说明工具变量的选择具有有效性，且AR(2)接受原假设，说明扰动项无二阶自相关，模型设定和估计方法具有合理性。第二，被解释变量滞后一期的估计系数均为显著，表明设定在解释变量中增加被解释变量滞后一期的系统广义矩估计方程是完全有必要的。

表6—2第(1)—(2)列的估计结果表明：第一，县级增值税分成程度提高对空气污染物排放均有显著的正向影响。根据第(1)列，县级增值税分成程度提高1%，县域人均PM2.5会提高0.682%左右。这意味着省以下收入分成提高会加速恶化县域环境质量，假说6-1得到验证。第二，县级增值税分成程度与省对下转移支付规模的交乘项均对空气污染物排放具有显著的负向影响。这意味着省以下收入分成提高对县域环境质量恶化的加剧效应会随着其省对下转移支付规模提高而减弱，假说6-2得到验证。

表 6—2　　　　　　　　　　SYS-GMM 回归结果

被解释变量	(1) PM2.5_PerCapita	(2) Co2_PerCapita	(3) PM2.5_PerCapita	(4) Co2_PerCapita
L.Dependent	0.326***	0.812***	0.302***	0.824***
	(0.080)	(0.123)	(0.053)	(0.123)
Vat_share	0.682*	0.518***	1.155**	0.439***
	(0.351)	(0.151)	(0.448)	(0.147)
Vat_share×Rhh	−1.378*	−0.710***	−2.165**	−0.584***
	(0.756)	(0.218)	(0.944)	(0.216)
Rhh	2.468***	0.570**	2.762***	0.409*
	(0.815)	(0.252)	(0.786)	(0.248)
HC	—	—	0.047***	0.022**
			(0.017)	(0.011)
Gdpgrowth_city	—	—	0.087*	0.028**
			(0.050)	(0.014)
控制变量	Yes	Yes	Yes	Yes
时间固定效应	Yes	Yes	Yes	Yes
地区固定效应	Yes	Yes	Yes	Yes
样本区间（年）	2000—2009	1999—2009	2000—2009	1999—2009
AR(1)	0.000	0.017	0.000	0.017
AR(2)	0.584	0.158	0.531	0.190
Hansen J	0.899	0.918	0.369	0.213
样本量	12451	16379	15356	15657

注：*、**、***分别表示10%、5%、1%的显著性水平；括号内是聚类稳健标准误。

二　稳健性检验

与前章相同，尽管采用了 SYS-GMM 方法进行估计，在一定程度上解决了潜在的内生性问题。然而，经济社会内部情况纷繁复杂，各种指标之间的关系千丝万缕，因此对上述实证结果的稳健性检验是必不可少的。本节进行了四个方面的稳健性检验：变换衡量指标、增加控制变量、工具变量 GMM 方法以及外生政策冲击效应等方法。

(1) 变换衡量指标

本节采用两种方式进行稳健性检验，第一，使用传统的财政分权指标进行替代，参考现有文献的通行做法，① 采用县级人均一般公共预算收入/（省本级人均一般公共预算收入+市本级人均一般公共预算收入+县级人均一般公共预算收入）来计算各县（市）政府收入分成程度。第二，由于数据限制，无法直接衡量每个县的一般公共预算收入分成情况。因此，本节还利用省级面板数据、县级一般公共预算收入分成和增值税分成来进行稳健性检验。

表6—3　　　　　　　　　　变换衡量指标

被解释变量	(1) PM2.5_ PerCapita	(2) Co2_ PerCapita	(3) PM2.5_ PerCapita	(4) Co2_ PerCapita
L. Dependent	0.346*** (0.114)	0.921*** (0.249)	0.774*** (0.106)	0.849*** (0.060)
FD	3.362** (1.571)	0.432* (0.252)	—	0.553** (0.264)
FD× Rhh	-4.182* (2.148)	-0.920* (0.543)	—	-1.036** (0.480)
Vat_ share	—	—	1.606* (0.898)	—
Vat_ share× Rhh	—	—	-2.577* (1.478)	—
Rhh	4.377** (1.813)	1.087* (0.562)	1.966* (1.130)	0.659*** (0.251)
控制变量	Yes	Yes	Yes	Yes
时间固定效应	Yes	Yes	Yes	Yes
地区固定效应	Yes	Yes		
样本区间（年）	2000—2009	1999—2009	2000—2009	1997—2009
AR (1)	0.018	0.019	0.005	0.000

---

① 张光：《测量中国的财政分权》，《经济社会体制比较》2011年第6期。

续表

被解释变量	（1）	（2）	（3）	（4）
	PM2.5_PerCapita	Co2_PerCapita	PM2.5_PerCapita	Co2_PerCapita
AR（2）	0.332	0.103	0.162	0.909
Hansen J	0.615	0.496	0.998	0.997
样本量	15356	19140	161	276

注：*、**、*** 分别表示10%、5%、1% 的显著性水平；括号内是聚类稳健标准误。

表6—3第（1）—（2）列为使用传统财政分权指标的稳健性检验回归结果。被解释变量分别为县级人均PM2.5取自然对数；县级人均二氧化碳排放量，取自然对数。其估计结果基准回归结果保持高度一致：第一，县级财政分权程度提高对县域空气污染物排放均有显著的正向影响。这意味着中国省以下收入分成提高会加速恶化县域环境质量，假说6-1得到验证。第二，县级财政分权程度与省对下转移支付规模的交乘项均对县域空气污染物排放具有显著的负向影响。这意味着中国省以下收入分成提高对县域环境质量恶化的加剧效应会随着其省对下转移支付规模提高而减弱，假说6-2得到验证。表6—3的第（3）—（4）列为采用全省县级增值税收入分成指标、全省县级一般公共预算收入分成指标的回归结果。其估计结果与基准回归结果依然保持高度一致。这意味着使用省级面板数据从平均意义上也可以发现，中国省以下收入分成提高会恶化县域环境质量，而恶化效应会随着其省对下转移支付规模提高而缓解。

（2）增加控制变量

与前章相同，引入横向竞争效应和纵向策略互动机制作为控制变量。横向竞争指标（HC）采用一省份之内除该县级单位之外其他县级单位实际GDP增长率的加权平均值衡量，权数矩阵为该县人均实际GDP与省内其他县平均人均实际GDP之差绝对值的倒数（詹新宇和刘文彬，2020）。纵向策略互动采用相应地级市人均实际GDP增长率衡量。表6—2第（3）—（4）列是增加了横向竞争效应和纵向策略互动机制的回归结果。回归结果和表6—2第（1）—（2）

列的回归结果依然保持一致：县级增值税分成程度提高对县域空气污染物排放均有显著的正向影响，假说6-1得到验证。县级增值税分成程度与省对下转移支付规模的交乘项均对县域空气污染物排放具有显著的负向影响，假说6-2得到验证。此外，表6—2中横向竞争指标（HC）的估计系数显著为正，表明同层级县级政府间的经济竞争效应会恶化县域环境质量；而纵向策略互动的估计系数显著也为正，表明相应地级市政府的经济增长压力会恶化县域环境质量。

（3）工具变量GMM

表6—4是工具变量GMM一阶段回归结果。表6—4第（1）—（2）列被解释变量分别为县级增值税分成、省对下转移支付及其交乘项，表6—4第（3）—（4）列被解释变量分别为县级人均PM2.5排放量，取自然对数；县级人均二氧化碳排放量，取自然对数。表6—4一阶段回归结果显示：县级增值税分成工具变量的估计系数在1%的显著性水平上显著为正；省对下转移支付工具变量估计系数在1%的显著性水平上显著为正；同时所有工具变量对县级空气污染物排放均没有显著影响，满足工具变量相关性和外生性的假定。

表6—4　　　　　　　　　工具变量一阶段回归结果

被解释变量	(1) Vat_share	(2) Rhh	(3) PM2.5_PerCapita	(4) Co2_PerCapita
$iv\_Vatshare$	0.934*** (0.015)	0.060*** (0.009)	−0.153 (0.164)	−0.139 (0.129)
iv_Rhh	0.006 (0.020)	0.638*** (0.020)	0.343 (0.231)	−0.363 (0.275)
控制变量	Yes	Yes	Yes	Yes
时间固定效应	Yes	Yes	Yes	Yes
地区固定效应	Yes	Yes	Yes	Yes
区域时间趋势	Yes	Yes	Yes	Yes
样本区间（年）	1999—2007	1999—2007	1999—2007	1999—2007

续表

被解释变量	（1） Vat_share	（2） Rhh	（3） PM2.5_PerCapita	（4） Co2_PerCapita
调整后 R^2	0.825	0.919	0.967	0.890
样本量	16941	17071	14776	16965

注：*、**、*** 分别表示 10%、5%、1% 的显著性水平；括号内是聚类稳健标准误。

表6—5是工具变量 GMM 二阶段回归结果显示，F 统计量的值大于 15% 的临界值，通过了弱工具变量检验。估计结果依然保持高度稳健，县级增值税分成程度提高对县域空气污染物排放均有显著的正向影响。这意味着中国省以下收入分成程度提高会加速恶化县域环境质量，假说 6-1 得到验证。县级增值税分成程度与省对下转移支付规模的交乘项均对县域空气污染物排放具有显著的负向影响。这意味着中国省以下收入分成程度提高对县域环境质量恶化的加剧效应会随着其省对下转移支付规模提高而减弱，假说 6-2 得到验证。

表6—5　　　　　　　　　工具变量二阶段回归结果

被解释变量	（1） PM2.5_PerCapita	（2） Co2_PerCapita	（3）	（4）
L.Dependent	0.095*** (0.013)	0.055*** (0.012)	0.617*** (0.061)	0.671*** (0.090)
Vat_share	0.560*** (0.131)	0.341*** (0.111)	0.323* (0.172)	0.298* (0.173)
Vat_share×Rhh	-0.781*** (0.208)	-0.521*** (0.182)	-0.672* (0.358)	-0.675** (0.342)
Rhh	0.990*** (0.214)	0.675*** (0.207)	0.191 (0.316)	0.436 (0.301)
控制变量	—	Yes	—	Yes
时间固定效应	Yes	Yes	Yes	Yes
地区固定效应	Yes	Yes	Yes	Yes
区域时间趋势	Yes	Yes	Yes	Yes

续表

被解释变量	(1) PM2.5_ PerCapita	(2) Co2_ PerCapita	(3)	(4)
样本区间（年）	2000—2007	2000—2007	1999—2007	1999—2007
不可识别检验	0.000	0.000	0.000	0.000
Wald F	111.7***	132.4***	126.7***	173.7***
内生性检验	0.000	0.000	0.013	0.015
调整后 R^2	0.052	0.178	0.659	0.680
样本量	12451	12408	18162	16326

注：*、**、*** 分别表示 10%、5%、1% 的显著性水平；括号内是聚类稳健标准误。

（4）外生政策冲击

研究省以下政府间财政关系无法忽视样本期内几次重要的外生政策冲击。本节选择省直管县财政体制改革、"扩权强县"经济社会管理权限下放改革、所得税分享改革以及取消农业税四个外生政策冲击进行稳健性检验。

第一，省直管县财政体制改革和"扩权强县"经济社会管理权限下放改革。为了缓解县乡基层政府财政困难，防止市级政府将自身事权与支出责任向下转移，以及通过行政权力调整辖区内产业布局和企业分布，2002 年起省直管县财政管理体制改革从福建省开始试点，并逐步在全国推开。2004 年安徽省、河南省、湖北省开展改革试点，2005 年河北省、吉林省、江西省也实施了改革试点。2009 年财政部正式下发《关于推进省直接管理县财政改革的意见》（财预〔2009〕78 号），明确规定了改革内容。截至 2017 年年底，全国 1930 个样本区县，共有 1115 个县实行了省直管县财政改革，占比达 57.77%，共有 615 个县实行了"扩权强县"改革，占比达 31.87%。

由于省直管县财政改革采取先行试点再逐步推进的改革模式，因此采用多时点双重差分模型对这一政策的经济效应进行评估，具体模型设定如下：

$$y_{it} = \alpha + \beta_1 \cdot PMC_{it} + \beta_2 \cdot CPE_{it} + \beta_3 \cdot PMC_{it} \times Rhh_{it} +$$

$$\beta_4 \cdot CPE_{it} \times Rhh_{it} + \beta_5 \cdot Rhh_{it} + \gamma X_{it} + \mu_i + \delta_t + \varepsilon_{it} \qquad (6-13)$$

其中，下标 i 和 t 分别表示第 i 个县级单位和第 t 年。解释变量 PMC_{it} 衡量省直管县财政改革的变量，CPE_{it} 衡量"扩权强县"改革的变量。若该县级城市在样本期内实施了省直管县财政改革，则 PMC_{it} 赋值为 1，否则为 0。CPE_{it} 表示"扩权强县"改革虚拟变量，若该县级城市在样本期内实施了"扩权强县"改革，则 CPE_{it} 赋值为 1，否则为 0。u_i 是县级城市虚拟变量，δ_t 是时间虚拟变量，ε_{it} 是随机扰动项。

第二，2002 年所得税分享改革。2002 年所得税分享改革将改革之前属于地方政府所有的个人所得税与企业所得税转变为中央和地方共享税。然而，在各省份内部的情况则没有这么简单直接，根据前述的特征事实可以发现，县级单位企业所得税分成比例在 2002 年呈现出稳定的增长态势，尽管增长率不大，但是偏向低层级的分配倾向非常明显。① 参考陈思霞等以及陈思霞和张领祎的做法，② 利用"受到政策冲击的程度"作为划分处理组和控制组的依据，构建强度双重差分模型。具体而言，使用改革前 2001 年各县级单位企业所得税收入占比作为衡量政策冲击强度，将该指标与政策改革的时间变量进行交乘，形成双重差分项，具体模型设定如下：

$$y_{it} = \alpha + \beta_1 \cdot EIT2001_i \times Post_t + \beta_2 \cdot EIT2001_i \times Post_t \times Rhh_{it} + \\ \beta_3 \cdot Rhh_{it} + \gamma X_{it} + \mu_i + \delta_t + \varepsilon_{it} \qquad (6-14)$$

其中，下标 i 和 t 分别表示第 i 个县级单位和第 t 年。解释变量 $EIT2001_i \times Post_t$ 衡量所得税分享改革的变量。$EIT2001_i$ 表示改革前 2001 年各县级单位企业所得税收入占比。$Post_t$ 表示所得税分享改革时间虚拟变量，改革实施前为 0，改革实施后为 1。u_i 是县级城市虚拟变量，δ_t 是时间虚拟变量，ε_{it} 是随机扰动项。

---

① 刘怡、刘维刚：《税收分享对地方征税努力的影响——基于全国县级面板数据的研究》，《财政研究》2015 年第 3 期。

② 陈思霞、许文立、张领祎：《财政压力与地方经济增长——来自中国所得税分享改革的政策实验》，《财贸经济》2017 年第 4 期；陈思霞、张领祎：《地方财政压力与投资多样性——基于所得税分享改革的研究》，《南京审计大学学报》2018 年第 2 期。

第三，2005年取消农业税改革。农村税费改革试点于2000年在安徽省率先开展。2002年中央政府进一步在16个省份扩大农村税费改革试点范围。2003年中央政府决定在全国范围内推进农村税费改革试点工作。2004年中央政府再次大幅降低农业税税率，并选择吉林、黑龙江两个省进行全部免除农业税的试点。2006年1月1日中国彻底取消农业税。

参考陈晓光的做法，① 同样利用"受到政策冲击的程度"作为划分处理组和控制组的依据，构建强度双重差分模型。具体而言：

$$Agr_i = \frac{Agr\_Tax_{i,2000-2004}+Subsidy_{i,2000-2004}}{Total\_Tax\_Revenue_{i,2007}} - \frac{Subsidy_{i,2005-2007}}{Total\_Tax\_Revenue_{i,2007}} \quad (6-15)$$

其中，$Agr\_Tax_{i,2000-2004}$ 为取消农业税前的农业税收收入，$Subsidy_{i,2000-2004}$ 和 $Subsidy_{i,2005-2007}$ 分别为取消农业税之前与之后的农业税费改革补贴。

$$y_{it} = \alpha + \beta_1 \cdot Agr_i \times ATA_t + \beta_2 \cdot Agr_i \times ATA_t \times Rhh_{it} + \beta_3 \cdot Rhh_{it} + \gamma X_{it} + \mu_i + \delta_t + \varepsilon_{it} \quad (6-16)$$

其中，下标 i 和 t 分别表示第 i 个县级单位和第 t 年。解释变量 $Agr_i \times ATA_t$ 衡量取消农业税改革的变量。ATA_t 表示取消农业税改革时间虚拟变量，改革实施前为0，改革实施后为1。u_i 是县级城市虚拟变量，δ_t 是时间虚拟变量，ε_{it} 是随机扰动项。

表6—6第（1）列是省直管县财政改革、转移支付对县域环境质量的回归结果。结果显示，省直管县财政改革系数为正向显著，交乘项系数为负向显著。这意味着省直管县财政改革会显著增加县域空气污染物排放，降低县域环境质量，而省对下转移支付可以缓解省直管县财政改革的负面冲击。表6—6第（2）列是"扩权强

---

① 陈晓光：《财政压力、税收征管与地区不平等》，《中国社会科学》2016年第4期。

县"改革、转移支付对县级环境质量的回归结果。结果显示:"扩权强县"改革系数为正向显著,交乘项系数为负向显著。这意味着"扩权强县"改革会增加空气污染物排放,降低县域环境质量,而省对下转移支付可以缓解"扩权强县"改革的负面冲击。表6—6第(3)列是取消农业税改革、转移支付对县级环境质量的回归结果。回归结果显示:取消农业税改革系数为负向显著,交乘项系数为正向显著。前述回归已经证明,取消农业税改革会降低县级收入分成,这意味着降低县级收入分成程度会降低县级空气污染物排放,提升县域环境质量,也即意味着提高县级收入分成会恶化县域环境质量。表6—6第(4)列是所得税分享改革、转移支付对县级环境质量的回归结果。所得税分享改革系数为正向显著,交乘项系数为负向显著。这意味着:所得税分享改革会显著增加县域空气污染物排放,降低县域环境质量,而省对下转移支付可以缓解所得税分享改革对县域环境质量的负面冲击。

表6—6　　　　　　　　　　外生政策冲击

被解释变量	(1) PM2.5_PerCapita	(2) PM2.5_PerCapita	(3) PM2.5_PerCapita	(4) PM2.5_PerCapita
PMC	0.097*** (0.013)	0.020*** (0.006)	0.026*** (0.007)	—
$PMC \times Rhh$	−0.112*** (0.021)	—	—	—
CPE	0.023*** (0.008)	0.039** (0.016)	0.001 (0.009)	
$CPE \times Rhh$	—	−0.047* (0.027)	—	
AR	−0.008** (0.003)	−0.006* (0.003)	−0.028** (0.013)	
$AR \times Rhh$	—	—	0.032* (0.017)	

续表

被解释变量	(1) PM2.5_PerCapita	(2) PM2.5_PerCapita	(3) PM2.5_PerCapita	(4) PM2.5_PerCapita
$Post\_EIT$	—	—	—	0.244*** (0.043)
$Post\_EIT\times Rhh$	—	—	—	-0.143* (0.073)
Rhh	0.166*** (0.027)	0.112*** (0.026)	0.108*** (0.026)	0.182*** (0.029)
控制变量	Yes	Yes	Yes	Yes
时间固定效应	Yes	Yes	Yes	Yes
地区固定效应	Yes	Yes	Yes	Yes
区域时间趋势	Yes	Yes	Yes	Yes
样本区间（年）	2000—2009	2000—2009	2000—2009	2000—2009
调整后 R^2	0.964	0.965	0.968	0.964
样本量	18176	18176	18123	18176

注：*、**、***分别表示10%、5%、1%的显著性水平；括号内是聚类稳健标准误。

综上可得，四个外生政策冲击的回归结果与基准回归结果保持高度一致。县级收入分成程度提高对空气污染物排放有显著的正向影响，县级收入分成程度提高会加速恶化县域环境质量，假说6-1得到验证。县级收入分成程度与省对下转移支付规模的交乘项均对空气污染物排放具有显著的负向影响，县级收入分成程度提高对县域环境质量恶化的加剧效应会随着其省对下转移支付规模提高而减弱，假说6-2得到验证。

三　异质性分析

本节选择了一系列不同地区特征的分类方法与三个核心解释变量交乘进行异质性分析：民族县、发达县、贫困县、双百强县、主要粮食产区、税收净流出和净流入地区、国家重点生态功能区以及东中西部三类地区。所有异质性分析均采用工具变量法。

表6—7是县级增值税分成、省对下转移支付规模对县域空气污染物排放的异质性回归结果，被解释变量为县级人均 PM2.5 排放量，取自然对数。第（1）—（8）列，分别为不同地区的哑变量与核心解释变量交乘：其中，发达县，以每年县级人均实际 GDP 大于中位数为 1，否则为 0；富裕县，以每年县级人均实际一般公共预算收入大于中位数为 1，否则为 0。表6—7的估计结果显示，县级增值税分成程度、省对下转移支付规模对县域环境质量的影响在不同特征地区有显著差异。经济发达地区、双百强县、主要产粮区、税收净流出地区哑变量与三个核心解释变量交乘项的估计系数均显著，其中县级增值税分成交乘项系数为负向显著、三者交乘项系数为正向显著。这意味着在经济发达地区、农业发达地区，省以下收入分成程度提高反而会显著降低县域空气污染物排放，提升县域环境质量。然而，这种激励效应会随着省对下转移支付规模提高而削弱。在贫困县，上述效应正好相反，省以下收入分成程度提高会显著提高县域空气污染物排放，降低县域环境质量。这种恶化效应会随着省对下转移支付规模提高而缓解。在民族县和国家重点生态功能区则没有明显的效应。

表6—8为东、中、西部三类地区分样本回归结果。在东部地区，县级增值税分成提高会降低空气污染物排放，但是激励效应会随着省对下转移支付规模提高而削弱。在西部地区则相反，县级增值税分成提高会增加空气污染物排放，但是恶化效应同样会随着省对下转移支付规模提高而削弱。在中部地区，二者的效应则不明显。

异质性分析结果可以得到，县级增值税分成、省对下转移支付规模对县域环境质量的影响同样存在强烈的异质性特征。在贫困落后地区、西部地区，县级增值税分成程度提高会显著增加县级空气污染物排放，降低县域环境质量，但是其恶化效应会随着省对下转移支付规模提高而削弱。其原因可能是：贫困落后地区更追求经济

表 6-7　各类地区异质性分析

被解释变量 PM2.5_PerCapita	(1) Poverty	(2) GDP	(3) Revenue	(4) Top200	(5) Minority	(6) Food	(7) Flow	(8) EFA
L. Dependent	0.094*** (0.014)	0.110*** (0.016)	0.099*** (0.015)	0.089*** (0.013)	0.081*** (0.013)	0.079*** (0.013)	0.102*** (0.017)	0.048*** (0.013)
Vat_share	0.508*** (0.111)	3.597*** (0.676)	2.531*** (0.440)	0.980*** (0.173)	0.591*** (0.094)	0.713*** (0.149)	3.222*** (0.720)	0.296*** (0.084)
Vat_share×Rhh	−0.995*** (0.212)	−4.918*** (0.938)	−3.592*** (0.638)	−1.460*** (0.277)	−0.889*** (0.164)	−1.115*** (0.248)	−4.553*** (1.034)	−0.471*** (0.150)
Rhh	1.351*** (0.237)	4.665*** (0.887)	3.413*** (0.592)	1.703*** (0.296)	1.228*** (0.186)	1.333*** (0.267)	4.471*** (0.982)	0.644*** (0.168)
Vat_share×Feature	2.292*** (0.824)	−3.689*** (0.664)	−2.601*** (0.426)	−1.019*** (0.161)	0.686 (0.731)	−0.457*** (0.140)	−3.443*** (0.718)	−0.581 (0.603)
Vat_share×Rhh×Feature	−2.454** (1.055)	5.549*** (0.974)	4.291*** (0.686)	2.530*** (0.412)	0.944 (0.976)	1.101*** (0.271)	5.258*** (1.056)	−0.986 (0.744)
Rhh×Feature	2.030** (0.934)	−4.729*** (0.870)	−3.512*** (0.577)	−1.994*** (0.348)	−0.962 (1.014)	−0.705*** (0.227)	−4.915*** (0.962)	0.899 (0.791)
控制变量	Yes	Yes	Yes	Yes	Yes	Yes	Yes	Yes
时间固定效应	Yes	Yes	Yes	Yes	Yes	Yes	Yes	Yes
地区固定效应	Yes	Yes	Yes	Yes	Yes	Yes	Yes	Yes
区域时间趋势	Yes	Yes	Yes	Yes	Yes	Yes	Yes	Yes

续表

被解释变量 PM2.5_PerCapita	(1) Poverty	(2) GDP	(3) Revenue	(4) Top200	(5) Minority	(6) Food	(7) Flow	(8) EFA
样本区间（年）	2000—2007	2000—2007	2000—2007	2000—2007	2000—2007	2000—2007	2000—2007	2000—2007
不可识别检验	0.000	0.000	0.000	0.000	0.000	0.000	0.000	0.000
Wald F	7.810*	15.360***	24.360***	39.340***	5.869*	39.840***	8.552*	10.800***
内生性检验	0.000	0.000	0.000	0.000	0.000	0.000	0.000	0.000
样本量	12408	12408	12408	12408	12408	12408	12408	12408

注：*、**、*** 分别表示10%、5%、1%的显著性水平；括号内是聚类稳健标准误。

表 6—8　三类地区异质性分析

被解释变量	(1)	(2)	(3)	(4)	(5)	(6)
	PM2.5_PerCapita			Co2_PerCapita		
	East	Middle	West	East	Middle	West
L.Dependent	0.034*	0.003*	0.068***	0.313***	0.446***	0.671***
	(0.023)	(0.029)	(0.022)	(0.033)	(0.067)	(0.065)
Vat_share	-0.163**	-0.029	1.038**	-0.297***	-0.161**	-0.108
	(0.064)	(0.144)	(0.447)	(0.051)	(0.073)	(0.274)
Vat_share×Rhh	0.322**	0.371	-1.355**	0.654***	0.211	0.078
	(0.139)	(0.271)	(0.655)	(0.108)	(0.152)	(0.451)
Rhh	0.866***	0.262	-0.025	-0.740***	0.398**	-0.242
	(0.178)	(0.249)	(0.409)	(0.129)	(0.169)	(0.272)
控制变量	Yes	Yes	Yes	Yes	Yes	Yes
时间固定效应	Yes	Yes	Yes	Yes	Yes	Yes
地区固定效应	Yes	Yes	Yes	Yes	Yes	Yes
区域时间趋势	Yes	Yes	Yes	Yes	Yes	Yes
样本区间（年）	2000—2007	2000—2007	2000—2007	2000—2007	2000—2007	2000—2007
不可识别检验	0.000	0.000	0.000	0.000	0.000	0.000
Wald F	47.11***	30.64***	14.08***	80.65***	50.83***	64.08***
内生性检验	0.000	0.000	0.000	0.000	0.000	0.086
调整后 R^2	0.142	0.272	0.0287	0.918	0.892	0.638
样本量	3347	3912	5149	4429	5233	6664

注：*、**、*** 分别表示 10%、5%、1% 的显著性水平；括号内是聚类稳健标准误。

发展的目标偏好，收入分成提高会导致地方政府将更多财政资金投向具有经济属性的生产性支出，采取粗放型发展模式，而以牺牲环境质量为代价。相对的是，在经济发达地区、主要产粮地区、双百强县、税收净流出地区，尤其是东部沿海发达地区，辖区内居民的公共品需求偏好已经不再单一地偏好于基础设施建设等生产性支出，而更加强调居民生活环境和生活质量，也迫使地方政府在收入分成程度提高后，反而会致力于满足辖区内居民的公共需求，致力于辖区内生态环境的保护和生活品质的提升。

四 机制检验

由前述分析可以发现，省以下收入分成提高会加剧地方政府所面临的横向竞争，进而影响地方政府的公共支出结构，从而迫使选择偏向于工业、制造业为主的资本密集型产业的发展战略。偏向生产性支出的公共支出结构必定会减少环境保护支出占比，而工业、制造业为主的产业结构转型同样会造成辖区内的污染物排放增加。因此，省以下收入分成提高恶化县域环境质量的两条机制渠道可能是环境保护支出比重降低和偏向工业、制造业的产业结构转型。为了验证这两条机制渠道，本节选择县级政府环境保护支出占一般公共预算支出的比重衡量环境保护支出占比，以及用"第二产业增加值/其他两个产业增加值"衡量偏向第二产业的产业结构转型。

表6—9是环境保护支出占比减少和偏向第二产业的产业结构转型机制检验回归结果，被解释变量为县级人均PM2.5排放量。表6—9第（1）列为基准结果。表6—9第（2）列的回归结果显示，县级增值税分成程度提高对环境保护支出占比有显著的负向效应，而这种负向效应会随着省对下转移支付规模提高而削弱。表6—9第（3）列结果显示，当县级增值税分成、省对下转移支付规模、交乘项、环境保护支出占比同时加入回归时，县级增值税分成变量、交乘项和省对下转移支付规模变量的估计系数大小和显著性，相较于第（1）列均明显下降，甚至不再显著，而环境保护支出占比估计系

表 6—9　机制检验

被解释变量	(1) PM2.5_PerCapita	(2) Eco_Protection	(3) PM2.5_PerCapita	(4) Industry Rate	(5) PM2.5_PerCapita
Vat_share	0.341*** (0.111)	−0.097** (0.049)	−0.091 (0.235)	0.348* (0.193)	−0.163 (0.170)
$Vat\_share \times Rhh$	0.675*** (0.207)	0.070* (0.204)	−0.170 (0.340)	1.431** (0.650)	0.101 (0.268)
Rhh	−0.521*** (0.182)	0.381*** (0.145)	0.001 (0.350)	−0.998** (0.437)	0.093 (0.261)
$Eco\_Protection$	—	—	−0.066* (0.037)	—	—
$Industry\ Rate$	—	—	—	—	0.012* (0.007)
控制变量	Yes	Yes	Yes	Yes	Yes
时间固定效应	Yes	Yes	Yes	Yes	Yes
地区固定效应	Yes	Yes	Yes	Yes	Yes
区域时间趋势	Yes	Yes	Yes	Yes	Yes
样本区间（年）	1999—2007	2002—2005	2002—2005	1999—2007	1999—2007
不可识别检验	0.000	0.000	0.000	0.000	0.000
Wald F	132.4***	16.19***	52.07***	352.3***	159.9***
内生性检验	0.001	0.050	0.081	0.002	0.000
调整后 R^2	0.178	0.581	0.015	0.159	0.168
样本量	12408	3775	4784	16659	13383

注：*、**、*** 分别表示 10%、5%、1% 的显著性水平；括号内是聚类稳健标准误。

表6—10　进一步检验

被解释变量	(1) PM2.5_PerCapita	(2) Eco_Protection	(3) PM2.5_PerCapita	(4) Industry Rate	(5) PM2.5_PerCapita
L.Dependent	0.346***	0.008***	0.327**	0.181**	0.230***
	(0.114)	(0.002)	(0.153)	(0.084)	(0.038)
FD	3.362**	−1.173*	1.846	1.594**	0.634**
	(1.571)	(0.681)	(2.044)	(0.732)	(0.259)
FD×Rhh	−4.182*	1.454**	0.047	−2.270**	−0.973
	(2.148)	(0.641)	(2.441)	(1.139)	(0.726)
Rhh	4.377**	−1.215**	−1.201	2.060*	1.555***
	(1.813)	(0.531)	(2.842)	(1.143)	(0.602)
Eco_Protection	—	—	−0.842*	—	—
			(0.456)		
Industry Rate	—	—	—	—	0.015*
					(0.008)
控制变量	Yes	Yes	Yes	Yes	Yes
时间固定效应	Yes	Yes	Yes	Yes	Yes
地区固定效应	Yes	Yes	Yes	Yes	Yes
样本区间(年)	1999—2007	2002—2005	2002—2005	1999—2007	1999—2007
AR(1)	0.018	0.074	0.035	0.095	0.000
AR(2)	0.332	0.123	0.146	0.677	0.637
Hansen J	0.615	0.722	0.347	0.860	0.626
样本量	15356	3815	5211	19471	15356

注：*、**、***分别表示10%、5%、1%的显著性水平；括号内是聚类稳健标准误。

数显著为负。这表明环境保护支出占比提高能够有效降低县级空气污染物排放，是省以下收入分成提高影响县域环境质量的重要渠道之一。但这种效应同样会随着省对下转移支付规模提高而削弱。

表6—9第（4）列结果显示，县级增值税分成程度提高对工业、制造业为主的产业结构有显著的正向效应，而这种激励效应会随着省对下转移支付规模提高而增强。表6—9第（5）列结果显示：当县级增值税分成、省对下转移支付规模、交乘项、偏向第二产业的产业结构转型同时加入回归时，县级增值税分成变量、交乘项和省对下转移支付规模变量的估计系数大小和显著性，相较于第（1）列均明显下降，而偏向第二产业的产业结构转型估计系数显著为正。这表明偏向工业、制造业为主的第二产业的产业结构转型会显著增加县级空气污染物排放，是省以下收入分成提高影响县域环境质量的重要渠道之一。这种效应同样会被省对下转移支付规模削弱。

表6—10是采用传统的财政分权指标进行替代的稳健性回归结果，我们采用县级人均一般公共预算收入／（省本级人均一般公共预算收入+市本级人均一般公共预算收入+县级人均一般公共预算收入）来计算各县（市）政府财政分权程度。稳健性检验回归结果与表6—9的估计结果高度一致，环境保护支出比重降低和偏向第二产业的产业结构转型确实是省以下收入分成影响县域环境质量的两条重要机制渠道。

第五节 本章小结与启示

中国经济持续高速增长和环境污染问题日益严重并存的现象一直是学术界和政府共同关注的焦点问题。基于资源高消耗、环境高污染与经济持续高速增长并存的现象，本章研究了中国环境污染问题背后的财政影响机制。在省以下收入分成、省对下转移支付的治理模式下，引入环境质量因素，本章构建了一个包含分税、转移支付、环境质量的政府间竞争模型，揭示了省以下收入分成和省对下转移支付规模"两只手"共同对县域环境质量的影响。基于1999—2007年中国26个省份和1930个县级单位空气质量面板数据，本章实证考察了县级增值税分成程度、省对下转移支付规模对县域环境质量的影响，并选择了民族县、贫困县、双百强县、主要粮食产区、税收净流出和净流入地区、国家重点生态功能区、东中西部三类地区等方式进行异质性分析。基于运用处理内生性的 SYS-GMM 估计方法和工具变量法实证检验发现：第一，县级增值税分成程度提高会增加污染物排放，降低县域环境质量。第二，县级增值税分成程度提高对县域环境质量的恶化效应会随着省对下转移支付规模提高而削弱。第三，县级增值税分成程度提高对县域环境质量的恶化效应存在强烈的异质性特征。县级增值税分成程度提高对县域环境质量的恶化效应在贫困县、西部地区更为显著。在经济发达地区、税收净流出地区、主要粮食产区和东部地区，县级增值税分成程度提高会减少县级污染物排放，提升县域环境质量。第四，县级增值税分成程度提高会恶化县域环境质量的主要渠道是地方政府环境保护公共支出比重降低和偏向第二产业的产业结构转型。

上述结论可以解释中国经济持续高速增长和环境污染问题日益严重并存的现象：中国式财政分权治理体系，致使地方政府处于"经济竞争"中。以经济增长绩效考核为主要内容的官员选拔体系，致使地方政府处于"政治竞争"中。为了获得横向竞争优势地位，地方政府，一方面会增加生产性支出占比、降低环境保护支出比重和环境监管力度，以污染物排放增加为代价吸引企业投资，降低辖区内环境质量，换取辖区内经济增长；另一方面会选择以工业、制造业为主的财政资金投入战略，进而造成辖区内污染物排放增加，降低了辖区内环境质量。

本章研究启示：中国省以下收入分成提高会导致地方政府公共决策的扭曲，以"高污染、高能耗"为代价，片面追求经济持续高速增长。其中，最主要的根源就是地方政府行为目标。在中国这样"政治上高度集权"的治理体制下，上级政府对地方主政官员工作实绩考察的权重就决定了地方政府行为的偏好。因此，必须改变上级政府对于地方官员工作实绩考察的内容，由以经济增长绩效为主的考核体系转变为兼顾环境保护等多维度综合考评体系，才能充分发挥省以下收入分成和省对下转移支付规模对于地方政府环境生态保护的激励效应。2019年，中共中央印发了修订后的《党政领导干部选拔任用工作条例》。[①] 然而，该条例所规定党政领导干部工作实绩考核体系依然相对模糊和宽泛。亟待改变的有三个方面：第一，改变地区之间经济发展、税收收入"经济竞争"的政治生态环境，转变为强调地区高质量经济发展、生态环境质量和民生性公共服务水平的综合考核指标竞争体系。第二，上级政府应该落实和完善最新颁布的评价考核体系，建立详细的环境质量指标评价体系，并将环境质量指标评价体系具体加入党政领导干部工作实绩考核体系中。第三，上级政府应该增加辖区内环境质量因素在党政领导干部工作实绩考核体系中的权重。

---

① 《中共中央印发〈党政领导干部选拔任用工作条例〉》，《人民日报》2019年3月18日。

第 七 章

省直管县财政改革对城乡收入差距的影响

第一节 问题提出

促进农民农村共同富裕是关系国计民生、实现民族复兴的根本性问题。2020年12月，在打赢脱贫攻坚战、全面建成小康社会后，《中共中央 国务院关于实现巩固拓展脱贫攻坚成果同乡村振兴有效衔接的意见》要求，"进一步巩固拓展脱贫攻坚成果，接续推动脱贫地区发展和乡村全面振兴"。2021年1月，《中共中央 国务院关于全面推进乡村振兴加快农业农村现代化的意见》对全面推进乡村振兴做出总体部署。2021年8月17日，习近平总书记在中央财经委员会第十次会议上强调，"促进共同富裕，最艰巨最繁重的任务仍然在农村"。[1] 为了加快缩小城乡差距、实现共同富裕目标，财政部要求各级地方政府更好发挥财政职能、探索有利于推动共同富裕的财政管理体制。省以下财政管理体制是央地间财政关系的纵向延伸和重要组成部分。探索创新打造怎样的省以下财政管理体制，对一个政

---

[1] 习近平：《扎实推进共同富裕》，《求是》2021年第20期。

府层级多、幅员辽阔、国情复杂的单一制国家能否实现共同富裕至关重要。目前，中央和地方之间的事权与支出责任划分正在逐步展开，省以下政府间事权和支出责任划分改革则按照中央与地方之间的改革框架也在加速推进。然而，省以下政府间财政收入划分体制改革亟待展开，"权责清晰、财力协调、区域均衡"的财政收入分配关系尚未建立。[①] 进一步完善省以下政府间财政收入划分体制和省对下转移支付制度是省以下政府间财政关系改革、探索创新有利于推动共同富裕的省以下财政管理体制的重难点。不过，当前学术界尚无深入考察省以下政府间财政关系对县域内城乡收入差距的影响及其机制。探索创新打造怎样的省以下政府间财政关系才能加快缩小城乡差距、促进农民农村共同富裕，成为亟待回答的重大前瞻性问题。

中国在各省份实施的省直管县财政管理体制改革，为回答上述问题提供了良好的契机。省直管县财政改革的实施重新配置了省以下政府间财政收入划分比例，重新制定了省对下转移支付政策和资金划拨方式，彻底改变了省以下政府间财政关系。基于省直管县财政管理体制改革，本章构建了省以下政府间财政关系变动对城乡收入差距影响的理论框架，阐释了省以下政府间财政关系变动对城乡收入差距的影响机理。基于省直管县财政管理体制改革的准自然实验，本章采用1999—2017年中国县级单位面板数据，进行交叠双重差分模型（staggered DID）实证检验。

本章有以下两点贡献：第一，现有文献对省直管县财政改革的影响效应研究大多都聚焦于地区经济增长、缓解基层政府财政困难和地方政府财政治理能力等方面，缺乏对辖区内城乡收入差距的影响及其机制的研究。本章是首次完全聚焦于探讨省直管县财政管理体制改革对县域内城乡收入差距影响及其机理的详尽研究，补充了

---

① 方红生、鲁玮骏、苏云晴：《中国省以下政府间财政收入分配：理论与证据》，《经济研究》2020年第4期。

现有文献在这一研究视角上的缺失。结合地方政府行为逻辑，本章构建了一个理论框架，详细阐释了省以下政府间财政关系重塑对辖区内城乡收入差距的影响机理。理论研究发现：省直管县财政改革提高了县级政府税收分成比例和省对下转移支付规模，一方面，会导致县级政府面临更激烈的地区间横向竞争，加剧地方政府追求辖区内税基扩大和自身财政剩余最大化，导致其对辖区内大型工业、制造业企业采取税收优惠政策，迫使其加剧对其他弱势部门的财政资金获取，扩大县域内城乡收入差距。另一方面，县级政府会选择偏向于工业、制造业等资本密集型部门的财政资金投入战略以获得在横向竞争中的优势地位。偏向性的发展战略会严重延缓城市化进程，扩大县域内城乡收入差距。

第二，基于省直管县财政改革的准自然实验，本章采用1999—2017年中国县级单位面板数据，进行交叠双重差分模型实证检验。研究发现：一是省直管县财政改革显著扩大了城乡收入差距。改革导致县域内城乡收入差距Theil指数上升0.03—0.08、县域内城乡收入差距比值上升0.11—0.19。二是改革效应存在异质性特征。省直管县财政改革，在东部地区和中部地区，会显著扩大城乡收入差距，在民族地区、经济欠发达地区、西部地区，会显著缩小城乡收入差距，在主要产粮地区和省域边界县，改革效应则不明显。三是省直管县财政改革扩大县域内城乡收入差距有两条重要的机制渠道：其一，改革提高了县级政府所面临的地区间横向竞争程度，迫使其加剧对其他弱势部门的财政资金获取；其二，县级政府会选择偏向于工业、制造业等资本密集型部门的发展战略，严重延缓了城市化进程。本章的研究补充了省直管县财政改革对县域内城乡收入差距影响及其机理的研究视角缺失，为探索有利于推动共同富裕的省以下财政管理体制提供了坚实的理论支撑和全新的经验证据。

第二节 文献评述

本章要回答的核心问题是基于省直管县财政管理体制改革的准自然实验来考察省以下政府间财政关系重塑对县域内城乡收入差距的影响。与这一主题相关的文献主要有三个方面：第一，省直管县财政改革效应研究；第二，城乡收入差距影响因素研究；第三，财政分权对城乡收入差距影响机制的研究。

第一方面，学术界已经对省直管县财政改革效应进行了广泛而深入的研究。其中一篇聚焦于省直管县财政改革对地区经济增长的影响。无论采用全国层面的数据，还是局部省份的数据，研究发现改革能够有效促进县域经济增长，并能提高城市全要素生产率。才国伟和黄亮雄、郑新业等以及贾俊雪和宁静都认为，省直管县财政改革促进县域经济增长的影响渠道是促使基层政府增加财政支出，尤其是偏向基础设施建设的公共支出。[①] 然而，Li 等研究发现，政府层级扁平化会对县域经济增长产生显著的负向影响。[②] 相较于上级政府，基层政府的短视、腐败和资源错配的扭曲更加严重，反而抑制了县域经济的发展。林细细等也发现，政府层级简化会导致县级政府公共治理效率显著下降。[③] 二者在理论分析、样本选择、数据处理和实证策略上不尽相同，使得改革的经济增长效应在学术界尚未形成一致的结论。另一篇文献则聚焦于缓解县乡基层政府财

[①] 才国伟、黄亮雄：《政府层级改革的影响因素及其经济绩效研究》，《管理世界》2010 年第 8 期；郑新业、王晗、赵益卓：《"省直管县"能促进经济增长吗？——双重差分方法》，《管理世界》2011 年第 8 期；贾俊雪、宁静：《纵向财政治理结构与地方政府职能优化——基于省管县财政体制改革的拟自然实验分析》，《管理世界》2015 年第 1 期。

[②] Li P., Lu Y., Wang J., "Does Flattening Government Improve Economic Performance? Evidence from China", *Journal of Development Economics*, No. 123, 2016, pp. 18–37.

[③] 林细细、赵海、张海峰等：《政府层级关系简化与公共治理效能》，《财贸经济》2022 年第 5 期。

政困难。① 尽管大多数研究都认为改革有助于增强基层政府税收自主权，增强地方财政自给能力，但在是否改变省以下政府间财政关系的问题上莫衷一是。Li 等研究发现，政府层级扁平化会提高省级人均财政收支在全省财政收支中的分配比例，降低市级人均财政收支在全省财政收支中的分配比例，而对县级财政分权则没有显著影响。才国伟等也认为，改革会降低市级人均财政收入，但是会提高市级人均财政支出。谭之博等研究则发现，改革会降低市级财政分权，提高县级财政分权。② 尽管现有文献关于改革如何影响省以下政府间财政关系的研究结论并不一致，但是可以得出一个重要启示，即省直管县财政改革彻底改变了省以下政府间财政关系，是一个强有力的外生冲击。此外，还有一些文献的研究主题则分别触及基层政府税收行为③和税收竞争、④ 产业结构升级、⑤ 环境污染、⑥ 公共支出及其结构⑦以及义

---

① 才国伟、张学志、邓卫广：《"省直管县"改革会损害地级市的利益吗？》，《经济研究》2011 年第 7 期；宁静、赵旭杰：《纵向财政关系改革与基层政府财力保障——准自然实验分析》，《财贸经济》2019 年第 11 期。

② 谭之博、周黎安、赵岳：《省管县改革、财政分权与民生：基于"倍差法"的估计》，《经济学（季刊）》2015 年第 3 期。

③ 李广众、贾凡胜：《财政层级改革与税收征管激励重构——以财政"省直管县"改革为自然实验的研究》，《管理世界》2020 年第 8 期；李广众、贾凡胜：《政府财政激励、税收征管动机与企业盈余管理——以财政"省直管县"改革为自然实验的研究》，《金融研究》2019 年第 2 期。

④ 王小龙、方金金：《财政"省直管县"改革与基层政府税收竞争》，《经济研究》2015 年第 11 期。

⑤ 王立勇、高玉胭：《财政分权与产业结构升级——来自"省直管县"准自然实验的经验证据》，《财贸经济》2018 年第 11 期。

⑥ 蔡嘉瑶、张建华：《财政分权与环境治理——基于"省直管县"财政改革的准自然实验研究》，《经济学动态》2018 年第 1 期；王小龙、陈金皇：《省直管县改革与区域空气污染——来自卫星反演数据的实证证据》，《金融研究》2020 年第 11 期；张华：《省直管县改革与雾霾污染：来自中国县域的证据》，《南开经济研究》2020 年第 5 期。

⑦ 陈思霞、卢盛峰：《分权增加了民生性财政支出吗？——来自中国"省直管县"的自然实验》，《经济学（季刊）》2014 年第 4 期；高秋明、杜创：《财政省直管县体制与基本公共服务均等化——以居民医保整合为例》，《经济学（季刊）》2019 年第 4 期；刘佳、吴建南、吴佳顺：《省直管县改革对县域公共物品供给的影响——基于河北省 136 县（市）面板数据的实证分析》，《经济社会体制比较》2012 年第 1 期。

务教育支出及差距。① 其中与研究主题直接相关的文献仅有两篇,②前者在探讨改革如何影响民生性公共支出和财政分权之余,有一小部分涉及城乡收入差距,他们发现改革显著缩小了城乡收入差距。后者采用 PSM-DID 的方法发现改革显著扩大了城乡收入差距,二者的结论完全相悖。这两篇代表性文献都存在一些问题值得注意。前者存在三个方面的问题：首先,研究视点相对离散,核心内容涉及分权程度、教育、社会救助和城乡收入差距等多个主题,缺乏详细的理论阐述和细致的机制分析。其次,经验策略中没有严格区分省直管县财政改革和"扩权强县"改革,使其结论可能存在混淆。最后,缺乏稳健性检验使实证结果的可信度无法保证。后者存在两个方面问题：第一,他们只选择了 2000 年和 2007 年两个年度的数据样本,样本过少且存在选择偏误的可能。第二,经验策略过于简略,难以确保实证结果的稳健性。上述问题使现有文献在城乡收入差距这一研究视角上还存在缺失。本章的研究就是在现有文献的基础上,进一步完善上述文献所存在的数据样本过少、理论机理缺失、经验策略简略等问题,进而补充现有文献在这一研究视角上的缺失。

第二方面,城乡收入差距影响因素的研究非常丰富。Becker 和 Chiswick 发现,人均教育程度和教育资源分布是导致收入分配不平等的重要因素。③ 陆铭和陈钊研究发现,城市化是降低城乡收入差距的重要途径。④ 陈斌开和林毅夫构建了重工业优先发展程度技术选择指数,研究发现地方政府偏向于资本密集型部门的优先发展战

---

① 赵海利、陈芳敏、周晨辉：《省直管县改革对地区义务教育投入差距的影响——基于江西省的经验分析》,《经济社会体制比较》2018 年第 4 期。
② 谭之博、周黎安、赵岳：《省管县改革、财政分权与民生：基于"倍差法"的估计》,《经济学（季刊）》2015 年第 3 期；乔俊峰、齐兴辉：《省直管县改革缩小了城乡收入差距吗？——基于 PSM-DID 方法的研究》,《商业研究》2016 年第 9 期。
③ Becker G. S., Chiswick B. R., "Education and the Distribution of Earning", *American Economic Review*, Vol. 56, No. 3, 1966, pp. 358-369.
④ 陆铭、陈钊：《城市化、城市倾向的经济政策与城乡收入差距》,《经济研究》2004 年第 6 期。

略延缓了城市化进程，扩大了城乡收入差距。① 钞小静和沈坤荣也研究发现，有偏向的政府战略及其衍生政策的行政干预是加剧城乡收入差距的重要因素。② 陈斌开等研究发现，偏向于城市的教育资金投入是导致教育水平差异的重要因素。③ 孙永强研究发现，金融市场发展导致的城乡二元结构固化会延缓城市化进程，扩大城乡收入差距。④ 总结上述，政府行政干预和财政资金投入的偏向性、城乡发展二元割裂等结构性问题会延缓城市化进程，进而不断扩大城乡收入差距。

第三方面，财政分权对城乡收入差距影响的研究存在很大不确定性。Bardhan 和 Mookherjee 研究发现，财政分权会提高地方政府对辖区内居民福利水平的关注程度，同时也会增强地方政府与辖区内政治精英的勾连，从而出现财政支出偏向地方精英阶层的特征。⑤ Neyapti 的研究则强调了只有在完善的治理机制、舆论监督和法治环境下，财政分权才会有助于改善收入差距。⑥ 杨其静研究分析认为，地区之间的横向竞争会迫使地方政府对辖区内大型企业采取税收优惠，而加剧其对弱势部门的财政资金获取。⑦ 王永钦等的实证结果表明，中国式财政分权会扩大城乡收入差距。⑧ 不同的是，储德银等的

---

① 陈斌开、林毅夫：《发展战略、城市化与中国城乡收入差距》，《中国社会科学》2013 年第 4 期。

② 钞小静、沈坤荣：《城乡收入差距、劳动力质量与中国经济增长》，《经济研究》2014 年第 6 期。

③ 陈斌开、张鹏飞、杨汝岱：《政府教育投入、人力资本投资与中国城乡收入差距》，《管理世界》2010 年第 1 期。

④ 孙永强：《金融发展、城市化与城乡居民收入差距研究》，《金融研究》2012 年第 4 期。

⑤ Bardhan P., Mookherjee D., "Decentralizing Antipoverty Program Delivery in Developing Countries", *Journal of Public Economics*, No. 89, 2015, pp. 675-704.

⑥ Neyapti B., "Revenue Decentralization and Income Distribution", *Economics Letters*, No. 92, 2006, pp. 409-416.

⑦ 杨其静：《分权、增长与不公平》，《世界经济》2010 年第 4 期。

⑧ 王永钦、张晏、章元等：《中国的大国发展的道路——论分权式改革的得失》，《经济研究》2007 年第 1 期。

研究表明，中国式财政分权对城乡收入差距的影响存在异质性特征，取决于财政分权的具体内容和相契合的政策环境。[①] 李永友和王超研究发现，集权式财政管理体制改革能够有效缩小城乡收入差距。[②] 总结而言，分权式财政管理体制没有相契合的治理机制、舆论监督和法治环境会降低农村人均收入水平、扩大城乡收入差距，而集权式财政管理体制反而会缩小城乡收入差距。

第三节　政策背景与理论框架

一　政策背景

为了缓解县乡基层政府财政困难，防止市级政府将自身事权与支出责任向下转移，以及通过行政权力调整辖区内产业布局和企业分布，省直管县财政改革在全国逐步推开。早在 20 世纪 90 年代初期，福建省就尝试进行省直管县财政管理体制的改革探索。浙江省和海南省自 1982 年全面改革地区体制以来就一直都采取省直管县财政管理体制。2004 年安徽省、河南省、湖北省开展改革试点，2005 年河北省、吉林省、江西省也实施了改革试点。2009 年财政部正式下发《关于推进省直接管理县财政改革的意见》（财预〔2009〕78 号），明确规定收支划分、转移支付、财政预决算、资金往来和财政结算五个方面的改革内容。截至 2017 年年底，全国 1984 个县级单位样本中，共有 1173 个县级单位实行了省直管县财政改革，其中包括 4 个直辖市、浙江省和海南省等长期实行的 113 个县级单位，占比达到 59.12%。

[①] 储德银、韩一多、张景华：《中国式分权与城乡居民收入不平等——基于预算内外双重维度的实证考察》，《财贸经济》2017 年第 2 期。

[②] 李永友、王超：《集权式财政改革能够缩小城乡差距吗？——基于"乡财县管"准自然实验的证据》，《管理世界》2020 年第 4 期。

二 理论框架

基于省直管县财政管理体制改革，结合地方政府行为逻辑，本章构建了省直管县财政管理体制改革所导致的省以下政府间财政关系变动对辖区内城乡收入差距影响机理的理论分析框架。2009年财政部下发的《关于推进省直接管理县财政改革的意见》（财预〔2009〕78号）明确揭示了省直管县财政管理体制改革所导致的省、市、县三级政府财政治理方式的变动。值得注意的是两个方面：其一，省以下政府间收支划分、转移支付、资金往来、预决算、年终结算等方面，省级财政与市、县级财政直接联系。市、县级之间不得要求对方分担应属自身事权范围内的支出责任。这意味着县级政府税收分成比例提高。其二，转移支付、税收返还、所得税返还等由省直接核定并补助到市、县。这意味着省对下转移支付规模增加。这两种省以下政府间财政收入分配的变动会共同作用于县级政府财政收支，进而影响城乡收入差距（见图7—1）。

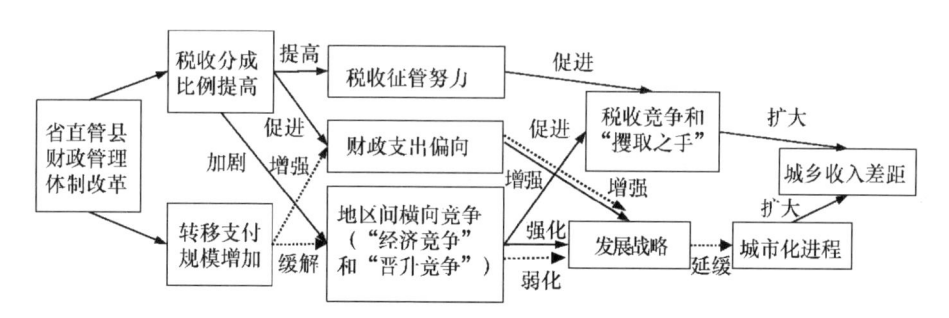

图7—1 省直管县财政改革对城乡收入差距影响的理论机理

注：图中实线和虚线分别代表税收分成比例提高和省对下转移支付规模增加的影响路径。

税收分成比例提高会对县级政府财政收入和支出产生三个方面的影响：其一，税收分成比例提高意味着县级政府拥有更大的地方财政资金筹措权，激发县级政府追求自身财政剩余最大化的激励。① 李广众和贾凡胜的研究表明，税收分成比例提高会导致地方政府加强税收征管努力，辖区内企业的逃避税减少。② 其二，税收分成比例提高意味着县级政府财政支出将更多依靠自有财力融资，在遏制县级政府进行支出成本转嫁所造成的道德风险的同时，也迫使县级政府更加谨慎地考虑财政支出项目以规避进一步恶化地方财政压力，这一点在财政支出结构上尤为明显。马光荣等、陈思霞和卢盛峰的研究都证实税收分成比例提高会导致生产性公共支出比例显著上升。③ 其三，省直管县财政管理体制改革意味着县级政府横向竞争加剧。改革之前，县级政府只需面临所属地级市内同级政府之间的横向竞争，改革之后将面临所属省内所有同级政府之间的横向竞争。参与改革的市、县越多，地区横向竞争越激烈。改革会引发县级政府之间进行"税收竞争"。王小龙和方金金的研究证明，省直管县财政改革显著降低了辖区内大型工业、制造业企业实际有效税率，从而加剧了对其他弱势部门的财政资金获取。④

省对下转移支付规模增加也会对县级政府财政收入和支出产生三个方面的影响：其一，省对下转移支付规模增加会缓解地区间横向竞争，扭转县级政府之间的"恶性竞争"。但是为了实现地区间均衡性发展，调动发达地区的积极性，省级政府会更多采取专项转移支付的形式，使缓解效应可能无法凸显。⑤ 其二，省对下转

---

① 刘勇政、贾俊雪、丁思莹：《地方财政治理：授人以鱼还是授人以渔——基于省直管县财政体制改革的研究》，《中国社会科学》2019 年第 7 期。

② 李广众、贾凡胜：《财政层级改革与税收征管激励重构——以财政"省直管县"改革为自然实验的研究》，《管理世界》2020 年第 8 期。

③ 陈思霞、卢盛峰：《分权增加了民生性财政支出吗？——来自中国"省直管县"的自然实验》，《经济学（季刊）》2014 年第 4 期；马光荣、张凯强、吕冰洋：《分税与地方财政支出结构》，《金融研究》2019 年第 8 期。

④ 王小龙、方金金：《财政"省直管县"改革与基层政府税收竞争》，《经济研究》2015 年第 11 期。

⑤ 吕冰洋、毛捷、马光荣：《分税与转移支付结构：专项转移支付为什么越来越多？》，《管理世界》2018 年第 4 期。

移支付规模增加直接增强了县级政府财政能力，缓解县级政府财政困难，增强财政支出能力。其三，省对下转移支付规模增加不利于遏制县级政府财政支出成本的转嫁风险，弱化了县级政府预算约束。

综上所述，省直管县财政改革提高了县级政府税收分成比例和省对下转移支付规模，会导致县级政府面临更激烈的地区间横向竞争，引发县级政府增强税收征管努力，追求辖区内税基扩大和自身财政剩余最大化。目前的省以下政府间财政收入分配关系本身就没有充分考虑辖区内人均财政收入的不平衡程度。[1] 所以县级政府，一方面会对辖区内大型工业、制造业企业采取税收优惠政策，而加剧对其他弱势部门的财政资金获取，直接扩大了辖区内收入分配差距；另一方面会采取偏向于工业、制造业等资本密集型部门的财政资金投入战略以获得在横向竞争中的优势地位。省对下转移支付规模的增加能够缓解上述效应，但是省级政府为了实现区域间的均衡发展、调动发达地区经济发展的积极性，会更多地采取专项转移支付的形式，导致这种缓解效应可能无法凸显。相对于一般性转移支付，专项转移支付严格限定了资金用途，不能相对自由地选择投入领域，反而更可能被用于与发展战略保持一致的优先发展产业。县级政府在激烈的地区间横向竞争中，追求自身财政剩余最大化，并采取偏向于工业、制造业等资本密集型部门的财政资金投入发展战略及衍生政策的行政干预会延缓县域内城市化进程，进而扩大城乡收入差距。

假说7-1：省直管县财政管理体制改革会扩大县域内城乡收入差距。

假说7-2：省直管县财政管理体制改革扩大县域内城乡收入差距的影响渠道之一是地区间横向竞争的加剧。

---

[1] 方红生、鲁玮骏、苏云晴：《中国省以下政府间财政收入分配：理论与证据》，《经济研究》2020年第4期。

假说7-3：省直管县财政管理体制改革扩大县域内城乡收入差距的影响渠道之二是地方政府偏向于工业、制造业等资本密集型部门的发展战略。

第四节 研究设计

一 基准设定

本节采用交叠双重差分模型（staggered DID）考察省直管县财政管理体制改革对县域内城乡收入差距的影响及其机制。省直管县财政改革为我们从空间上和时间上利用交叠双重差分模型实证检验提供了可能。交叠双重差分模型包括两组城市：处理组，实施了改革的县级城市；对照组，没有实施改革的县级城市。由此，可以考察改革实施前后，处理组和对照组的差异。

图7—2显示了实施省直管县财政改革的县级城市和没有实施省直管县财政改革的县级城市之间城乡收入差距Theil指数的时间变动趋势。剔除了4个直辖市、浙江省和海南省等数据样本之后，在各省份逐步推开省直管县财政改革试点之前，两类县级城市的城乡收入差距时间变动趋势大致保持一致。在改革试点之后，两类县级城市的城乡收入差距之间变动趋势则出现了背离，实行改革的县级城市城乡收入差距从低于变成了高于未实行改革的县级城市。图7—2初步说明了采用交叠双重差分模型的合理性。

本节计量模型基准设定如下所示：

$$y_{it}=\alpha+\beta_1 \cdot PMC\_Post_{it}+\gamma X_{it}+\mu_i+\delta_t+\varepsilon_{it} \quad (7-1)$$

其中，下标i和t分别表示第i个县和第t年。被解释变量y_{it}衡量县域内城乡收入差距，采用城乡收入差距Theil指数（Gap_Theil）衡量，通过城镇在岗职工平均工资、农民人均可支配收入、农村人口、城市人口和总人口等数据计算获得。现有文献多采用城镇居民

第七章　省直管县财政改革对城乡收入差距的影响　　205

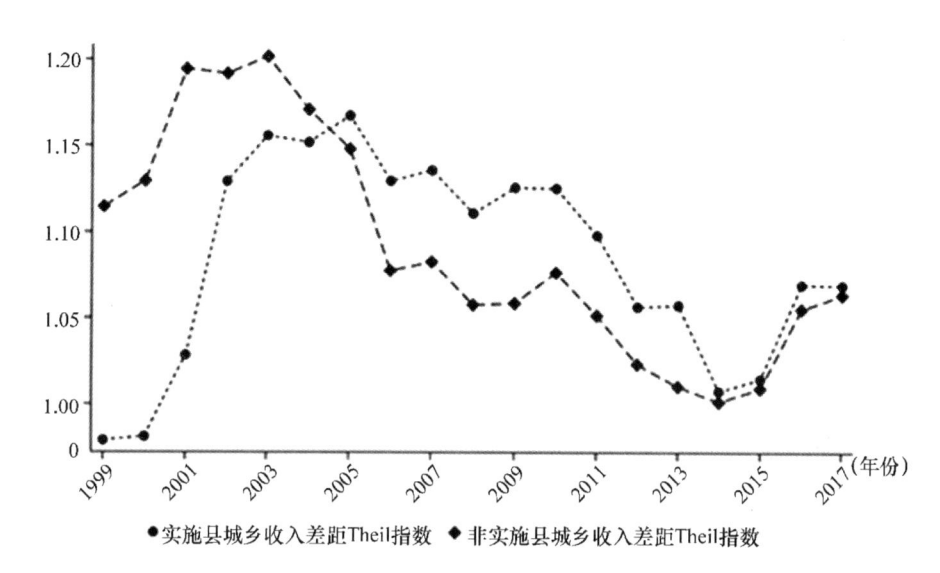

图7—2　两类县级城市城乡收入差距 Theil 指数时间变动趋势

人均可支配收入/农民人均可支配收入来衡量。受数据限制，参考现有文献的通行做法，[①] 还使用城镇在岗职工平均工资/农民人均可支配收入的比值（Gap）进行稳健性检验。

解释变量 PMC_Post_{it} 是衡量省直管县财政改革的双重差分估计量。如果该县（市）i 在第 t 年参与实施了改革，那么该县（市）i 在第 t 年及之后的年份中 $PMC\_Post_{it}=1$，否则为 $PMC\_Post_{it}=0$。μ_i 是县级单位城市虚拟变量，δ_t 是时间虚拟变量，ε_{it} 是随机扰动项。X_{it} 为控制变量集，参考 Li 等的做法，[②] 包括："扩权强县"政策变量；样本期初1999年城市化水平（urban），非农村人口/总人口；县域平均坡度（slope）；县域海拔（altitude）；民族县哑变量（minority）；国家级贫困县哑变量（poverty）；主要产粮县哑变量

[①] 李永友、王超：《集权式财政改革能够缩小城乡差距吗？——基于"乡财县管"准自然实验的证据》，《管理世界》2020年第4期。

[②] Li P., Lu Y., Wang J., "Does Flattening Government Improve Economic Performance? Evidence from China", *Journal of Development Economics*, No. 123, 2016, pp. 18-37.

(food); 省域边界县哑变量 (provboundary), 上述特征控制变量均与时间趋势一次项、二次项、三次项以及年份虚拟变量交乘。此外, 参考 Persson 和 Zhuravskaya 的做法, 将中国各省分为六个区域, 增加控制了六个区域的时间趋势。[1]

本节进一步考察省直管县财政改革影响县域内城乡收入差距的机制渠道。我们选择两个衡量渠道变量的指标, 分别为地区间横向竞争程度 (HC) 和产业结构偏向 (IS)。参考王小龙和陈金皇的做法,[2] 地区间横向竞争程度采用某一省份当年实施省直管县财政改革和"扩权强县"改革的县的个数进行衡量 (Num_PMC 和 Num_CPE)。此外, 参考王立勇和高玉胭的做法,[3] 产业结构偏向采用产业结构升级指数 (IS) 指标进行衡量, 取自然对数。

$$IS = \sum_{i=1}^{3} y_i \times i, \quad 1 \leq IS \leq 3 \quad (7-2)$$

其中, y_i 表示第 i 产业增加值占 GDP 的比重, IS 表示产业结构升级指数, 取值范围为 [1, 3], 越接近于 1, 表示层次越低; 越接近于 3, 表示层次越高。通过构造产业结构升级指数可以反映县级政府是否采取了偏向于工业、制造业等资本密集型部门的财政资金投入发展战略。借鉴 Baron 和 Kenny 等现有文献的机制检验方法来考察渠道变量所传导的中介效应。[4]

---

[1] Persson P., Zhuravskaya E., "The Limits of Career Concerns in Federalism: Evidence from China", *Journal of the European Economic Association*, Vol. 14, No. 2, 2016, pp. 338-374.

[2] 王小龙、陈金皇:《省直管县改革与区域空气污染——来自卫星反演数据的实证证据》,《金融研究》2020 年第 11 期。

[3] 王立勇、高玉胭:《财政分权与产业结构升级——来自"省直管县"准自然实验的经验证据》,《财贸经济》2018 年第 11 期。

[4] Baron R. M., Kenny D. A., "The Moderator-mediator Variable Distinction in Social Psychological Research: Conceptual, Strategic and Statistical Considerations", *Journal of Personality and Social Psychology*, Vol. 51, No. 6, 1986, pp. 1173-1198.

二 稳健性检验

最新的研究文献对使用 TWFE 进行双重差分模型提出了质疑,[1] 他们认为多时点政策变量会使 TWFE 回归结果有偏,上述文献也分别提出了解决方案和稳健性检验方法。

为了避免 TWFE 估计量可能产生的偏误,参考 Borusyak 等的做法,[2] 使用其提供的解决多时点政策冲击修正缺失的插值法 did_imputation 命令进行稳健性检验。

为了避免可能产生的偏误,使用 Goodman-Bacon 提供的命令[3]对基准回归结果进行 Goodman-Bacon 分解,以确保"坏对照组"的系数大小和权重不会明显影响平均处理效应(ATT)。

使用交叠双重差分模型时,处理组和对照组必须满足平行趋势假定。如果两类县级城市在政策实施之前的时间变动趋势不一致,则表明识别的结果有偏。此外,参考事件研究法,使用 did_imputation 命令来检验省直管县财政改革的动态效应。模型设定如下所示:

$$y_{it} = \alpha + \sum_{j=-5}^{5} \beta_j \cdot PMC\_Post_{it+j} + \gamma X_{it} + \mu_i + \delta_t + \varepsilon_{it} \quad (7-3)$$

为了考察是否存在由于遗漏变量等因素所造成的估计偏误,通

---

[1] Bacon G. A., "Difference-in-Differences with Variation in Treatment Timing", *Journal of Econometrics*, Vol. 225, No. 1, 2021, pp. 254 – 277; Chaisemartin C., D'Haultfoeuille X., "Two-way Fixed Effects Estimators with Heterogeneous Treatment Effects", *American Economic Review*, Vol. 110, No. 9, 2020, pp. 2964-2996; Sun L. Y., Abraham S., "Estimating Dynamic Treatment Effects in Event Studies with Heterogeneous Treatment Effects", *Journal of Econometrics*, Vol. 225, No. 2, 2021, pp. 175 – 199; Borusyak K., Jaravel X., Spiess J., "Revisiting Event Study Designs: Robust and Efficient Estimation", *Review of Economic Studies*, 2024, rdae007.

[2] Borusyak K., Jaravel X., Spiess J., "Revisiting Event Study Designs: Robust and Efficient Estimation", *Review of Economic Studies*, rdae007, 2024.

[3] Bacon G. A., "Difference-in-Differences with Variation in Treatment Timing", *Journal of Econometrics*, Vol. 225, No. 1, 2021, pp. 254-277.

过随机设定改革实施城市和实施时间来进行安慰剂检验。① 具体而言，剔除 4 个直辖市、浙江省和海南省等样本之后，1871 个县级单位城市中，共有 1060 个县级单位分批次实行了改革。我们设置了 17 个年份截面，随机设置其中任意一个年份截面（剔除样本区间的起始和最终年份）并随机选择当年实际实施改革的县的个数为政策实施城市，即处理组，其余城市为对照组，从而构成虚假的改革政策变量 $PMC\_Post_{it}^{false}$。随机选择的虚假改革政策变量应该对县域内城乡收入差距没有显著影响，估计系数应该为 0。重复 500 次上述随机过程以避免极端值的干扰。

各县是否参与省直管县财政改革还可能存在潜在的内生性问题。各县决定是否参与改革与当地的经济发展水平、财政收支状况、城乡发展状况都密切相关。为了解决潜在的内生性问题，参考刘勇政等的做法，② 选择各县与其所属省份省会城市的地理距离（km）与省直管县财政改革虚拟变量的交互项作为省直管县财政改革政策变量的工具变量。省级政府一旦决定要在全省辖区内实施省直管县财政改革，其在选择改革试点县时，县与其所属省份省会城市的地理距离是一个决定性因素。距离越近，经济发展关联性越高，那么在取消市级对县级财政管辖改革时，可能会遇到更大阻力。因此，省级政府可能会选择地理距离更远的县参与实施改革。

三 数据说明

本章采用 1999—2017 年中国 1984 个县级单位面板数据，由于数据缺失和行政级别方面的差异，剔除了西藏自治区和所有市辖区的样本。县域数据主要来源为 EPS 数据库、《中国区域经济统计年鉴》、《中国县域统计年鉴》、《全国地市县财政统计资料》，省直管

---

① Chetty, R., Looney A., Kroft K., "Salience and Taxation: Theory and Evidence", *American Economic Review*, Vol. 99, No. 4, 2009, pp. 1145-1177.

② 刘勇政、贾俊雪、丁思莹:《地方财政治理：授人以鱼还是授人以渔——基于省直管县财政体制改革的研究》，《中国社会科学》2019 年第 7 期。

县财政管理体制改革和"扩权强县"经济社会管理权限下放改革数据手工整理收集于各省份《关于实行省直管县财政体制的通知》，例如《河北省人民政府关于实行省直管县财政体制的通知》（冀政〔2009〕51号）、《湖北省关于进一步完善省管县（市）财政体制》（鄂政〔2007〕22号）等。为了避免极端值残留在样本中对估计造成影响，使用Winsor命令剔除被解释变量上下1%的极端值。

表7—1　　　　　　　　　主要变量描述性统计

变量名	变量定义	观测值	均值	标准差	最小值	最大值
Gap	城镇在岗职工平均工资/农民人均可支配收入	23059	5.15	2.49	1.92	14.96
Gap_Theil	城乡居民人均可支配收入Theil指数	22963	1.10	0.57	0.02	3.21
PMC_Post	省直管县财政改革县当年及之后年份为1，否则为0	37696	0.34	0.47	0	1
CPE_Post	"扩权强县"改革县当年及之后年份为1，否则为0	37696	0.15	0.36	0	1
ln(prgdp)	ln[实际GDP（以1978年为基期）/总人口]	37683	7.97	0.91	5.22	11.67
industry	第二产业增加值/GDP	37683	0.41	0.16	0	0.95
tertiary	第三产业增加值/GDP	37683	0.34	0.10	0	0.92
IS	产业结构升级指数	37683	0.73	0.09	0.13	1.07
urban	非农人口/总人口	37683	0.20	0.14	0	1
slope	县域平均坡度（度）	37696	8.83	7.01	0.01	31.34
altitude	县域平均海拔（千米）	37696	0.67	0.82	0	4.60
Minority	民族县为1，否则为0	37696	0.28	0.45	0	1
Poverty	国家级贫困县为1，否则为0	37696	0.30	0.46	0	1
Food	主要产粮县为1，否则为0	37696	0.19	0.39	0	1
Provboundary	省域边界县为1，否则为0	37696	0.26	0.44	0	1
EFA	生态功能区转移支付县为1，否则为0	37696	0.20	0.40	0	1
distance	县到所在省份省会的地理距离（千米）	37696	233.24	191.74	2.75	2095.80

第五节 实证结果分析

一 基准回归结果

表7—2 的 Panel A 是省直管县财政改革对县域内城乡收入差距 Theil 指数影响的交叠双重差分模型估计结果。第（1）—（6）列采用 TWFE 估计，第（7）—（8）列采用修正缺失的 did_ imputation 命令估计。为了增强回归结果的稳健性，第（6）列变换数据样本，剔除了4个直辖市、浙江省和海南省等长期实行的113个县级单位。回归结果显示，无论是否添加六个区域时间趋势、"扩权强县"改革虚拟变量、控制变量，无论采用何种回归分析估计量，省直管县财政改革对县域内城乡收入差距 Theil 指数都有显著的正向效应。这表明，省直管县财政改革显著扩大了县域内城乡收入差距，改革导致县域内城乡收入差距 Theil 指数上升 0.04—0.08，假说7-1得到验证。

二 稳健性检验

本节采用六种稳健性检验方式：变换被解释变量衡量指标、Goodman-Bacon 分解、动态双重差分效应、随机设定的安慰剂检验、工具变量法以及倾向得分匹配双重差分法。

（1）变换被解释变量衡量指标

表7—2 的 Panel B 是省直管县财政改革对县域内城乡收入差距影响的交叠双重差分模型估计结果。被解释变量变换为城镇在岗职工平均工资/农民人均可支配收入的比值（*Gap*）。回归结果显示，无论是否添加六个区域时间趋势、"扩权强县"改革虚拟变量、控制变量，无论采用何种回归分析估计量，省直管县财政改革对县域内城乡收入差距依然存在显著的正向效应，改革导致县域内城乡收入差距比值上升 0.19 左右，假说7-1再次得到验证。

表7—2　　　　　　　　　　　基准回归结果

被解释变量	TWFE							did_imputation	
	(1)	(2)	(3)	(4)	(5)	(6)	(7)	(8)
Panel A: 基准回归结果（Gap_Theil）								
PMC_Post	0.046***	0.047***	0.044***	0.042***	0.041***	0.035***	0.074***	0.081***
	(0.012)	(0.012)	(0.012)	(0.012)	(0.012)	(0.013)	(0.014)	(0.015)
调整后 R^2	0.809	0.810	0.819	0.821	0.822	0.823	—	—
观测值	23043	22950	22950	22950	22950	21790	21794	21794
Panel B: 变换被解释变量衡量指标回归结果（Gap）								
PMC_Post	0.141***	0.203***	0.235***	0.213***	0.192***	0.190***	0.170***	0.213***
	(0.044)	(0.041)	(0.040)	(0.040)	(0.040)	(0.041)	(0.052)	(0.050)
年份固定效应	Yes	Yes	Yes	Yes	Yes	Yes	Yes	Yes
地区固定效应	Yes	Yes	Yes	Yes	Yes	Yes	Yes	Yes
区域时间趋势	—	—	Yes	Yes	Yes	Yes	—	—
CPE 虚拟变量	—	—	Yes	Yes	Yes	—	—	—
控制变量×T	—	—	—	Yes	—	—	—	—
控制变量×T²	—	—	—	—	—	—	—	—
控制变量×T³	—	—	—	—	—	—	—	—
控制变量×Year FE	—	—	—	—	Yes	Yes	—	—
调整后 R^2	0.861	0.863	0.866	0.870	0.875	0.877	—	—
观测值	23043	23043	23043	23043	23043	21874	21856	21856

注：*、**、*** 分别表示10%、5%、1%的显著性水平；括号内是聚类到县级层面的标准误。

(2) Goodman-Bacon 分解

为了避免传统双重差分模型中双向固定效应模型估计量可能存在的偏误，有必要对上述 TWFE 估计量进行 Goodman-Bacon 分解，以确保"坏对照组"的系数大小和权重不会明显影响平均处理效应（ATT）。表 7—3 是对表 7—2 中 Panel A 和 Panel B 的第（1）列基准回归结果进行 Goodman-Bacon 分解的回归结果。表 7—3 的第（1）—（2）列估计结果显示：平均处理效应权重最大的组别为"Never v Timing"，占比达到 70%，而"坏对照组"，占比只有 13.4%，虽然回归系数方向与平均处理效应不一致，但是由于权重相对较小，平均处理效应（ATT）反而低估了改革实际效应。表 7—3 的第（3）—（4）列估计结果显示：平均处理效应权重最大的组别为"Never v Timing"，占比达到 70.1%，而"坏对照组"，占比只有 13.3%，且回归系数方向与平均处理效应保持一致，尽管会导致平均处理效应高估改革的实际效应，但是总体上对平均处理效应的影响不大。

表 7—3　　　　　　　　　Goodman-Bacon 分解结果

被解释变量	Gap_Theil		Gap	
PMC_Post	0.046**		0.141*	
	(0.006)		(0.023)	
Bacon 分解	系数	权重	系数	权重
Early T v Late C	0.002	0.096	−0.448	0.095
Late T v Early C	−0.043	0.134	0.012	0.133
Always v Timing	0.132	0.070	0.221	0.071
Never v Timing	0.060	0.700	0.237	0.701

注：T = 处理组；C = 控制组。

(3) 平行趋势和动态效应

平行趋势假定是双重差分模型必须验证的前提假定。[①] 动态双重

---

① Jacobson L. S., La Londe R. J., Sullivan D. G., "Earnings Losses of Displaced Workers", *American Economic Review*, Vol. 83, No. 4, 1993, pp. 685–709.

差分效应不仅能够展示省直管县财政改革对县域内城乡收入差距的动态影响，还能够进一步克服潜在的遗漏变量和互为因果等问题。根据经验策略设定，同时呈现平行趋势检验和动态双重差分效应。参考 Borusyak 等，[1] 图 7—3 是使用 did_ imputation 命令，分别对 *Gap_ Theil* 和 *Gap* 进行平行趋势检验和动态效应的估计结果。

估计结果显示，在省直管县财政改革实施前 5 年，政策变量估计系数均不显著，而省直管县财政改革实施当年及之后 5 年，政策变量估计系数均显著为正。这表明，对照组和处理组这两类县级城市在改革实施前至少 5 年的时间里满足县域内城乡收入差距平行趋势假定，而在改革实施之后，至少 5 年的时间里产生显著差异正是由于处理组县级城市参与了改革。

(4) 安慰剂检验

安慰剂检验是利用外生冲击准自然实验进行双重差分模型稳健性检验的通行做法。根据经验策略的设定，对两种被解释变量分别进行了 500 次重复的随机抽样安慰剂实验。图 7—4 表示被解释变量 Gap_ Theil 和 Gap 的 500 次随机实验结果。随机实验结果表明：无论采取何种衡量方式，省直管县财政改革随机抽样实验的估计系数分布中心严格围绕着 0，估计系数 p 值大于 0.1。然而，真实的估计系数表 7—2 第（5）列的 0.041 和第（5）列的 0.192 严格位于随机实验系数概率密度分布的外侧。可以得出：省直管县财政改革对县域内城乡收入差距显著的正向效应是切实存在的，而不是由于其他遗漏变量或未被观测到的其他因素所导致的。

(5) 工具变量法

为了避免各地区省政府决定辖区内各县是否参与省直管县财政改革可能存在的内生性问题，参考刘勇政等的做法，[2] 本节还进行了

---

[1] Borusyak K., Jaravel X., Spiess J., "Revisiting Event Study Designs: Robust and Efficient Estimation", *Review of Economic Studies*, rdae007, 2024.

[2] 刘勇政、贾俊雪、丁思莹：《地方财政治理：授人以鱼还是授人以渔——基于省直管县财政体制改革的研究》，《中国社会科学》2019 年第 7 期。

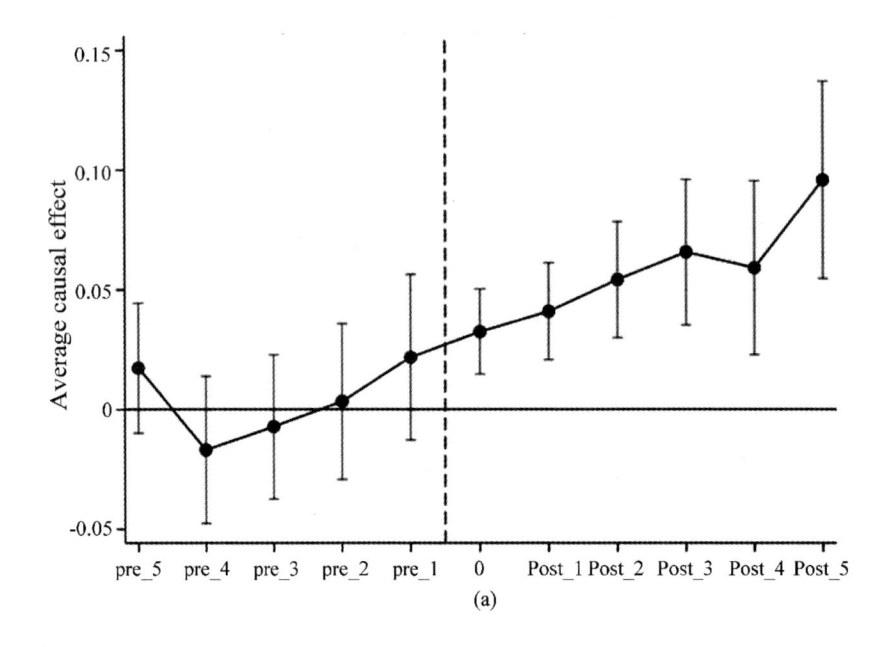

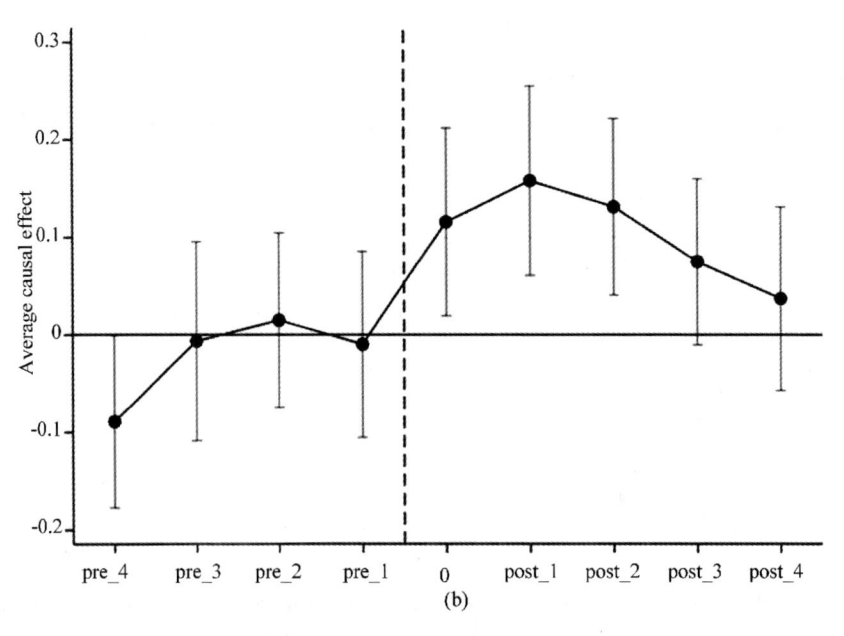

图7—3 平行趋势和动态效应系数（Gap_Theil 和 Gap）

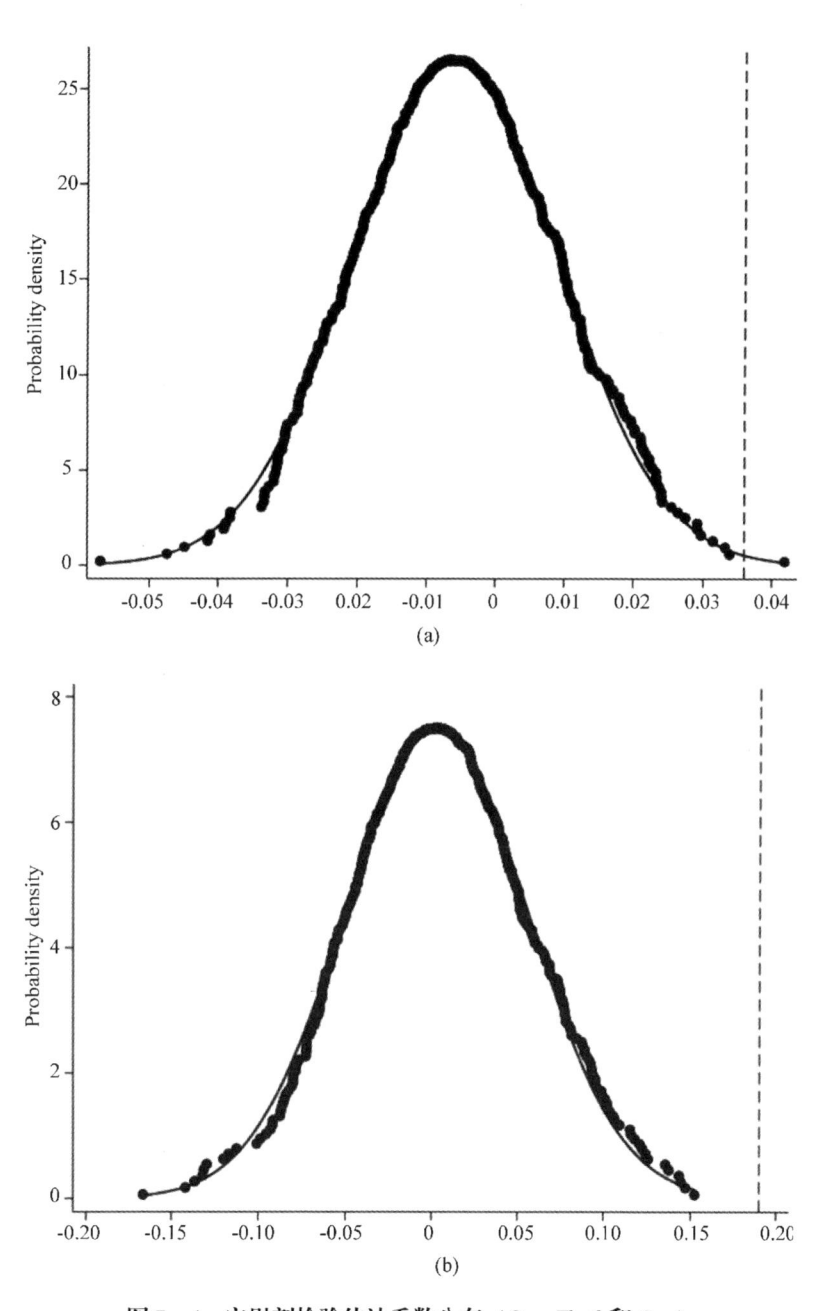

图7—4 安慰剂检验估计系数分布（Gap_Theil 和 Gap）

表 7—4　工具变量一阶段与外生性检验

被解释变量	PMC_Post (1)	PMC_Post (2)	Gap_Theil (3)	Gap_Theil (4)	Gap (5)	Gap (6)
PMC_Post×Distance	0.305*** (0.023)	0.301*** (0.024)	0.012 (0.021)	0.011 (0.018)	0.024 (0.038)	0.025 (0.037)
年份固定效应	Yes	Yes	Yes	Yes	Yes	Yes
县级固定效应	Yes	Yes	Yes	Yes	Yes	Yes
市级固定效应	No	No	No	No	No	No
区域时间趋势	Yes	Yes	Yes	Yes	Yes	Yes
控制变量×T	Yes	—	Yes	—	Yes	—
控制变量×T²	Yes	—	Yes	—	Yes	—
控制变量×T³	Yes	—	Yes	—	Yes	—
控制变量×Year FE	—	Yes	—	Yes	—	Yes
样本区间（年）	1999—2017	1999—2017	1999—2002	1999—2002	1999—2002	1999—2002
调整后 R^2	0.885	0.885	0.700	0.768	0.825	0.833
样本量	41664	41664	3616	3616	3557	3557

注：*、**、*** 分别表示 10%、5%、1% 的显著性水平；括号内是聚类到县级层面的标准误。

工具变量法稳健性检验。表7—4第（1）—（2）列是工具变量相关性检验。回归结果显示，工具变量对省直管县财政改革政策变量有显著的正向效应。这表明工具变量与政策变量具有高度的相关性，且如表7—5所示也通过了弱工具变量检验。各省级政府在决定辖区内各县是否参与省直管县财政改革时，该县与其所属省份省会城市的地理距离有关。距离越远，越有可能参与改革试点。此外，这一工具变量除了通过影响省直管县财政改革政策变量进而影响被解释变量，通过其他途径影响被解释变量的可能性极小，即能够满足工具变量外生性条件。

参考 Dinkelman 的做法，[①] 我们也构造了一个安慰剂检验（placebo test），将未实行省直管县财政改革的1999—2002年作为样本期。表7—4的第（3）—（6）列是工具变量外生性检验。回归结果显示：工具变量对县域内城乡收入差距均没有显著的影响，这表明工具变量的构造通过了安慰剂检验，满足了外生性假定。

表7—5是省直管县财政改革对县域内城乡收入差距的工具变量二阶段估计结果。回归结果显示：无论被解释变量采用何种形式，省直管县财政改革对县域内城乡收入差距都具有显著的正向效应。这表明省直管县财政改革扩大了县域内城乡收入差距，改革导致县域内城乡收入差距 Theil 指数上升0.03—0.05、县域内城乡收入差距比值上升0.11左右。工具变量法 GMM 估计结果和基准回归结果高度一致，假说7-1再次得到验证。

（6）倾向得分匹配双重差分法

为了解决内生选择偏差问题以增强基准结果的可信度，还采用倾向得分匹配双重差分法（PSM-DID）进行稳健性检验。利用改革实施之前的样本县匹配变量的均值为基础，利用 Probit 模型估计出倾向得分，据此利用一对一最邻近匹配法对处理组和对照组样本进行

[①] Dinkelman T., "The Effects of Rural Electrification on Employment: New Evidence from South Africa", *American Economic Review*, Vol. 101, No. 7, 2011, pp. 3078-3108.

表 7—5　工具变量二阶段回归结果

被解释变量	Gap_Theil					Gap		
	(1)	(2)	(3)	(4)	(5)	(6)	(7)	(8)
PMC_Post	0.050***	0.053***	0.032***	0.031***	0.052*	0.129***	0.108***	0.110***
	(0.008)	(0.008)	(0.008)	(0.009)	(0.028)	(0.032)	(0.033)	(0.032)
年份固定效应	Yes	Yes	Yes	Yes	Yes	Yes	Yes	Yes
地区固定效应	Yes	Yes	Yes	Yes	Yes	Yes	Yes	Yes
区域时间趋势	—	Yes	Yes	Yes	—	Yes	Yes	Yes
CPE 虚拟变量	—	—	Yes	Yes	—	—	Yes	Yes
控制变量×T	—	—	Yes	—	—	—	Yes	—
控制变量×T²	—	—	—	—	—	—	—	—
控制变量×T³	—	—	—	—	—	—	—	—
控制变量×Year FE	—	—	—	Yes	—	—	—	Yes
不可识别检验	0.000	0.000	0.000	0.000	0.000	0.000	0.000	0.000
Wald F	6673.8	6069.9	6361.2	6507.8	40970.3	5459.6	5759.9	5874.1
内生性检验	0.031	0.097	0.079	0.093	0.000	0.000	0.000	0.000
样本区间（年）	1999—2017	1999—2017	1999—2017	1999—2017	1999—2017	1999—2017	1999—2017	1999—2017
调整后 R²	0.051	0.049	0.012	0.018	0.166	0.179	0.220	0.248
样本量	22950	22950	22950	22950	23043	23043	23043	23043

注：*、**、*** 分别表示 10%、5%、1% 的显著性水平；括号内是聚类到县级层面的标准误。

匹配，再利用交叠双重差分法（staggered DID）和工具变量法重复表 7—2 和表 7—5 的估计结果。回归结果显示：省直管县财政改革对县域内城乡收入差距和 Theil 指数都有显著的正向效应。倾向得分匹配双重差分法估计结果和基准回归结果高度一致，限于篇幅原因，此处不再展示。

综上所述，六种稳健性检验结果均证明了基准回归结果具有极强的稳健性和可信度。这意味着省直管县财政改革确实会扩大县域内城乡收入差距，改革导致县域内城乡收入差距 Theil 指数上升 0.03—0.08、县域内城乡收入差距比值上升 0.11—0.19。改革效应在实施当年及之后四年都存在显著的影响，假说 7-1 得到充分验证。

三 异质性分析

本节选择东、中、西部三类地区、民族县、国家级贫困县、主要产粮县、省域边界县和生态功能区转移支付县等不同地区，进一步探究改革对县域内城乡收入差距的异质性特征。

（1）东、中、西部三类地区

表 7—6 的第（1）—（3）列是省直管县财政改革在东、中、西部三类地区的分样本回归结果。回归结果显示：无论采用何种估计方法，省直管县财政改革对县域内城乡收入差距的影响在东、中、西部三类地区存在严重的异质性特征。在东部地区和中部地区，省直管县财政改革对县域内城乡收入差距依然有显著的正向效应，改革导致东部地区县域内城乡收入差距 Theil 指数上升 0.03—0.06、中部地区县域内城乡收入差距 Theil 指数上升 0.04—0.14。在西部地区，省直管县财政改革对县域内城乡收入差距则有显著的负向效应，改革导致西部地区县域内城乡收入差距 Theil 指数下降 0.07—0.10。这表明，在经济相对发达、行政管辖相对规范高效的东、中部地区，下放财权会扩大城乡收入差距；在经济相对落后的西部地区，下放财权则有利于缩小城乡收入差距。

(2) 各类地区异质性特征

表7—6的第（4）—（9）列是利用各地区不同资源禀赋特征进行异质性分析回归结果。交互项分别为民族县、国家级贫困县、主要产粮县、省域边界县和生态功能区转移支付县。回归结果显示，在民族县、国家级贫困县或者经济欠发达地区、生态功能区转移支付县，改革对县域内城乡收入差距有显著的负向效应，改革能够显著缩小县域内城乡收入差距。在主要产粮县、省域边界县，改革对县域内城乡收入差距没有显著的影响。这意味着，在民族地区、经济欠发达地区、西部地区，由于经济发展水平相对落后，实施省直管县财政改革反而会迫使地方政府为了追求辖区内经济增长和自身财政剩余最大化，从而在一定程度上促进县域经济发展，进而缩小城乡收入差距。在主要产粮地区和省域边界县，省直管县财政改革的效应则不明显。

四 机制检验

理论分析已经提及，省直管县财政改革扩大县域内城乡收入差距可能存在两条影响渠道，本节进行地区间横向竞争加剧和偏向于工业、制造业等资本密集型部门发展战略的机制检验。

表7—7的第（1）—（5）列是地区间横向竞争机制检验结果。第（1）列为基准回归结果。回归结果显示：改革对参与两种改革的县级单位的个数都有显著的正向效应，改革会显著加剧县级政府之间的横向竞争。当地区间横向竞争程度、改革政策变量同时加入回归时，地区间横向竞争程度加剧会显著扩大县域内城乡收入差距。同时，改革政策变量估计系数相较于第（1）列不再显著。这表明同一省份内参与改革的县级个数增加会扩大县域内城乡收入差距，地区间横向竞争程度在省以下政府间财政关系重塑对县域内城乡收入差距的影响中发挥了重要作用，也是主要影响渠道。

表7—7的第（6）—（8）列是地方政府偏向于工业、制造业等资本密集型部门的发展战略机制检验结果。第（6）列为基准回归

表7—6　异质性分析

被解释变量 (Gap_Theil)	东部地区 (1)	中部地区 (2)	西部地区 (3)	民族县 (4)	贫困县 (5)	落后地区 (6)	产粮县 (7)	边界县 (8)	生态县 (9)
PMC_Post	0.028** (0.014)	0.042*** (0.011)	-0.081*** (0.028)	0.048*** (0.009)	0.054*** (0.010)	0.185** (0.090)	0.030*** (0.010)	0.022** (0.010)	0.057*** (0.009)
$PMC\_Post \times Feature$	—	—	—	-0.133*** (0.026)	-0.077*** (0.017)	-1.201* (0.703)	0.004 (0.015)	0.022 (0.015)	-0.104*** (0.018)
年份固定效应	Yes	Yes	Yes	Yes	Yes	Yes	Yes	Yes	Yes
县级固定效应	Yes	Yes	Yes	Yes	Yes	Yes	Yes	Yes	Yes
区域固定时间趋势	Yes	Yes	Yes	Yes	Yes	Yes	Yes	Yes	Yes
CPE 虚拟变量	Yes	Yes	Yes	Yes	Yes	Yes	Yes	Yes	Yes
控制变量×Year FE	Yes	Yes	Yes	Yes	Yes	Yes	Yes	Yes	Yes
不可识别检验	0.000	0.000	0.000	0.000	0.000	0.000	0.000	0.000	0.000
Wald F	3541.5	4510.1	455.6	2779.5	1797.8	1058.5	1821.2	3641.3	2242.9
内生性检验	0.058	0.025	0.087	0.022	0.011	0.059	0.046	0.002	0.038
调整后 R^2	0.041	0.030	0.031	0.020	0.020	0.018	0.018	0.017	0.019
观测值	6332	8189	8429	22945	22945	22945	22945	22945	22945

注：*、**、*** 分别表示 10%、5%、1% 的显著性水平；括号内是聚类到县级层面的标准误。

表7—7　机制检验

被解释变量	Gap_Theil (1)	Num_PMC (2)	Num_CPE (3)	Gap_Theil (4)	Gap_Theil (5)	Gap (6)	IS (7)	Gap (8)
PMC_Post	0.031*** (0.009)	0.383*** (0.003)	0.382*** (0.003)	−0.013 (0.013)	−0.013 (0.013)	0.110*** (0.032)	0.003*** (0.001)	0.108*** (0.032)
Num_PMC	—	—	—	0.116*** (0.018)	—	—	—	—
Num_CPE	—	—	—	—	0.115*** (0.018)	—	—	—
IS	—	—	—	—	—	—	—	1.948*** (0.243)
年份固定效应	Yes	Yes	Yes	Yes	Yes	Yes	Yes	Yes
县级固定效应	Yes	Yes	Yes	Yes	Yes	Yes	Yes	Yes
区域固定时间趋势	Yes	Yes	Yes	Yes	Yes	Yes	Yes	Yes
CPE虚拟变量	Yes	Yes	Yes	Yes	Yes	Yes	Yes	Yes
控制变量×Year FE	Yes	Yes	Yes	Yes	Yes	Yes	Yes	Yes
不可识别检验	0.000	0.000	0.000	0.000	0.000	0.000	0.000	0.000
Wald F	6507.8	13248.8	13247.8	3663.0	3663.0	5874.1	13151.8	5884.0
内生性检验	0.093	0.000	0.000	0.053	0.053	0.000	0.053	0.000
调整后 R^2	0.018	0.761	0.761	0.019	0.019	0.248	0.518	0.252
观测值	22950	41664	41664	22950	22950	23043	41643	23043

注：*、**、***分别表示10%、5%、1%的显著性水平；括号内是聚类到县级层面的标准误。

结果。回归结果显示：改革会显著提高工业、制造业等资本密集型产业结构比重。当产业结构偏向、改革政策变量同时加入回归时，工业、制造业等资本密集型产业结构比重提高会显著扩大县域内城乡收入差距比值。同时，改革政策变量估计系数大小相较于第（6）列有所下降。这表明工业、制造业等资本密集型产业结构偏向在省以下政府间财政关系重塑对县域内城乡收入差距的影响中发挥了重要作用。当地区间横向竞争加剧时，县级政府选择偏向于工业、制造业等资本密集型部门发展战略是改革效应的重要影响渠道之一。

第六节　本章小结与启示

促进农民农村共同富裕是在高质量发展中实现中国全体人民共同富裕的艰巨任务。为了加快缩小城乡差距、实现共同富裕目标，必须更好地发挥地方政府财政职能，探索创新有利于推动共同富裕的省以下政府间财政关系。本章利用中国省直管县财政管理体制改革的准自然实验考察了省以下政府间财政关系变动对县域内城乡收入差距的影响，补充了现有文献在这一研究视角上的缺失。理论上，基于省直管县财政管理体制改革，结合地方政府行为逻辑，本章构建了省以下政府间财政关系变动对辖区内城乡收入差距影响机理的理论框架。研究发现，改革提高了县级政府税收分成比例和省对下转移支付规模。一方面，会导致县级政府面临更激烈的地区间横向竞争，引发县级政府追求辖区内税基扩大和自身财政剩余最大化，导致其对辖区内大型工业、制造业企业采取税收优惠政策，而加剧对其他弱势部门的财政资金获取，扩大县域内收入分配差距。另一方面，县级政府会更倾向于选择偏向于工业、制造业等资本密集型部门的财政资金投入战略以获得在横向竞争中的优势地位。然而，偏向性发展战略会严重延缓城市化进程，扩大县域内城乡收入差距。

实证上，基于省直管县财政管理体制改革的准自然实验，本章采用1999—2017年中国1984个县级单位面板数据，进行交叠双重差分模型实证检验。研究发现：第一，省直管县财政改革显著扩大了城乡收入差距，改革导致县域内城乡收入差距 Theil 指数上升 0.03—0.08、县域内城乡收入差距比值上升 0.11—0.19。第二，改革效应存在异质性特征。省直管县财政改革，在东部地区和中部地区，会显著扩大城乡收入差距，在民族地区、经济欠发达地区、西部地区，会显著缩小城乡收入差距，在主要产粮地区和省域边界县，改革效应则不明显。第三，省直管县财政改革扩大县域内城乡收入差距有两条重要的机制渠道：其一，改革提高了县级政府所面临的地区间横向竞争程度，迫使其加剧对其他弱势部门的财政资金获取；其二，县级政府会更倾向于选择偏向于工业、制造业等资本密集型部门的发展战略，严重延缓城市化进程。

鉴于此，为了更好地发挥地方政府财政职能，加速缩小城乡差距、促进农村农民共同富裕，上述研究结论对探索创新打造有利于推动共同富裕的省以下政府间财政关系具有重要启示意义：第一，进一步调整优化省直管县财政管理体制改革实施的范围和方式，因地制宜地配置财权下放或上升。对区位优势不明显的民族地区、经济欠发达地区、财政较为困难的西部地区，可纳入省直管县财政改革的范围；对经济发展较好的中东部地区，可适度强化地市级的财政管理职责。第二，进一步完善省对下转移支付制度，按照均衡区域间基本财力配置的需要，逐步提高一般性转移支付规模，加大省对下转移支付对财力薄弱地区的支持力度。第三，加快推进新型城镇化战略和城乡融合发展，破除城乡二元经济结构固化所造成的地方政府有偏向性的发展战略。

第 八 章

结论与启示

政府间财政关系是一个国家或地区在各级政府间纵向权力结构分布的基础性制度安排,是财政资金在各级政府间分配的约束规则,对经济社会发展具有重大影响。中国的政府间财政关系包括中央与地方之间财政关系以及省以下政府间财政关系两个主要部分:以央地财政关系为主,省以下政府间财政关系作为央地财政关系的延伸,两者都是分税制财政管理体制的重要组成部分。然而,相较于央地财政关系及其影响效应的丰富研究,现有研究关于省以下政府间财政关系及其影响效应的文献相对比较缺乏,代表性文献仅有少量几篇。[①] 当然,目前学术界越来越重视相关问题的研究,相关文献数量不断增加。现有文献的匮乏和相关数据的缺失使中国省以下政府间财政关系及其影响效应的研究成为一个亟待打开的"黑箱"。本书的研究目标就是要在现有文献的基础上在一定程度上打开这个"黑箱"。本书研究主要内容就是通过回答下述三个层面的问题来试图进一步厘清中国省以下政府间财政关系及其影响效应这个"黑箱":第

[①] 周黎安、吴敏:《省以下多级政府间的税收分成:特征事实与解释》,《金融研究》2015年第10期;吴敏、周黎安、石光:《中国县级政府税收分成的典型化事实:基于独特数据的测算与分析》,《财贸经济》2023年第4期;童幼雏、李永友:《省以下财政支出分权结构:中国经验》,《财贸经济》2021年第6期;吕冰洋、马光荣、胡深:《蛋糕怎么分:度量中国财政分权的核心指标》,《财贸经济》2021年第8期。

一，现行的中国省以下政府间财政关系到底是怎么样的？收入分配具有何种特征事实？第二，现行的省以下政府间财政收入分配实践是否合理？如果不合理，又应该按照何种原则进行分配？第三，现行的省以下政府间财政管理体制又会对社会经济主要方面，包括经济增长、生态环境质量和城乡收入差距，产生什么样的影响，怎样产生影响？回答上述三个问题能够为解释中国经济持续高速增长及其他相关经济社会发展现象提供全新的经验证据，为加快建立具有中国特色的新型省以下政府间财政关系奠定坚实的理论基础，为亟待开展的中国省以下政府间财政收入分配改革提供重要的政策建议。

  本书的主要工作如下所述：第一，文献梳理评述。翔实的文献综述能够清晰地展现该领域现有研究的整体面貌和可能存在的问题，又能为接下来的研究提供推进方向。本书的文献详细梳理回顾了六个方面的现有文献：财政分权的决定因素；财政分权对经济社会发展的影响，如经济增长、环境污染、收入不平等、创新水平、地方政府财政能力、公共支出及其结构等方面；省直管县财政管理体制改革的社会经济效应；转移支付在其中的作用；以及财政管理体制性质研究和财政分权指标度量研究等。这些文献的数据、方法和结论都具有极高的参考价值。

  第二，典型事实呈现。本书系统性梳理了中国31个省份政府间财政收入分配关系的制度安排，并测算了省、市、县三级一般公共预算收入和四个主要税种税收收入的分配情况，以及省市两级财政收入集中度和支出责任比重的典型事实。

  第三，分配原则揭示。从《关于实行分税制财政管理体制的决定》（国发〔1993〕85号）（以下简称《决定》）的指导思想出发，结合《关于完善省以下财政管理体制有关问题意见的通知》（国发〔2002〕26号）（以下简称《通知》）提出的具体完善意见，本书首次提炼和揭示了两个可落实党的十九大报告对财税体制改革所提出的"财力协调、区域均衡"要求的省以下政府间财政收入分配原则。基于 Arzaghi 和 Henderson 的财政分权决定因素研究框架，借鉴 Cai 和 Treisman 的政府间财政竞争模型和吕冰洋等的政府间转移支付模型，① 本书构建了一个包含分税、支出责任划分和转移支付的理论模型，为上述两个原则的合理性奠定了理论基础。实证上，基于中国省级和地市级两套面板数据，运用处理内生性的 SYS-GMM 和工具变量 GMM 方法，本书逐级检验了省本级与地级市、市本级与县级、省市两级与县级政府之间一般公共预算收入和四个主要税种收入分配的落实情况。

第四，影响机制识别。基于 1997—2017 年中国 26 个省份和 1930 个县级单位的非平衡面板数据，运用处理内生性的 SYS-GMM 和工具变量 GMM 方法，在县级层面研究县级收入分成、省对下转移支付以及省以下财政管理体制改革对县域经济增长、生态环境质量和城乡收入差距的影响。其一，借鉴 Cai 和 Treisman 的地方政府竞争模型，以及吕冰洋等关于中央与地方政府目标与行为差异性分析框架，本书在构建包含分税、转移支付和经济增长的政府间竞争模型时引入了多重目标偏好差异分析框架，考察省以下收入分成和省对下转移支付规模"两只手"促进县域经济增长的影响机理。其二，借鉴 Cai 和 Treisman 的政府间财政竞争和转移支付模型，基于 Zodrow-Mieszkowski-Hoyt 税收竞争分析框架，② 本书在分税、转移支付的治理模式中引入环境质量因素，考察省以下收入分成和省对下

---

① Arzaghi M., Henderson J. V., "Why Countries are Fiscally Decentralizing", *Journal of Public Economics*, Vol. 89, No. 7, 2005, pp. 1157-1189; Cai H., Treisman D., "Does Competition for Capital Discipline Governments? Decentralization, Globalization, and Public Policy", *American Economic Review*, Vol. 95, No. 3, 2005, pp. 817-830; 吕冰洋、毛捷、马光荣：《分税与转移支付结构：专项转移支付为什么越来越多？》，《管理世界》2018 年第 4 期。

② Cai H., Treisman D., "Does Competition for Capital Discipline Governments? Decentralization, Globalization, and Public Policy", *American Economic Review*, Vol. 95, No. 3, 2005, pp. 817-830; Zodrow G. R., Mieszkowski P., "Property Taxation and the Under Provision of Local Public Goods", *Journal of Urban Economics*, No. 19, 1986, pp. 356-370.

转移支付规模"两只手"对县域生态环境质量的影响机理。其三，基于省直管县财政管理体制改革，结合地方政府行为逻辑，本书还构建了省直管县财政管理体制改革所导致的省以下政府间财政关系变动对辖区内城乡收入差距影响机理的理论分析框架，并进一步实证检验了省直管县财政管理体制改革对县域内城乡收入差距影响的政策效应。

第一节 研究结论

通过文献梳理，研究发现：第一，现有文献在具体考察和测算中国省以下政府间财政管理体制现状方面还非常欠缺。而且，现有文献对于中国财政管理体制或者中国式财政分权体制的研究过于偏重"央地财政关系"的研究，将省以下各级政府笼统地概括为一个整体，即"地方政府"，在很大程度上忽略了省以下政府间财政管理体制的探讨。这对于拥有中央、省、市、县、乡、镇、村七级政府的多层级政府而言是远远不够的。第二，现有文献在探究影响一个国家和地区政府间财政收入分配，特别是分权的影响因素时发现，其决定因素繁多和复杂。一般而言，经济发展水平越高、地区间经济发展差距越小、人口数量越多、国土面积越大、人口密度越低、政府规模越小、政府层级越多、城市化程度越低、收支结构越偏向低级别地方政府、低级别地方政府财政收入越依赖上级政府转移支付、重大历史危机事件越少，则分权程度也更高。这意味着，一个国家和地区的财政分权程度受到该国的政治、经济、文化、宗教以及其他因素的综合影响，在进行财政分权或集权的决策时必须非常谨慎。第三，现有文献在探究财政分权对于经济社会发展各方面的影响时大多将研究视角聚焦于央地财政关系，而对省以下财政分权，尤其是县级单位财政分权的研究依然阙如。然而，县级单位恰恰是土地使用权的实际支配者和使用者，是最应该受到关注的政府层级。

第四，现有文献在研究财政分权对于经济社会发展各方面的影响时都将研究视角局限于财政分权本身，而忽略了转移支付的作用，甚至在控制变量中都不添加转移支付的衡量变量。转移支付制度作为分税制财政管理体制最重要的制度安排之一，其作用在一定程度上被忽视。第五，对于财政分权、转移支付对经济社会发展各方面影响效应结论的得出必须非常谨慎和慎重。例如，财政分权对经济增长的影响，尤其在解释自1980年以来中国经济高速增长奇迹时，其结论是充满争议的，受到特定条件的限制。这一关系的计量识别过程，尤其是内生性问题的解决同样充满挑战。再如，财政分权对环境污染的研究数量虽多，但结论同样是莫衷一是。在指标衡量选择、数据样本选择、内生性问题处理等方面都存在争议。最后，财政分权对经济社会发展的其他方面都有明显的影响，财政分权程度上升会扩大区域间经济发展差距、提高地区创新水平、增强地方政府税收激励和财政能力、扩大地方政府对预算外收入的获取，同时会增加地方政府对于经济性公共产品的生产性支出而挤占社会福利性公共产品的消费性支出。第六，现有文献在探究财政分权对于经济社会发展各方面的影响时，为了避免潜在的内生性问题，会选择外生政策冲击来代替财政分权，尤其是省直管县财政改革和"扩权强县"改革。然而，外生政策冲击对经济增长、地方政府财政能力影响的研究结论尚未形成统一的意见，而在环境污染、收入分配不平等、城乡收入差距方面的研究则更是非常空乏。同时，这些外生政策冲击并不能简单地等价于财政分权或集权，而更应该作为一种研究视角的补充和稳健性的检验。

通过系统性梳理中国31个省份政府间财政收入分配关系的制度安排，并测算中国省、市、县三级政府间财政收入分配的特征事实，研究发现：第一，当前中国各省份政府间财政收入分配关系形式复杂多样，其性质属于弹性分成契约，已经形成了"一省一个样"的局面。在"中央统一领导、地方分级治理"的治理模式下，省以下政府间财政关系具有浓郁的中国特色，具体而言就是多维财政权力的相互交错，"上下相维、集分相制"。第二，尽管各省份各自安排的财政收入分配关系形式复杂多样，而且在各层级政府间也呈现出较大的差异性，但总体上还是体现了分税的特征，省、市、县三级政府四个主要税种在 2002 年所得税分享改革之后都呈现出相对稳定的分成格局。一般公共预算收入和四个主要税种收入分配中，省级政府占比最小，县级政府占比最大，且省本级政府的财政收入稳定性最强。第三，财政收入集中度和支出责任占比的均值在 2000 年之后出现了相悖的变动趋势，表现出明显的"财力上收、事权下沉"的特点，是对以"以支定收"指导原则的巨大背离。

从 1993 年《决定》的指导思想出发，结合 2002 年《通知》提出的具体完善意见，本书首次提炼和揭示了两个可落实党的十九大报告对财税体制改革所提出的"财力协调、区域均衡"要求的省以下政府间财政收入分配原则，分别为"上级政府支出责任比重越大，则其财政收入集中度越高"（第一原则）和"上级政府所辖区域人均财政收入不平衡程度越大，则其财政收入集中度越高"（第二原则）。

通过理论模型推导，研究发现：为了实现"财力协调、区域均衡"的要求，省以下各级政府应该根据各级政府支出责任比重和所辖地区人均财政收入不平衡程度，相应地调整上下级政府间财政收入分成比例。通过调整省以下政府间财政收入划分关系，改变省以下政府间财政收入初次分配结果，以期实现与各级政府支出责任占比、所辖地区人均财政收入不平衡程度相匹配的上级政府财政收入集中度。在此基础上，上级政府将所集中的财政资金通过转移支付补助的方式下拨给财力较弱的地区，最终实现区域间财力均等化的目标。

通过逐级检验省本级与地级市、市本级与县级、省市两级与县级政府之间一般公共预算收入和四个主要税种收入分配的落实情况，研究发现：第一，第一原则在省本级、市本级一般公共预算收入分配中都得到了落实，但是在四个主要税种收入分配的落实上存在差异。增值税收入分配在省本级、市本级层面都落实了第一原则；营业税、个人所得税收入分配在市本级层面落实了第一原则，没有在省本级层面落实；企业所得税收入分配在省本级、市本级层面都没有落实第一原则。可能的原因有两个方面：其一，部分省份的省本级不参与营业税、个人所得税收入的分配，将这两个税种的收入全部划归市县政府；其二，企业所得税收入分配存在按照企业隶属关系或属地原则等复杂、多样的划分方式。第二，第二原则在省本级、市本级层面一般公共预算收入、四个主要税种收入分配中都没有得到落实。第三，一般公共预算收入分配落实情况在东、中、西部三类地区之间存在差异。东部地区市本级层面落实第一原则，却没有落实第二原则；中部地区，市本级层面两个原则均没有落实；西部地区市本级层面两个原则均得到了落实。通过对比三类地区人均财政收入不平衡程度均值的时间变动趋势，发现西部地区相对东部地区、中部地区面临着更为严峻的区域之间人均财力不平衡程度，这可能会迫使西部地区省、市级政府在进行财政收入分配时更多地考虑区域间人均财力不平衡程度，进而更倾向于适当集中财力，以期通过转移支付调节区域差异。

通过对于"新税收集权假说"的再探讨在一定程度上能够解释改革开放之后中国经济持续高速增长的财政动因，也解释了分税制改革以后出现的"税收超 GDP 增长之谜"，丰富了关于中国经济增长财政动因是税收分权激励效应的单维度理解。研究发现：第一，县级增值税分成提高对县域经济增长有显著的负向影响。县级增值税分成提高 1%，县域经济增长率会降低 0.167%—0.311%。这表明税收再集权对县域经济增长的激励效应确实存在，"新税收集权假说"在一定程度上得到了证实。第二，省对下转移支付规模提高会削弱县级增值税分成提高对县域经济增长的负向影响。这表明，省对下转移支付规模提高会削弱税收再集权激励效应。第三，两种效应都存在强烈的异质性特征。东部地区、经济发达地区、财力富裕地区存在税收分权激励效应，而省对下转移支付规模提高会削弱税收分权激励效应。西部地区、国家级贫困县、民族地区和国家重点生态功能区存在省市级政府税收再集权激励效应，而省对下转移支付规模提高会削弱税收再集权激励效应。第四，税收再集权对县域经济增长激励效应的主要机制渠道是县级政府提高偏向基础设施建设的生产性公共支出占比和选择偏向高税特征的第三产业结构转型。

通过考察省以下收入分成和省对下转移支付"两只手"共同对县域环境质量的影响，研究发现：第一，县级增值税分成程度提高会增加污染物排放，降低县域环境质量。第二，县级增值税分成程度提高对县域环境质量的恶化效应会随着省对下转移支付规模提高而削弱。第三，县级增值税分成程度提高对县域环境质量的恶化效应存在强烈的异质性特征。县级增值税分成程度提高对县域环境质量的恶化效应在贫困县、西部地区更为显著。在经济发达地区、税收净流出地区、主要粮食产区和东部地区，县级增值税分成程度提高会减少县级污染物排放，提升县域环境质量。第四，县级增值税分成程度提高会恶化县域环境质量的主要渠道是地方政府环境保护公共支出比重降低和偏向第二产业的产业结构转型。

通过考察省直管县财政改革对县域内城乡收入差距的影响效应，研究发现：第一，省直管县财政改革显著扩大了城乡收入差距，改革导致县域内城乡收入差距 Theil 指数上升 0.03—0.08、县域内城乡收入差距比值上升 0.11—0.19。第二，改革效应存在异质性特征。省直管县财政改革，在东部地区和中部地区，会显著扩大城乡收入差距，在民族地区、经济欠发达地区、西部地区，会显著缩小城乡收入差距，在主要产粮地区和省域边界县，改革效应则不明显。第三，省直管县财政改革扩大县域内城乡收入差距有两条重要的机制渠道：其一，改革提高了县级政府所面临的地区间横向竞争程度，迫使其加剧对其他弱势部门的财政资金获取；其二，县级政府会更倾向于选择偏向于工业、制造业等资本密集型部门的发展战略，严重延缓城市化进程。

第二节 政策启示

在明确省以下政府间事权和支出责任划分的前提下，新时代省以下政府间财政收入分配改革应该做到以下三点：第一，进一步遵循两个分配原则。省以下各级政府财政收入分配实践在确保落实第一原则的基础上，应该更加重视"均衡区域间财力差距"的第二原则的落实。第二，省级政府应该进一步明确是否参与省以下各项税收收入分成、分成比例或分成模式。如果参与分成，应该确保省本级企业所得税、个人所得税收入分配实践切实落实两个原则。地市级政府应该致力于打破各地区现存的大量按照企业隶属关系或属地原则划分的收入分配模式，促使市本级企业所得税收入分配实践切实落实第一原则。地市级政府一般公共预算收入和主要税种收入分配实践在落实第一原则的基础上，都必须更加重视第二原则的落实。县政府同样需要打破按照企业隶属关系或属地原则划分的收入分配模式，使得县级层面企业所得税收入分配实践切实落实第一原则。第三，中部地区在进行财政收入分配时应进一步落实第一原则；东部地区和中部地区都应该更充分地考虑所辖区域的人均财政收入不平衡程度，适当调整省、市级政府财政收入集中度，为进一步通过转移支付补助制度实现区域财力均衡奠定坚实基础。

省以下政府间财政关系是政府间财政关系制度的基础制度安排，是国家治理体系的基础和支柱，对促进县域经济高质量发展具有重要作用。第一，建设和完善分税制是现代财税体制建设的实践路径。研究结论表明，以动态变化为特征的税收再集权激励效应与税收分权激励效应在中国是同时存在的并同时产生影响的，两种效应都是中国经济增长的财政动因。自1994年确立分税制财政管理体制框架以来，三十年的财政实践证明，以动态变化为特征的分税制最为契合中国各级政府间财政关系，最有利于"发挥中央与地方两个积极性"。因此，无论是央地之间还是省以下政府间，必须始终坚持与不断完善分税制，使之彻底贯彻到位。第二，进一步理顺省以下政府间收入关系是促进县域经济高质量的关键支撑。因此，有必要因地制宜地调整优化省以下政府间财政收入关系，在东部地区、经济发达地区、财力富裕地区，应该采取"分权"为导向的省以下政府间财政收入关系，有助于调动县级政府经济发展积极性；在中西部地区、贫困地区、民族地区和生态功能区，应该采取"再集权"为导向的省以下政府间财政收入关系，适度增强省级调控能力。第三，建立健全省以下转移支付体系。厘清各类转移支付功能定位，调整省以下转移支付结构，增加一般性转移支付力度，在推动财力下沉、增强基层公共服务保障能力的同时，强化上级政府实现辖区内财力协调、区域均衡目标的调控能力。

省以下收入分成程度提高会导致地方政府公共决策的扭曲，以"高污染、高能耗"为代价，片面追求经济持续高速增长，最为主要的根源就是地方政府行为目标。因此，必须改变对于地方官员工作实绩考察的内容，由以经济增长绩效为主的考核体系转变为多维度综合考评体系，才能充分发挥县级收入分成程度提高和省对下转移支付规模对于地方政府环境生态保护的激励效应。亟待改变的有三个方面：第一，改变地区之间"经济竞争"的政治生态环境，转变为强调地区高质量经济发展、生态环境质量和民生性公共服务水平的综合考核指标竞争体系。第二，上级政府应该落实和完善最新颁布的评价考核体系，建立详细的环境质量指标评价体系。第三，上级政府应该增加辖区内环境质量因素在党政领导干部工作实绩考核体系中的权重。

为了更好地发挥地方政府财政职能，加速缩小城乡差距、促进农村农民共同富裕，本书研究结论对探索创新打造有利于推动共同富裕的省以下政府间财政关系具有重要启示意义：第一，进一步调整优化省直管县财政管理体制改革实施的范围和方式，因地制宜地配置财权下放或上升。对区位优势不明显的民族地区、经济欠发达地区、财政较为困难的西部地区，可纳入省直管县财政改革的范围；对经济发展较好的中东部地区，可适度强化地市级的财政管理职责。第二，进一步完善省对下转移支付制度，按照均衡区域间基本财力配置的需要，逐步提高一般性转移支付规模，加大省对下转移支付对财力薄弱地区的支持力度。第三，加快推进新型城镇化战略和城乡融合发展，破除城乡二元经济结构固化所造成的地方政府有偏向性的发展战略。

第三节　不足与展望

本书试图通过回答前述三个层面的问题来厘清中国省以下政府间财政关系及其影响效应。因而，前述章节进行了四个方面的主要工作，得出了八个方面的研究结论和四个方面的政策启示。但是本书的研究仍然有许多值得进一步延展的不足之处。

第一，本书对于中国省以下政府间财政关系的系统性梳理主要围绕着财政收入分配关系展开，而缺失对于财政支出责任划分的研究。同时，本书的研究主要聚焦于 21 世纪最初的十年时间，而对新时代以来的变换情况缺乏深入探究。这些都是未来亟待补充的重要空白。

第二，本书对于中国省以下政府间财政收入分配关系制度安排梳理和特征事实测算主要围绕着一般公共预算收入和四个主要税种税收收入展开，缺乏对于其他税种收入、非税收入等收入的分配关系制度安排梳理和特征事实测算。

第三，本书对于中国省以下政府间财政收入分配关系制度安排梳理和特征事实测算主要围绕着省、市、县三级政府展开，而缺乏中央政府与地方政府的互动策略关系引入，以及乡镇财政关系的引入。厘清七级政府之间的财政收入分配关系和支出责任划分，尤其是县级以下乡镇财政关系是未来可以进一步拓展的研究空间。

第四，尽管本书的研究同时考虑了县级收入分成和省对下转移支付规模"两只手"共同的影响，但这并不是省以下财政关系的全部。决策权、支出权、监督权、立法权、征管权、收益权，财政权力的多维性要求学者在未来必须更加全面、更加宏观、更加深入地考察中国省以下政府间财政关系及其影响。

第五，本书在收入分成、转移支付、经济增长、环境质量、城乡收入差距等指标衡量上多遵循传统指标衡量方式，尽管这些做法更为主流，但是同样存在选择单一、属性单一的局限，未来可以通过更多、更新的指标衡量方法进行更为多样的稳健性检验。

第六，本书在处理潜在的内生性问题时，多采用 SYS-GMM 和工具变量法进行识别，高度依赖于工具变量选择的有效性和外生性。然而，这些识别上的问题依然是学术界争论和诟病的焦点问题。未来有必要采用更加精准、更加先进的计量方法进行实证检验，对研究结论进行再检验。

第七，本书的研究完全依赖于公开宏观数据的准确性，未来有必要使用微观数据或全新的数据对上述结论进行再检验，从而拓展现有研究数据支撑严重不足的尴尬局面。

附　　录

附录 A：理论模型（一）推导过程

$$y_i = A_i k_i^\alpha [(1-\delta)g_i]^\beta \tag{1}$$

$$u_i = [(1-t)y_i]^\gamma (\delta g_i)^\xi \tag{2}$$

$$\phi_i g_i = s_i t y_i + f_i \tag{3}$$

$$r = (1-t)\frac{\partial y_i}{\partial k_i} \tag{4}$$

$$\frac{\partial y_i}{\partial k_i} = A_i \alpha k_i^{\alpha-1}[(1-\delta)g_i]^\beta$$

$$r = (1-t)A_i \alpha k_i^{\alpha-1}[(1-\delta)g_i]^\beta$$

$$k_i^{1-\alpha} = \frac{1}{r}(1-t)A_i \alpha [(1-\delta)g_i]^\beta$$

$$k_i(A_i, r, g_i) = \{\frac{1}{r}(1-t)A_i \alpha [(1-\delta)g_i]^\beta\}^{\frac{1}{1-\alpha}} \tag{5}$$

$$\max \quad u_i = [(1-t)y_i]^\gamma (\delta g_i)^\xi$$

$$S.T. \phi_i g_i = s_i t y_i + f_i \qquad \theta_i = f_i/g_i$$

$$\max \quad u_i = [y_i - \frac{(\phi_i - \theta_i)g_i}{s_i}]^\gamma (\delta g_i)^\xi \tag{6}$$

$$\frac{\partial u_i}{\partial g_i} = \gamma [y_i - \frac{(\phi_i - \theta_i)g_i}{s_i}]^{\gamma-1} [(\frac{\partial y_i}{\partial g_i} + \frac{\partial y_i}{\partial k_i} \frac{\partial k_i}{\partial g_i}) - \frac{(\phi_i - \theta_i)}{s_i}](\delta g_i)^{\xi}$$

$$+ [y_i - \frac{(\phi_i - \theta_i)g_i}{s_i}]^{\gamma} \xi (\delta g_i)^{\xi-1} \delta = 0$$

$$\therefore \frac{\partial y_i}{\partial g_i} + \frac{\partial y_i}{\partial k_i} \frac{\partial k_i}{\partial g_i} = \frac{\phi_i - \theta_i}{\gamma s_i} - \frac{\xi}{\gamma} \frac{y_i}{g_i} \tag{7}$$

$$A_i k_i^{\alpha} \beta [(1-\delta)g_i]^{\beta-1}(1-\delta) + A_i \alpha k_i^{\alpha-1}[(1-\delta)g_i]^{\beta}$$

$$\frac{1}{1-\alpha} \{\frac{1}{r}(1-t)A_i \alpha [(1-\delta)g_i]^{\beta}\}^{\frac{\alpha}{1-\alpha}} \cdot \frac{1}{r}(1-t)$$

$$A_i \alpha \beta [(1-\delta)g_i]^{\beta-1}(1-\delta) + \frac{\xi}{\gamma} A_i k_i^{\alpha}(1-\delta)^{\beta} g_i^{\beta-1} = \frac{\phi_i - \theta_i}{\gamma s_i}$$

$$(\beta + \frac{\xi}{\gamma})A_i k_i^{\alpha}(1-\delta)^{\beta} g_i^{\beta-1} + A_i \alpha k_i^{\alpha-1} \beta [(1-\delta)g_i]^{\beta-1}$$

$$(1-\delta)\frac{1}{1-\alpha}\{\frac{1}{r}(1-t)A_i \alpha [(1-\delta)g_i]^{\beta}\}^{\frac{1}{1-\alpha}} = \frac{\phi_i - \theta_i}{\gamma s_i}$$

$$(\beta + \frac{\xi}{\gamma})A_i(1-\delta)^{\beta} g_i^{\beta-1} \{\frac{1}{r}(1-t)A_i \alpha [(1-\delta)g_i]^{\beta}\}^{\frac{\alpha}{1-\alpha}}$$

$$+ \frac{\alpha}{1-\alpha}\beta A_i(1-\delta)^{\beta} g_i^{\beta-1}\{\frac{1}{r}(1-t)A_i \alpha [(1-\delta)g_i]^{\beta}\}^{\frac{\alpha}{1-\alpha}} = \frac{\phi_i - \theta_i}{\gamma s_i}$$

$$(\frac{\xi}{\gamma} + \frac{\beta}{1-\alpha})A_i(1-\delta)^{\beta} g_i^{\beta-1}\{\frac{1}{r}(1-t)A_i \alpha [(1-\delta)g_i]^{\beta}\}^{\frac{\alpha}{1-\alpha}} = \frac{\phi_i - \theta_i}{\gamma s_i}$$

$$(\frac{\xi}{\gamma} + \frac{\beta}{1-\alpha})^{1-\alpha} A_i(1-\delta)^{\beta} g_i^{\alpha+\beta-1}(\frac{1-t}{r})^{\alpha} \alpha^{\alpha} = (\frac{\phi_i - \theta_i}{\gamma s_i})^{1-\alpha}$$

$$g_i^{1-\alpha-\beta} = (\frac{\xi}{\gamma} + \frac{\beta}{1-\alpha})^{1-\alpha} A_i(1-\delta)^{\beta}(\frac{1-t}{r})^{\alpha} \alpha^{\alpha} (\frac{\gamma s_i}{\phi_i - \theta_i})^{1-\alpha}$$

$$g_i^* = [(\frac{\xi}{\gamma} + \frac{\beta}{1-\alpha})^{1-\alpha} A_i(1-\delta)^{\beta}(\frac{1-t}{r})^{\alpha} \alpha^{\alpha} (\frac{\gamma s_i}{\phi_i - \theta_i})^{1-\alpha}]^{\frac{1}{1-\alpha-\beta}} \tag{8}$$

$$y_i^* = A_i k_i^{\alpha}[(1-\delta)g_i^*]^{\beta}$$

$$= A_i^{\frac{1}{1-\alpha}}(\frac{1-t}{r})^{\frac{\alpha}{1-\alpha}} \alpha^{\frac{\alpha}{1-\alpha}} (1-\delta)^{\frac{\alpha\beta}{1-\alpha}} (g_i^*)^{\frac{\alpha\beta}{1-\alpha}} (1-\delta)^{\beta} (g_i^*)^{\beta}$$

$$= A_i^{\frac{1}{1-\alpha}} (\frac{1-t}{r})^{\frac{\alpha}{1-\alpha}} \alpha^{\frac{\alpha}{1-\alpha}} (1-\delta)^{\frac{\beta}{1-\alpha}} (g_i^*)^{\frac{\beta}{1-\alpha}}$$

$$= A_i^{\frac{1}{1-\alpha}} (\frac{1-t}{r})^{\frac{\alpha}{1-\alpha}} \alpha^{\frac{\alpha}{1-\alpha}} (1-\delta)^{\frac{\beta}{1-\alpha}} (\frac{\xi}{\gamma} + \frac{\beta}{1-\alpha})^{\frac{\beta}{1-\alpha-\beta}}$$

$$A_i^{\frac{1}{1-\alpha-\beta} \cdot \frac{\beta}{1-\alpha}} (1-\delta)^{\frac{\beta}{1-\alpha-\beta} \cdot \frac{\beta}{1-\alpha}} (\frac{1-t}{r})^{\frac{\alpha}{1-\alpha-\beta} \cdot \frac{\beta}{1-\alpha}} \alpha^{\frac{\beta}{1-\alpha-\beta} \cdot \frac{\beta}{1-\alpha}} (\frac{\gamma s_i}{\phi_i - \theta_i})^{\frac{1-\alpha}{1-\alpha-\beta} \cdot \frac{\beta}{1-\alpha}}$$

$$= A_i^{\frac{1}{1-\alpha-\beta}} (\frac{1-t}{r})^{\frac{\alpha}{1-\alpha}} \alpha^{\frac{\alpha}{1-\alpha-\beta}} (1-\delta)^{\frac{\beta}{1-\alpha-\beta}} (\frac{\xi}{\gamma} + \frac{\beta}{1-\alpha})^{\frac{\beta}{1-\alpha-\beta}} (\frac{\gamma s_i}{\phi_i - \theta_i})^{\frac{\beta}{1-\alpha-\beta}}$$

$$\therefore \frac{\partial y_i^*}{\partial s_i} > 0$$

$$\therefore \frac{s_i t y_i^*}{s_j t y_j^*} = \frac{(\phi_i - \theta_i) g_i^*}{(\phi_j - \theta_j) g_j^*} = (\frac{A_i}{A_j})^{\frac{1}{1-\alpha-\beta}} (\frac{S_i}{S_j})^{\frac{1-\alpha}{1-\alpha-\beta}} (\frac{\phi_j - \theta_j}{\phi_j - \theta_j})^{\frac{\beta}{1-\alpha-\beta}} \tag{9}$$

附录 B: 理论模型（三）推导过程

$$y_i = A_i k_i^{\alpha} [(1-\delta) g_i]^{\beta} \tag{1}$$

$$u_i = (1-t) y_i + \delta g_i + f(e_i) \tag{2}$$

$$\phi_i g_i = s_i t y_i + f_i^0 g_i - \theta_i y_i \tag{3}$$

$$r = (1-t) \frac{\partial y_i}{\partial k_i} \tag{4}$$

$$\frac{\partial y_i}{\partial k_i} = A_i \alpha k_i^{\alpha-1} [(1-\delta) g_i]^{\beta}$$

$$r = (1-t) A_i \alpha k_i^{\alpha-1} [(1-\delta) g_i]^{\beta}$$

$$k_i^{1-\alpha} = \frac{1}{r} (1-t) A_i \alpha [(1-\delta) g_i]^{\beta}$$

$$k_i(A_i, r, g_i) = \{\frac{1}{r} (1-t) A_i \alpha [(1-\delta) g_i]^{\beta}\}^{\frac{1}{1-\alpha}} \tag{5}$$

$$\max \quad u_i = (1-t) y_i + \delta g_i + f(e_i)$$

$$S.\ T. s_i t y_i + f_i^0 g_i - \theta_i y_i$$

$$\max\quad u_i = (1 - \frac{\theta_i}{s_i}) y_i - \frac{(\phi_i - f_i^0) - \delta s_i}{s_i} g_i + f(e_i) \tag{6}$$

$$\frac{\partial u_i}{\partial e_i} = (1 - \frac{\theta_i}{s_i})(\frac{\partial y_i}{\partial e_i} + \frac{\partial y_i}{\partial k_i}\frac{\partial k_i}{\partial e_i}) + f(e_i) \tag{7}$$

$$\frac{\partial u_i}{\partial g_i} = (1 - \frac{\theta_i}{s_i})(\frac{\partial y_i}{\partial g_i} + \frac{\partial y_i}{\partial k_i}\frac{\partial k_i}{\partial g_i}) - \frac{(\phi_i - f_i^0) - \delta s_i}{s_i} \tag{8}$$

$$\frac{\beta}{1-\alpha} A_i^{\frac{1}{1-\alpha}} (\frac{1-t}{r})^{\frac{\alpha}{1-\alpha}} \alpha^{\frac{\alpha}{1-\alpha}} (1-\delta)^{\frac{\beta}{1-\alpha}} (g_i)^{\frac{\alpha+\beta-1}{1-\alpha}} e_i^{\frac{u}{1-\alpha}} = \frac{\phi_i - \xi \cdot f_i^0 - \delta \cdot s_i}{s_i - \theta_i}$$

$$\frac{\mu}{1-\alpha} A_i^{\frac{1}{1-\alpha}} (\frac{1-t}{r})^{\frac{\alpha}{1-\alpha}} \alpha^{\frac{\alpha}{1-\alpha}} (1-\delta)^{\frac{\beta}{1-\alpha}} (g_i)^{\frac{\beta}{1-\alpha}} e_i^{\frac{\alpha+u-1}{1-\alpha}} = \frac{-s_i f'(e_i)}{s_i - \theta_i}$$

$$g_i = \frac{\beta}{\mu} \frac{-s_i f'(e_i)}{(\phi_i - f_i^0) - \delta \cdot s_i} e_i \tag{9}$$

参考文献

习近平:《扎实推进共同富裕》,《求是》2021年第20期。

习近平:《高举中国特色社会主义伟大旗帜　为全面建设社会主义现代化国家而团结奋斗——在中国共产党第二十次全国代表大会上的报告》,人民出版社2022年版。

《中国共产党第十九届中央委员会第四次全体会议公报》,人民出版社2019年版。

才国伟、黄亮雄:《政府层级改革的影响因素及其经济绩效研究》,《管理世界》2010年第8期。

才国伟、张学志、邓卫广:《"省直管县"改革会损害地级市的利益吗?》,《经济研究》2011年第7期。

蔡嘉瑶、张建华:《财政分权与环境治理——基于"省直管县"财政改革的准自然实验研究》,《经济学动态》2018年第1期。

曹广忠、袁飞、陶然:《土地财政、产业结构演变与税收超常规增长——中国"税收增长之谜"的一个分析视角》,《中国工业经济》2007年第12期。

曹书军、刘星、张婉君:《财政分权、地方政府竞争与上市公司实际税负》,《世界经济》2009年第4期。

钞小静、沈坤荣:《城乡收入差距、劳动力质量与中国经济增长》,《经济研究》2014年第6期。

陈斌开、林毅夫:《发展战略、城市化与中国城乡收入差距》,《中国社会科学》2013年第4期。

陈斌开、张鹏飞、杨汝岱:《政府教育投入、人力资本投资与中国城乡收入差距》,《管理世界》2010 年第 1 期。

陈抗、Hillman A. L.、顾清扬:《财政集权与地方政府行为变化:从援助之手到攫取之手》,《经济学(季刊)》2002 年第 4 期。

陈诗一、陈登科:《雾霾污染、政府治理与经济高质量发展》,《经济研究》2008 年第 2 期。

陈硕、高琳:《央地关系:财政分权度量及作用机制再评估》,《管理世界》2012 年第 6 期。

陈思霞、卢洪友:《辖区间竞争与策略性环境公共支出》,《财贸研究》2014 年第 1 期。

陈思霞、卢盛峰:《分权增加了民生性财政支出吗?——来自中国"省直管县"的自然实验》,《经济学(季刊)》2014 年第 4 期。

陈思霞、许文立、张领祎:《财政压力与地方经济增长——来自中国所得税分享改革的政策实验》,《财贸经济》2017 年第 4 期。

陈思霞、张领祎:《地方财政压力与投资多样性——基于所得税分享改革的研究》,《南京审计大学学报》2018 年第 2 期。

陈晓光:《财政压力、税收征管与地区不平等》,《中国社会科学》2016 年第 4 期。

储德银、迟淑娴:《转移支付降低了中国式财政纵向失衡吗》,《财贸经济》2018 年第 9 期。

储德银、韩一多、张景华:《中国式分权与城乡居民收入不平等——基于预算内外双重维度的实证考察》,《财贸经济》2017 年第 2 期。

储德银、韩一多、张同斌:《中国式分权与公共服务供给效率:线性抑或倒"U"》,《经济学(季刊)》2018 年第 3 期。

范子英:《财政转移支付与人力资本的代际流动性》,《中国社会科学》2020 年第 9 期。

范子英、张军:《财政分权、转移支付与国内市场整合》,《经济研究》2010 年第 3 期。

方红生、鲁玮骏、苏云晴：《中国省以下政府间财政收入分配：理论与证据》，《经济研究》2020 年第 4 期。

方红生、张军：《财政集权的激励效应再评估：攫取之手还是援助之手?》，《管理世界》2014 年第 2 期。

方红生、张军：《攫取之手、援助之手与中国税收超 GDP 增长》，《经济研究》2013 年第 3 期。

方红生、张军：《中国地方政府扩张偏向的财政行为：观察与解释》，《经济学（季刊）》2009 年第 3 期。

付文林：《均等化转移支付与地方财政行为激励初探》，《财贸经济》2010 年第 11 期。

傅勇：《财政分权、政府治理与非经济性公共物品供给》，《经济研究》2010 年第 8 期。

高琳：《分权的生产率增长效应：人力资本的作用》，《管理世界》2021 年第 3 期。

高琳：《分权与民生：财政自主权影响公共服务满意度的经验研究》，《经济研究》2012 年第 7 期。

高培勇：《将分税制进行到底——我国中央和地方财政关系格局的现状与走向分析》，《财贸经济》2023 年第 1 期。

高培勇：《中国财税改革 40 年：基本轨迹、基本经验和基本规律》，《经济研究》2018 年第 3 期。

高秋明、杜创：《财政省直管县体制与基本公共服务均等化——以居民医保整合为例》，《经济学（季刊）》2019 年第 4 期。

郭庆旺、贾俊雪：《财政分权、政府组织结构与地方政府支出规模》，《经济研究》2010 年第 11 期。

郭庆旺、贾俊雪、高立：《中央财政转移支付与地区经济增长》，《世界经济》2009 年第 12 期。

郭志仪、郑周胜：《财政分权、晋升激励与环境污染：基于 1997—2010 年省级面板数据分析》，《西南民族大学学报》（人文社会科学版）2013 年第 3 期。

韩国高、张超：《财政分权和晋升激励对城市环境污染的影响——兼论绿色考核对我国环境治理的重要性》，《城市问题》2018 年第 2 期。

何德旭、苗文龙：《财政分权是否影响金融分权——基于省际分权数据空间效应的比较分析》，《经济研究》2016 年第 2 期。

胡祖铨、黄夏岚、刘怡：《中央对地方转移支付与地方征税努力——来自中国财政实践的证据》，《经济学（季刊）》2013 年第 3 期。

贾俊雪、晁云霞、李紫霄：《财政分权与经济增长可持续性——基于情势转换与聚类视角的分析》，《金融研究》2020 年第 10 期。

贾俊雪、高立、秦聪：《政府间财政转移支付、激励效应与地方税收入体系》，《经济理论与经济管理》2012 年第 6 期。

贾俊雪、郭庆旺、高立：《中央财政转移支付、激励效应与地区间财政支出竞争》，《财贸经济》2010 年第 11 期。

贾俊雪、郭庆旺、宁静：《财政分权、政府治理结构与县级财政解困》，《管理世界》2011 年第 1 期。

贾俊雪、宁静：《纵向财政治理结构与地方政府职能优化——基于省管县财政体制改革的拟自然实验分析》，《管理世界》2015 年第 1 期。

贾俊雪、应世为：《财政分权与企业税收激励——基于地方政府竞争视角的分析》，《中国工业经济》2016 年第 10 期。

贾俊雪、张永杰、郭婧：《省直管县财政体制改革：县域经济增长与财政解困》，《中国软科学》2013 年第 6 期。

贾康、苏京春：《现阶段我国中央与地方事权划分改革研究》，《财经问题研究》2016 年第 10 期。

贾康、阎坤：《完善省以下财政体制改革的中长期思考》，《管理世界》2005 年第 8 期。

贾晓俊、岳希明：《我国均衡性转移支付资金分配机制研究》，《经济研究》2012 年第 1 期。

李丹、裴育、陈欢：《财政转移支付是"输血"还是"造血"——

基于国定扶贫县的实证研究》,《财贸经济》2019 年第 6 期。

李广众、贾凡胜:《财政层级改革与税收征管激励重构——以财政"省直管县"改革为自然实验的研究》,《管理世界》2020 年第 8 期。

李广众、贾凡胜:《政府财政激励、税收征管动机与企业盈余管理——以财政"省直管县"改革为自然实验的研究》,《金融研究》2019 年第 2 期。

李明、李慧中、苏晓馨:《财政分权、制度供给与中国农村基层政治治理》,《管理世界》2011 年第 2 期。

李萍主编:《财政体制简明图解》,中国财政经济出版社 2010 年版。

李清彬:《什么决定了财政分权程度——基于文献的考察》,《地方财政研究》2015 年第 5 期。

李涛、周业安:《财政分权视角下的支出竞争和中国经济增长:基于中国省级面板数据的经验研究》,《世界经济》2008 年第 11 期。

李香菊、刘浩:《区域差异视角下财政分权与地方环境污染治理的困境研究——基于污染物外溢性属性分析》,《财贸经济》2016 年第 2 期。

李一花、刘蓓蓓、高焕洪:《基层财政分权测度与增长效应重估》,《财贸经济》2014 年第 6 期。

李永友:《省以下多样化放权策略与经济增长》,《经济研究》2021 年第 2 期。

李永友:《转移支付与地方政府间财政竞争》,《中国社会科学》2015 年第 10 期。

李永友、沈玉平:《转移支付与地方财政收支决策:基于省级面板数据的实证研究》,《管理世界》2009 年第 11 期。

李永友、王超:《集权式财政改革能够缩小城乡差距吗?——基于"乡财县管"准自然实验的证据》,《管理世界》2020 年第 4 期。

李永友、张子楠:《转移支付提高了政府社会性公共品供给激励吗?》,《经济研究》2017 年第 1 期。

李政、杨思莹：《财政分权、政府创新偏好与区域创新效率》，《管理世界》2018年第12期。

林细细、赵海、张海峰等：《政府层级关系简化与公共治理效能》，《财贸经济》2022年第5期。

刘畅、刘冲：《灾害冲击、"大饥荒"与内生的财政分权》，《经济社会体制比较》2015年第3期。

刘贯春、周伟：《转移支付不确定性与地方财政支出偏向》，《财经研究》2019年第6期。

刘佳、吴建南、吴佳顺：《省直管县改革对县域公共物品供给的影响——基于河北省136县（市）面板数据的实证分析》，《经济社会体制比较》2012年第1期。

刘金涛、杨君、曲晓飞：《财政分权对经济增长的作用机制：理论探讨与实证分析》，《大连理工大学学报》（社会科学版）2006年第1期。

刘怡、刘维刚：《税收分享对地方征税努力的影响——基于全国县级面板数据的研究》，《财政研究》2015年第3期。

刘勇政、贾俊雪、丁思莹：《地方财政治理：授人以鱼还是授人以渔——基于省直管县财政体制改革的研究》，《中国社会科学》2019年第7期。

楼继伟：《深化财税体制改革　建立现代财政制度》，《求是》2014年第20期。

卢盛峰、陈思霞、时良彦：《走向收入平衡增长：中国转移支付系统"精准扶贫"了吗?》，《经济研究》2018年第11期。

陆铭、陈钊：《城市化、城市倾向的经济政策与城乡收入差距》，《经济研究》2004年第6期。

吕冰洋：《"顾炎武方案"与央地关系构建：寓活力于秩序》，《财贸经济》2019年第10期。

吕冰洋：《政府间税收分权的配置选择和财政影响》，《经济研究》2009年第6期。

吕冰洋、李钊、马光荣：《激励与平衡：中国经济增长的财政动因》，《世界经济》2021年第9期。

吕冰洋、马光荣、胡深：《蛋糕怎么分：度量中国财政分权的核心指标》，《财贸经济》2021年第8期。

吕冰洋、马光荣、毛捷：《分税与税率：从政府到企业》，《经济研究》2016年第7期。

吕冰洋、毛捷、马光荣：《分税与转移支付结构：专项转移支付为什么越来越多？》，《管理世界》2018年第4期。

吕冰洋、聂辉华：《弹性分成：分税制的契约与影响》，《经济理论与经济管理》2014年第7期。

吕冰洋、台航：《从财政包干到分税制：发挥两个积极性》，《财贸经济》2018年第10期。

罗长林：《合作、竞争与推诿——中央、省级和地方间财政事权配置研究》，《经济研究》2018年第11期。

马光荣、郭庆旺、刘畅：《财政转移支付结构与地区经济增长》，《中国社会科学》2016年第9期。

马光荣、张凯强、吕冰洋：《分税与地方财政支出结构》，《金融研究》2019年第8期。

毛捷、吕冰洋、陈佩霞：《分税的事实：度量中国县级财政分权的数据基础》，《经济学（季刊）》2018年第2期。

缪小林、王婷、高跃光：《转移支付对城乡公共服务差距的影响——不同经济赶超省份的分组比较》，《经济研究》2017年第2期。

宁静、赵旭杰：《纵向财政关系改革与基层政府财力保障——准自然实验分析》，《财贸经济》2019年第11期。

庞凤喜、潘孝珍：《财政分权与地方政府社会保障支出——基于省级面板数据的分析》，《财贸经济》2012年第2期。

彭浩然、吴木銮、孟醒：《中国财政分权对健康的影响》，《财贸经济》2013年第11期。

乔宝云：《增长与均等的取舍：中国财政分权政策研究》，人民出版社 2002 年版。

乔宝云、范剑勇、冯兴元:《中国的财政分权与小学义务教育》,《中国社会科学》2005 年第 6 期。

乔俊峰、齐兴辉:《省直管县改革缩小了城乡收入差距吗？——基于 PSM-DID 方法的研究》,《商业研究》2016 年第 9 期。

任志成、巫强、崔欣欣:《财政分权、地方政府竞争与省级出口增长》,《财贸经济》2015 年第 7 期。

沈坤荣、付文林:《中国的财政分权制度与地区经济增长》,《管理世界》2005 年第 1 期。

宋美喆、刘寒波、叶琛:《财政分权对全要素生产率的影响——基于"省直管县"改革的准自然实验》,《经济地理》2020 年第 3 期。

孙群力:《地区差距、财政分权与中国地方政府规模》,《财贸经济》2009 年第 7 期。

谭之博、周黎安、赵岳:《省管县改革、财政分权与民生：基于"倍差法"的估计》,《经济学（季刊）》2015 年第 3 期。

汤玉刚、苑程浩:《不完全税权、政府竞争与税收增长》,《经济学（季刊）》2010 年第 1 期。

唐为:《分权、外部性与边界效应》,《经济研究》2019 年第 3 期。

陶然、陆曦、苏福兵等:《地区竞争格局演变下的中国转轨：财政激励和发展模式反思》,《经济研究》2009 年第 7 期。

田侃、亓寿伟:《转移支付、财政分权对公共服务供给的影响——基于公共服务分布和区域差异的视角》,《财贸经济》2013 年第 4 期。

童幼雏、李永友:《省以下财政支出分权结构：中国经验》,《财贸经济》2021 年第 6 期。

汪伟、刘玉飞、彭冬冬:《人口老龄化的产业结构升级效应研究》,《中国工业经济》2015 年第 11 期。

王立勇、高玉胭:《财政分权与产业结构升级：来自"省直管县"准自然实验的经验证据》,《财贸经济》2018 年第 11 期。

王韬、沈伟:《中印财政分权的经济增长效应研究》,《财贸经济》

2009 年第 1 期。

王文甫、王召卿、郭柃沂：《财政分权与经济结构失衡》，《经济研究》2020 年第 5 期。

王文剑、覃成林：《地方政府行为与财政分权增长效应的地区性差异——基于经验分析的判断、假说及检验》，《管理世界》2008 年第 1 期。

王小龙、陈金皇：《省直管县改革与区域空气污染——来自卫星反演数据的实证证据》，《金融研究》2020 年第 11 期。

王小龙、方金金：《财政"省直管县"改革与基层政府税收竞争》，《经济研究》2015 年第 11 期。

王小龙、余龙：《财政转移支付的不确定性与企业实际税负》，《中国工业经济》2018 年第 9 期。

王晓洁、王丽：《财政分权、城镇化与城乡居民养老保险全覆盖——基于中国 2009—2012 年省级面板数据的分析》，《财贸经济》2015 年第 11 期。

王永钦、张晏、章元等：《中国的大国发展的道路——论分权式改革的得失》，《经济研究》2007 年第 1 期。

温娇秀：《中国的财政分权与经济增长——基于省级面板数据的实证》，《当代经济科学》2006 年第 5 期。

吴敬琏、刘吉瑞：《论竞争性市场体制》，广东经济出版社 1998 年版。

吴敏、刘畅、范子英：《转移支付与地方政府支出规模膨胀——基于中国预算制度的一个实证解释》，《金融研究》2019 年第 3 期。

吴敏、周黎安、石光：《中国县级政府税收分成的典型化事实：基于独特数据的测算与分析》，《财贸经济》2023 年第 4 期。

吴木銮、王闻：《如何解释省内财政分权：一项基于中国实证数据的研究》，《经济社会体制比较》2011 年第 6 期。

吴群、李永乐：《财政分权、地方政府竞争与土地财政》，《财贸经济》2010 年第 7 期。

吴延兵：《中国式分权下的偏向性投资》，《经济研究》2017 年第

6 期。

吴一平：《财政分权、腐败与治理》，《经济学（季刊）》2008 年第 3 期。

席鹏辉、梁若冰、谢贞发：《税收分成调整、财政压力与工业污染》，《世界经济》2017 年第 10 期。

谢贞发、范子英：《中国式分税制、中央税收征管权集中与税收竞争》，《经济研究》2015 年第 4 期。

谢贞发、张玮：《中国财政分权与经济增长——一个荟萃回归分析》，《经济学（季刊）》2015 年第 2 期。

谢贞发、朱恺容、李培：《税收分成、财政激励与城市土地配置》，《经济研究》2019 年第 10 期。

徐绿敏、梅建明：《省以下财政分权与地方经济增长的实证分析——以福建省为例》，《江西财经大学学报》2015 年第 6 期。

徐永胜、乔宝云：《财政分权度的衡量：理论及中国 1985—2007 年的经验分析》，《经济研究》2012 年第 10 期。

闫文娟、钟茂初：《中国式财政分权会增加环境污染吗?》，《财经论丛》2012 年第 3 期。

杨龙见、陈建伟、尹恒：《中国省级财政集中程度的影响因素分析》，《南方经济》2012 年第 11 期。

杨其静：《分权、增长与不公平》，《世界经济》2010 年第 4 期。

杨其静、聂辉华：《保护市场的联邦主义及其批判》，《经济研究》2008 年第 3 期。

殷德生：《最优财政分权与经济增长》，《世界经济》2004 年第 11 期。

尹恒、朱虹：《县级财政生产性支出偏向研究》，《中国社会科学》2011 年第 1 期。

尹振东、汤玉刚：《专项转移支付与地方财政支出行为——以农村义务教育补助为例》，《经济研究》2016 年第 4 期。

余泳泽、刘大勇：《"中国式财政分权"与全要素生产率："竞次"还是"竞优"》，《财贸经济》2018 年第 1 期。

余泳泽、潘妍:《中国经济高速增长与服务业结构升级滞后并存之谜——基于地方经济增长目标约束视角的解释》,《经济研究》2019 年第 3 期。

余泳泽、王岳龙、李启航:《财政自主权、财政支出结构与全要素生产率——来自 230 个地级市的检验》,《金融研究》2020 年第 1 期。

詹新宇、刘文彬:《中国式财政分权与地方经济增长目标管理——来自省、市政府工作报告的经验证据》,《管理世界》2020 年第 3 期。

张光:《财政分权省际差异、原因和影响初探》,《公共行政评论》2009 年第 1 期。

张光:《测量中国的财政分权》,《经济社会体制比较》2011 年第 6 期。

张华:《省直管县改革与雾霾污染:来自中国县域的证据》,《南开经济研究》2020 年第 5 期。

张军:《分权与增长:中国的故事》,《经济学(季刊)》2008 年第 1 期。

张军:《理解中国经济快速发展的机制:朱镕基可能是对的》,《比较》2012 年第 6 期。

张军、高远、傅勇等:《中国为什么拥有了良好的基础设施?》,《经济研究》2007 年第 3 期。

张军、金煜:《中国的金融深化和生产率关系的再检测:1987—2001》,《经济研究》2005 年第 11 期。

张克中、王娟、崔小勇:《财政分权与环境污染:碳排放的视角》,《中国工业经济》2011 年第 10 期。

张莉:《财政规则与国家治理能力建设——以环境治理为例》,《中国社会科学》2020 年第 8 期。

张平淡:《地方政府环保真作为吗?——基于财政分权背景的实证检验》,《经济管理》2018 年第 8 期。

张五常:《经济解释卷 4:制度的选择》,中信出版社 2014 年版。

张晏、龚六堂：《地区差距、要素流动与财政分权》，《经济研究》2004年第7期。

张晏、龚六堂：《分税制改革、财政分权与中国经济增长》，《经济学（季刊）》2005年第4期。

张仲芳：《财政分权、卫生改革与地方政府卫生支出效率——基于省际面板数据的测算与实证》，《财贸经济》2013年第9期。

赵海利、陈芳敏、周晨辉：《省直管县改革对地区义务教育投入差距的影响——基于江西省的经验分析》，《经济社会体制比较》2018年第4期。

赵永辉、付文林、冀云阳：《分成激励、预算约束与地方政府征税行为》，《经济学（季刊）》2020年第1期。

郑新业、王晗、赵益卓：《"省直管县"能促进经济增长吗？——双重差分方法》，《管理世界》2011年第8期。

钟辉勇、陆铭：《财政转移支付如何影响了地方政府债务？》，《金融研究》2015年第9期。

周克清、刘海二、吴碧英：《财政分权对地方科技投入的影响研究》，《财贸经济》2011年第10期。

周黎安：《中国地方官员的晋升锦标赛模式研究》，《经济研究》2007年第7期。

周黎安、吴敏：《省以下多级政府间的税收分成：特征事实与解释》，《金融研究》2015年第10期。

周亚虹、宗庆庆、陈曦明：《财政分权体制下地市级政府教育支出的标尺竞争》，《经济研究》2013年第11期。

周业安、章泉：《财政分权、经济增长和波动》，《管理世界》2008年第3期。

朱军、许志伟：《财政分权、地区间竞争与中国经济波动》，《经济研究》2018年第1期。

Acemoglu D., Robinson J. A., Thaicharoen Y. Y., et al., "Institutional

Causes, Macroeconomic Symptoms: Volatility, Crises and Growth", *Journal of Monetary Economics*, Vol. 50, No. 1, 2003, pp. 49-123.

Akai N., Sakata M., "Fiscal Decentralization Contributes to Economic Growth: Evidence from State-level Cross-section Data for the United States", *Journal of Urban Economics*, Vol. 52, No. 1, 2002, pp. 93-108.

Alchian A., Demsetz H., "Production, Information Costs, and Economic Organization", *American Economic Review*, No. 62, 1972, pp. 777-795.

Alesina P. R., Spolaore E., "On the Number and Size of Nations", *Quarterly Journal of Economics*, No. 119, 1997, pp. 613-646.

Alesina P. R., Spolaore E., "Together or Separately? Issues on the Costs and Benefits of Political and Fiscal Unions", *European Economic Review*, Vol. 39, No. 3-4, 1995, pp. 751-758.

Angela F., "Fiscal Federalism in Big Developing Countries: China and India, Department of Public Policy and Public Choice", NBER Working Paper, No. 66, 2006.

Arellano M., Bond S., "Some Tests of Specification for Panel Data: Monte Carlo Evidence and an Application to Employment Equations", *Review of Economic Studies*, No. 58, 1991, pp. 277-297.

Arzaghi M., Henderson J. V., "Why Countries are Fiscally Decentralizing", *Journal of Public Economics*, Vol. 89, No. 7, 2005, pp. 1157-1189.

Bacon G. A., "Difference-in-Differences with Variation in Treatment Timing", *Journal of Econometrics*, Vol. 225, No. 1, 2021, pp. 254-277.

Bahl R., Linn J., *Urban Public Finance in Developing Countries*, Oxford: Oxford University Press, 1992.

Bahl R., Linn J., "Fiscal Decentralization and Intergovernmental Transfers in Less Developed Countries", *Journal of Federalism*, Vol. 24, No. 1, 1994, pp. 1-19.

Bahl R., Nath S., "Public Expenditure Decentralization in Developing Economies", *Environment and Planning C: Government and Policy*,

No. 4, 1986, pp. 405-418.

Bardhan P., Mookherjee D., "Decentralizing Antipoverty Program Delivery in Developing Countries", *Journal of Public Economics*, No. 89, 2015, pp. 675-704.

Baron R. M., Kenny D. A., "The Moderator-mediator Variable Distinction in Social Psychological Research: Conceptual, Strategic and Statistical Considerations", *Journal of Personality and Social Psychology*, Vol. 51, No. 6, 1986, pp. 1173-1198.

Becker G. S., Chiswick B. R., "Education and the Distribution of Earning", *American Economic Review*, Vol. 56, No. 3, 1966, pp. 358-369.

Berkowitz D., Li W., "Tax Rights in Transition Economics: A Tragedy of the Commons?", *Journal of Public Economics*, No. 76, 2000, pp. 369-397.

Bewley T. F., "A Critique of Tiebout's Theory of Local Public Expenditures", *Econometrica*, Vol. 49, No. 3, 1981, pp. 713-740.

Blanchard O., Shleifer A., "Federalism with and without Political Centralization: China versus Russia", NBER Working Paper, No. 7616, 2000.

Bodman P., Hodge A., "What Drives Fiscal Decentralisation? Further Assessing the Role of Income", *Fiscal Studies*, Vol. 31, No. 3, 2010, pp. 373-404.

Borusyak K., Jaravel X., Spiess J., "Revisiting Event Study Designs: Robust and Efficient Estimation", *Review of Economic Studies*, rdae007, 2024.

Breton A., Scott A., "The Economic Constitution of Federal States", *Canadian Journal of Economics*, Vol. 12, No. 3, 1978, p. 529.

Bruess F., Eller M., "Fiscal Decentralisation and Economic Growth: Is There Really a Link?", *Journal for Institutional Comparisons*, No. 2,

2004, pp. 3-9.

Cai H., Liu Q., "Competition and Corporate Tax Avoidance: Evidence from Chinese Industrial Firms", *Economic Journal*, Vol. 119, No. 537, 2009, pp. 764-795.

Cai H., Treisman D., "Does Competition for Capital Discipline Governments? Decentralization, Globalization, and Public Policy", *American Economic Review*, Vol. 95, No. 3, 2005, pp. 817-830.

Carreras Y., "Fiscal Decentralization and Inequality: The Case of Spain", *Regional Studies Regional Science*, Vol. 3, No. 1, 2016, pp. 296-303.

Chaisemartin C., D'Haultfoeuille X., "Two-Way Fixed Effects Estimators with Heterogeneous Treatment Effects", *American Economic Review*, Vol. 110, No. 9, 2020, pp. 2964-2996.

Chen J., Chung K.-S., Lu Y. K., "Decentralization and Political Career Concerns", *Journal of Public Economics*, No. 145, 2017, pp. 201-210.

Chen X., Liu J., "Fiscal Decentralization and Environmental Pollution: A Spatial Analysis", *Discrete Dynamics in Nature and Society*, Vol. 3, No. 20, 2020, pp. 1-10.

Chetty, R., Looney A., Kroft K., "Salience and Taxation: Theory and Evidence", *American Economic Review*, Vol. 99, No. 4, 2009, pp. 1145-1177.

Coen-Pirani D., Wooley M., "Fiscal Centralization: Theory and Evidence from the Great Depression", *American Economic Journal: Economic Policy*, Vol. 10, No. 2, 2018, pp. 39-61.

Davoodi H., Zou H. F., "Fiscal Decentralization and Economic Growth: A Cross-country Study", *Journal of Urban Economic*, Vol. 43, No. 2, 1998, pp. 244-257.

Dinkelman T., "The Effects of Rural Electrification on Employment: New Evidence from South Africa", *American Economic Review*,

Vol. 101, No. 7, 2011, pp. 3078-3108.

Fang H. S., Shuai W. J., Yu L. H., et al., "Is Fiscal Revenue Concentration Ratio in China too High?", *World Economy*, Vol. 42, No. 7, 2019, pp. 1932-1960.

Han L., Kung J. K.-S., "Fiscal Incentives and Policy Choices of Local Governments: Evidence from China", *Journal of Development Economics*, No. 116, 2015, pp. 89-104.

He Q., "Fiscal Decentralization and Environmental Pollution: Evidence from Chinese Panel Data", *China Economic Review*, No. 36, 2015, pp. 86-100.

Iimi A., "Decentralization and Economic Growth Revisited: An Empirical Note", *Journal of Urban Economics*, No. 57, 2005, pp. 449-461.

Jacobson L. S., La Londe R. J., Sullivan D. G., "Earnings Losses of Displaced Workers", *American Economic Review*, Vol. 83, No. 4, 1993, pp. 685-709.

Jin J., Zou H. F., "Fiscal Decentralization and Economic Growth in China", The World Bank Working Paper, Development Research Group, 2005.

Kee W. S., "Fiscal Decentralization and Economic Development", *Public Finance Review*, No. 5, 1977, pp. 79-97.

Kis-Katos K., Sjahrir B. S., "The Impact of Fiscal and Political Decentralization on Local Public Investments in Indonesia", *Journal of Comparative Economics*, Vol. 45, No. 2, 2017, pp. 344-365.

Letelier L. S., "Explaining Fiscal Decentralization", *Public Finance Review*, No. 33, 2005, pp. 155-183.

Li H., Zhou Li-A., "Political Turnover and Economic Performance: the Incentive Role of Personnel Control in China", *Journal of Public Economics*, Vol. 89, No. 9-10, 2005, pp. 1743-1762.

Li P. , Lu Y. , Wang J. , "Does Flattening Government Improve Economic Performance? Evidence from China", *Journal of Development Economics*, No. 123, 2016, pp. 18-37.

Lin J. Y. , Liu Z. , "Fiscal Decentralization and Economic Growth in China", *Economic Development and Cultural Change*, No. 49, 2000, pp. 1-21.

Lipscom M. , Mobarak A. M. , "Decentralization and Pollution Spillovers: Evidence from the Re-drawing of County Borders in Brazil", *Review of Economic Studies*, No. 84, 2017, pp. 464-502.

Litvack J. M. , Oates W. E. , "Group Size and the Output of Public Goods: Theory and Application to State-Local Finance in the United States", *Public Finance*, Vol. 25, No. 1, 2009, pp. 42-62.

Liu Y. , Martinez-Vazquez J. , Wu A. M. , "Fiscal Decentralization, Equalization, and Intra-provincial Inequality in China", *International Tax and Public Finance*, Vol. 24, 2014, pp. 248-281.

Lu Y. , Yu L. H. , "Trade Liberalization and Markup Dispersion: Evidence from China's WTO Accession", *American Economic Journal: Applied Economics*, Vol. 7, No. 4, 2015, pp. 221-253.

Ma G. R. , Mao J. , "Fiscal Decentralisation and Local Economic Growth: Evidence from a Fiscal Reform in China", *Fiscal Studies*, Vol. 39, No. 1, 2018, pp. 159-187.

Malesky, "Good Local Governance: A Key to Economic Growth", *Business Issues Bulletin*, Vol. 3, No. 6, 2004, pp. 1-3.

Matinez-Vazquez J. , Rider M. , "Fiscal Decentralization and Economic Growth: A Comparative Study of China and India", International Studies Program: Working Paper, 2005, pp. 5-19.

Miguel E. , Satyanath S. , Sergenti E. , "Economic Shocks and Civil Conflict: An Instrumental Variables Approach", *Journal of Political Economy*, Vol. 112, No. 4, 2004, pp. 725-753.

Miguel E., Satyanath S., "Re-examining Economic Shocks and Civil Conflict: Dataset", *American Economic Journal: Applied Economics*, No. 10, 2011, pp. 228-232.

Musgrave R. A., "The Theory of Public Finance: A Study in Public Economics", *Journal of Political Economy*, No. 1, 1959, pp. 628-630.

Neyapti B., "Revenue Decentralization and Income Distribution", *Economics Letters*, Vol. 92, No. 3, 2006, pp. 409-416.

Oates W. E., "Toward a Second-Generation Theory of Fiscal Federalism", *International Tax and Public Finance*, Vol. 12, No. 4, 2005, pp. 349-373.

Oates W. E., *Fiscal Federalism*, New York: Harcourt Bruce, 1972.

Oates W. E., "An Essay on Fiscal Federalism", *Journal of Economic Literature*, Vol. 37, No. 3, 1999, pp. 1120-1149.

Oates W. E., "Fiscal Decentralization and the Challenge of Hard Budget Constraints", *National Tax Journal*, Vol. 59, No. 2, 2006, pp. 389-396.

Oates W. E., "Searching for Leviathan: An Empirical Study", *American Economic Review*, Vol. 75, No. 4, 1985, pp. 748-757.

Oates W. E., "The Effects of Property Taxes and Local Public Spending on Property Values: An Empirical Study of Tax Capitalization and the Tiebout Hypothesis", *Journal of Political Economy*, Vol. 77, No. 6, 1969, pp. 957-971.

Panizza U., "On the Determinants of Fiscal Centralization: Theory and Evidence", *Journal of Public Economics*, Vol. 74, No. 1, 1999, pp. 97-139.

Peacock A. T., Wiseman J., *The Growth of Public Expenditure in the United Kingdom*, Princeton, NJ: Princeton University Press, 1961, pp. 299-326.

Persson P., Zhuravskaya E., "The Limits of Career Concerns in Federalism: Evidence from China", *Journal of the European Economic Association*, Vol. 14, No. 2, 2016, pp. 338-374.

Prud' homme R., "On the Dangers of Decentralization", *World Bank Research Observer*, No. 10, 1995, pp. 201-220.

Qian Y., Roland G., "Federalism and the Soft Budget Constraint", *American Economic Review*, Vol. 88, No. 5, 1998, pp. 1143-1162.

Qian Y., Weingast B. R., "Federalism as a Commitment to Preserving Market Incentives", *Journal of Economic Perspectives*, Vol. 11, No. 4, 1997, pp. 83-92.

Sacchi A., Salotti S., "How Regional Inequality Affects Fiscal Decentralization: Accounting for the Autonomy of Sub-central Governments", *Environment and Planning C: Government and Policy*, Vol. 32, No. 1, 2014, pp. 144-162.

Siddique M., Wibowo H., Wu Y., "Fiscal Decentralisation and Inequality in Indonesia: 1999-2008", NBER Working Paper, 2014.

Song Z., Storesletten K., Zilibotti F., "Growing Like China", *American Economic Review*, No. 101, 2011, pp. 202-241.

Stegarescu D., "Public Sector Decentralisation: Measurement Concepts and Recent International Trends", *Fiscal Studies*, Vol. 26, No. 3, 2005, pp. 301-333.

Stock J. H., *Introduction to Econometrics*, Third Edition, People's University Publication House, 2014.

Su F. B., Tao R., Lu X., et al., "Local Officials' Incentives and China's Economic Growth: Tournament Thesis Re-examined and Alternative Explanatory Framework", *China & World Economy*, Vol. 20, No. 4, 2012, pp. 1-18.

Sun L. Y., Abraham S., "Estimating Dynamic Treatment Effects in Event Studies with Heterogeneous Treatment Effects", *Journal of Econometrics*, Vol. 225, No. 2, 2021, pp. 175-199.

Tanzi V., *Fiscal Federalism: Issues to Worry about*, Washington, D. C.: World Bank Conference on Fiscal Decentralisation, 2000.

Thießen U., "Fiscal Decentralisation and Economic Growth in High-income OECD Countries", *Fiscal Studies*, No. 24, 2003, pp. 237-274.

Tiebout C. M., "A Pure Theory of Local Expenditures", *Journal of Political Economy*, Vol. 64, No. 5, 1956, pp. 416-424.

Wallis J., Oates W., "Decentralization in the Public Sector: An Empirical Study of State and Local Government", NBER Working Paper, 1998, pp. 5-23.

Wasylenko M., "Fiscal Decentralization and Economic Development", *Public Budgeting and Finance*, Vol. 7, No. 4, 1987, pp. 57-71.

Weingast B. R., "The Economic Role of Political Institutions: Market-Preserving Federalism and Economic Development", *Journal of Law Economics and Organization*, Vol. 11, No. 1, 1995, pp. 1-31.

William E., "Inequality Does Cause Underdevelopment: Insights from a New Instrument", *Journal of Development Economics*, No. 84, 2007, pp. 755-776.

Woller G. M., Phillips K., "Fiscal Decentralization and LDC Economic Growth: An Empirical Investigation", *Journal of Development Studies*, Vol. 34, No. 4, 1998, pp. 139-148.

Wu M., Ye L., Hui L., "The Impact of Fiscal Decentralization on Urban Agglomeration: Evidence from China", *Social Science Electronic Publishing*, No. 8, 2019, pp. 1-48.

Zhang T., Zou H. F., "Fiscal Decentralization, Public Spending and Economic Growth in China", *Journal of Public Economics*, Vol. 67, No. 2, 1998, pp. 221-240.

Zhang T., Zou H. F., "The Growth Impact of Inter-sectional and Intergovernmental Allocation of Public Expenditure: With Applications to China and India", *China Economic Review*, Vol. 12, No. 1, 2001, pp. 58-81.

Zhuravska E. V., "Incentives to Provide Local Public Goods: Fiscal

Federalism, Russian Style", *Journal of Public Economics*, No. 76, 2000, pp. 337–368.

Zodrow G. R., Mieszkowski P., "Property Taxation and the under Provision of Local Public Goods", *Journal of Urban Economics*, No. 19, 1986, pp. 356–370.

索　引

财政分权　7—11,13—54,56—59,
　61—63,69,79,84,89,114,118—
　121,124,128—131,135,159—161,
　163,167,168,174,175,190,196—
　200,206,225—229
财政管理体制　3—6,8,10,11,14,
　18,19,44,49,50,52,59—69,73,
　76—78,99,114,118,133,156,169,
　178,193—196,200—204,209,
　223—229,233,234
财政规则　35
财政激励　32,42,49,51,120,124,
　197
财政联邦主义　13,26,30,52,118,
　124,128,129,151
财政收入划分　5,64,65,67,76,
　77,83,194,230
产业结构升级　51,135,152,197,
　206,209
城乡收入差距　5,6,8—11,20,36,
　52,63,171,194—201,203—211,
　213,215,217,219—221,223,224,
　226—229,232,236
地区间横向竞争　3,13,14,24,26,
　31,38,40,43—45,47,48,118,128,
　137,141,142,159,163,171,195,
　202,203,206,220,223,224,232
分税制　4,6,7,10,11,24,28—30,
　41—43,49,52,56,57,60,62,64,
　66—69,73,76,99,114,118—120,
　122,124,128,131,156,159,167,
　225,226,229,231,233,234
公共支出结构　38,55,187
经济高质量发展　38,118,121,
　155,158,233
省以下财政关系　6,236
省直管县财政改革　85,133,146,
　147,178—180,193—211,213,215,
　217,219—221,223,224,229,232,
　235
税收分成　4,34,41,48,49,60,64,
　77,78,84,117,119—137,139,141,
　143,145—147,149,151—153,155,
　157,167,195,201—203,223,225

索　引

税收再集权　119—121,124,127—129,134,138,140—144,146—148,151,152,155,156,231—233

县域经济增长　6,8,9,11,28,49,50,117,119—121,123,125,127,129—149,151—153,155—157,196,227,231,232

央地财政关系　3,4,29,35,60,61,76,114,161,225,228

支出责任划分　5—7,10,65,76,78,79,90,114,115,194,227,233,235

中国式财政分权　3,28—30,32,34,38—40,43,44,46—48,53,58,59,117—119,128,129,132,133,141,160,163,167,191,199,200,228

转移支付　6—11,15,18,23—25,36,42,45—47,50,52—59,61,62,65,69,73,74,77—83,85—87,90,92,95,114—123,125,127,129—143,145—149,151—153,155—159,161—167,169—173,175—177,179—183,185,187,189—192,194,195,200—203,209,219,220,223,224,226—236